WILHELM VON STERNBURG

»Es ist eine unheimliche Stimmung in Deutschland«

Carl von Ossietzky und seine Zeit

WILHELM VON STERNBURG

»Es ist eine unheimliche Stimmung in Deutschland«

CARL VON OSSIETZKY und seine Zeit

AUFBAU-VERLAG

ISBN 3-351-02451-7

1. Auflage 1996

Einband Widmung an Oskar Panizza (Detail)
von George Grosz
Frontispiz Carl von Ossietzky, 1919
Archiv für Kunst und Geschichte, Berlin
Gesamtgestaltung Heinz Hellmis
Satz LVD GmbH, Berlin
Druck und Binden Graphischer Großbetrieb Pößneck
Ein Mohndruckbetrieb
Printed in Germany

FÜR JUDITH

INHALT

VORWORT

»Bonn ist nicht Weimar«, diese inzwischen schon zum geflügelten Wort stilisierte These aus den fünfziger Jahren klingt seit geraumer Weile wie das Pfeifen im dunklen Wald. Es ist richtig: Die historischen Hintergründe und der innere Zustand der Gesellschaft in der zweiten (oder dritten) deutschen Republik lassen sich mit dem Drama von Weimar nicht vergleichen. Ein Hitler steht nicht vor der Tür, der demokratische Grundkonsens hat sich in den letzten 50 Jahren stabilisiert, die Eliten aus Militär, Justiz oder aus der Industrie sind im Gegensatz zur kurzen Epoche nach dem Ersten Weltkrieg entmachtet oder doch domestiziert, Rechts- und Linksradikale führen zumindest im parlamentarischen Geschehen ein Schattendasein.

Zu allzu großer Selbstzufriedenheit gibt es dennoch keinen Grund. Während diese Zeilen geschrieben werden, sind in Deutschland offiziell wieder vier Millionen Menschen ohne Arbeit, der soziale Abbau wird – wie in Weimar – vorangetrieben, im Wählerpublikum wächst die Verdrossenheit, die demokratischen Parteien erweisen sich als reformunfähig, sind mehr mit sich selbst beschäftigt als mit der Zukunft ihres Landes. Aber nicht nur sie, auch die Gewerkschaften und die Kirchen stoßen auf massenhaftes Mißtrauen und Ablehnung. Gerechtigkeit und Solidarität sind in der deutschen Gesellschaft wieder Fremdworte geworden, der Rechtsstaat wird von den liberal-konservativen Kräften belagert und der seit der Epochenwende Ende der achtziger Jahre virulent einsetzende Wandel verdrängt. Bonn – oder aktueller – Berlin ist nicht Wei-

mar, aber viele Symptome, an denen die erste deutsche Republik zerbrach, sind in Deutschland heute unübersehbar.
Historische Einsichten haben etwas mit Vergangenheitsbeschäftigung zu tun. Eine Gesellschaft, die sich der Erinnerung verweigert, wird die Fehler von gestern heute wiederholen. Der »Held« dieses Buches hat in den Weimarer Jahren die Entwicklungen, die schließlich zu Hitler führten, aufgezeigt. Er hat ideologisch unbestechlich analysiert, gewarnt und damit die Macht immer wieder herausgefordert. Er besaß eine Tugend, die in Deutschland nicht allzuhäufig zu vermelden war und ist: Er hatte Zivilcourage.
Über Carl von Ossietzky, sein Denken und seine Zeit zu schreiben heißt, Politik nicht als dämonisches Schicksal zu deuten, sondern als Menschenwerk. Seine Generation war für die Katastrophen ihrer Zeit verantwortlich, für Bürgerkrieg und Weltkrieg, für Massenmord und die Vernichtung des europäischen Judentums. Wir sind die Täter des Heute. Naturzerstörung und sozialer Verfall, Tschernobyl und Ozonloch, ethnische Säuberungen auf dem Balkan und politische Häftlinge in den Gefängnissen nahezu aller Staaten der Welt – die Kette ist lang, und die Folgen werden für die Enkel und Urenkel spürbar bleiben.
So heißt von Ossietzky zu erzählen auch, die Erinnerung an das beispielhafte Leben eines Einzelnen wachzuhalten, eines Menschen, für den Aufklärung und Vernunft, persönlicher Mut und demokratischer Widerstand gegen einen zerstörerischen Zeitgeist die Antwort auf Resignation, Fatalismus und Massenaggression waren. Er stand nicht allein, aber es waren nur wenige in Deutschland, die diesen Weg gingen. Gedankt haben ihnen Zeitgenossen und nachfolgende Generationen, allen voran die Parteien und die Historiker dafür nicht. Sie wurden, als sich ihre düsteren Prophezeiungen bewahrheitet hatten, übersehen, vergessen oder gar diffamiert.
Es war nicht meine Absicht, eine Biographie zu schreiben und Ossietzkys Leben bis in seine letzten Verästelungen hinein zu

verfolgen. Den Mann an seiner Zeit zu messen, seine Außenseiterrolle und sein demokratisches Denken darzustellen ist das Anliegen dieses Buches. Auch die unbescheidene Hoffnung, daß der Leser beim Blick auf die Vergangenheit vielleicht die Warnsignale am Ende unseres Jahrhunderts erkennt oder sogar angesichts dieses Lebensbildes – trotz der tragischen Konsequenz, die es beinhaltet – ein wenig Mut schöpft, weil es andere deutsche Traditionen gibt, auch wenn diese in unserem Land noch immer gar nicht oder mit unwirscher Distanz zur Kenntnis genommen werden.

Ein Buch wie dieses ist ohne die Arbeiten vieler Ossietzky-Forscher, Historiker und Zeitzeugen nicht denkbar. Ich verdanke ihren Darstellungen unendlich viele Hinweise auf Leben und Werk der Person oder auf die Entwicklungen der Zeit. Hervorheben möchte ich die Ossietzky-Biographien von Kurt R. Grossmann, Bruno Frei und Elke Suhr. Während die beiden Erstgenannten ihre Arbeiten in den sechziger Jahren veröffentlichten und sie unter sehr persönliche bzw. ideologische Blickwinkel stellten, spiegelt die mit großer Sympathie geschriebene Biographie der Oldenburger Wissenschaftlerin den aktuellen Forschungsstand wider. Gleiches gilt für die schmale Monographie, die Elke Suhr gemeinsam mit Gerhard Kraiker 1994 herausbrachte. Weitere Werke über Ossietzky, die von mir berücksichtigt wurden, sind in den Zitatnachweisen aufgeführt.
Während dieser Text entstand, erschien die achtbändige Oldenburger Ausgabe der »Gesammelten Schriften« Ossietzkys. Das Herausgeberteam hat mit dieser glänzend edierten und kommentierten Ausgabe eine Forschungslücke geschlossen und die Schriften Ossietzkys endlich wieder einem breiteren Leserkreis zugänglich gemacht. Bei Zitaten aus Veröffentlichungen Ossietzkys habe ich auf die Fundstellen in der Oldenburger Ausgabe (OA) hingewiesen. Das gleiche gilt für den in dieser Edition enthaltenen umfangreichen Dokumentenband, auf den

ich überwiegend bei der Quellenangabe Bezug nehme. Wertvoll für meine Arbeit waren auch Bücher über wichtige Teilaspekte aus Ossietzkys Leben: die Dokumentensammlung über den »Weltbühnen«-Prozeß von 1931 und Ossietzkys Haft in Tegel (Hrsg. Stefan Berkholz), die Dokumentation zur Ausstellung über den »Freundeskreis Carl von Ossietzky«, in deren Mittelpunkt die Nobelpreis-Kampagne steht (Hrsg. Frithjof Trapp, Knut Bergmann, Bettina Herre) und Ursula Madrasch-Groschopps »Porträt« über »Die Weltbühne«. Eine unerschöpfliche Fundgrube bleibt die Reprint-Ausgabe aller Jahrgänge der »Weltbühne«.

Die Mitarbeiter des Carl von Ossietzky-Archivs an der Universität Oldenburg gewährten mir schon vor Jahren Einblick in eine Fülle von Materialien, wofür ich zu danken habe. Unvergessen bleibt mir die Begegnung mit Rosalinda von Ossietzky-Palm in ihrem schwedischen Heim. Ihre Berichte und Erzählungen über die Eltern haben mich in meinem Vorhaben bestärkt.

Eine Dankesschuld hatte ich aber auch bei Carl von Ossietzky abzutragen. In den fast 30 Jahren meines Journalistenlebens, das von Anfechtungen, Schwächen und Mutlosigkeiten nicht frei war, blieben seine Texte eine ständige Ermahnung, das Privileg meines Berufes nicht zu mißbrauchen, auszusprechen, was ich glaubte, sagen zu müssen. Die frühe Begegnung mit seinen Artikeln wurde für mich zu einem Glücksfall.

Wilhelm von Sternburg

Cartoon, Cushlough
Rep. of Ireland
Mai 1996

KAPITEL 1

»Dagegen bäumt sich mein Gewissen auf«

Jugend im Wilhelminismus (1889–1914)

Carl von Ossietzky wird am 3. Oktober 1889 in Hamburg geboren. Der Adelstitel täuscht. Der Vater, Carl Ignatius von Ossietzky, im Revolutionsjahr 1848 geboren, stammt aus einer katholisch-polnischen Familie. Der Großvater ist Kreisbeamter im preußischen Schlesien gewesen, und der Sohn hat 13 Jahre als Unteroffizier in der Armee der Hohenzollern gedient, die gerade begann, Deutschland zu erobern. 1879, am Ende seiner Dienstzeit, geht er nach Hamburg. Er ist dort bei niedrigem Verdienst viele Jahre Stenograph im Büro des Rechtsanwalts und Senators Max Predöhl, eines der Mächtigen in der Hansestadt, und übernimmt zudem eine kleine Milchhandlung und Speisewirtschaft. Im April 1889 heiratet er die 18 Jahre jüngere Rosalie Marie Pratzka.

Die Mutter wurde ebenfalls in Schlesien geboren. Ihre Familie ist deutsch-polnischer Herkunft, aber sie gehört der protestantischen Kirche an. 1888 kam sie nach Hamburg, und dort schlägt sich die auffallend hübsche Frau als Dienstmädchen durch. Nach der Verheiratung führt sie die Speisewirtschaft weiter.

Die Familie Ossietzky lebt im »Gängeviertel«, einer Arbeitergegend, in der katastrophale hygienische Verhältnisse herrschen. Als im Jahre 1892 in Hamburg die Cholera wütet und innerhalb von drei Monaten 7500 Menschen hinrafft, ist die Zahl der Opfer im »Gängeviertel« besonders hoch. Im Hamburger »General-Anzeiger« vom 25. Oktober 1892 finden die Leser einen Bericht über die Wohnverhältnisse, der mit den Sätzen beginnt: »Niedernstraße. Hof Nr. 19. Derselbe ist etwa

10 Schritte lang und ebenso breit, auf der linken Seite lehnen 2 Closets, die alle 8 Tage gereinigt werden sollen, an der Rückwand des Hauses und werden von 18 Familien, zusammen (mit Einlogierern) von 89 Personen benutzt.«[1]
Zwei Jahre nach Carl von Ossietzkys Geburt stirbt der Vater. Das Kind lebt die nächsten acht Jahre bei einer streng katholischen Tante. Nach der Wiederheirat nimmt die Mutter den Jungen in ihr Haus zurück, wo der protestantische Glaube den Alltag mitbestimmt. Der Stiefvater ist Holzbildhauer, vor allem aber: Gustav Robert Walther beschäftigen die Ideen und Programme der Sozialdemokratie. Er besucht Veranstaltungen der Partei, die von Bismarcks Sozialistengesetzen für lange Jahre in den Untergrund getrieben worden war, ohne daß der preußische »Revolutionär« den Aufstieg der organisierten Arbeiterbewegung damit aufhalten konnte. Für die Massen in den Fabriken, Handwerksbetrieben und sogar in einigen landwirtschaftlichen Regionen wurde – trotz ihrer überwiegend politisch-konservativen Haltung – die Partei Lassalles und Bebels zum Hoffnungsträger einer Zukunft, in der sozialer Ausgleich und ein allgemeines Wahlrecht das neue Reich bestimmen sollten.
Nach dem Ende der staatlichen Verfolgung verbuchte die SPD von Wahl zu Wahl wachsende Stimmengewinne. Bei den Reichstagswahlen vom 20. Februar 1890 errang sie 19,7 Prozent der Stimmen und wurde stärkste Wählerpartei im Kaiserreich. Auf dem Erfurter Parteitag 1891 gab sich die Partei ein Programm, in dem der Marxismus zur offiziellen theoretischen Grundlage der Sozialdemokratie erklärt wurde. Dies stürzte sie bis in den Weltkrieg hinein in ein tiefes Dilemma, denn der radikalen Theorie stand in den wilhelminischen Jahren ein sehr pragmatisches, »unrevolutionäres« praktisches Handeln gegenüber. Während das Marx-Engels-Vokabular die Reden der Parteiführer füllte, blieb in den politischen Auseinandersetzungen der reformerische Kurs auf der Tagesordnung. Kaisertreu und patriotisch war nicht nur die Parteispitze, sondern auch die über-

wiegende Zahl der Arbeiterschaft. In all diesen Jahren tobten heftige Kämpfe zwischen den »Radikalen« und den »Revisionisten« um Eduard Bernstein, aber es waren Papierkriege. Die realen Machtverhältnisse im Reich ließen sich durch noch so große Wahlerfolge nicht verändern. Ein kraftloser, gelegentlich etwas zu vollmundiger Riese war entstanden, ein etwas zu liebenswürdiger Bürgerschreck, der bei Hof nicht zugelassen war und der doch so viele Hoffnungen bei den entmündigten Massen zu wecken verstand.

Gustav Walther ist ein begeisterter Anhänger von August Bebel, der seit 1883 den ersten Hamburger Wahlkreis im Reichstag vertritt und später auch in der Bürgerschaft Sitz und Stimme hat. Sein Verhältnis zum Stiefsohn ist gut, er erzählt ihm von den Utopien und Visionen, die der jüngst verstorbene Karl Marx im Londoner Exil niedergeschrieben hat, von der Gründung der Sozialdemokratie durch den hochbegabten, aber auch exzentrischen Ferdinand Lassalle, der 1864 wegen einer Liebschaft in einem Duell niedergeschossen wurde. Später nimmt er den Knaben mit zu Kundgebungen, auf denen der schon zu Lebzeiten legendäre Parteivorsitzende Bebel spricht.

Noch Jahrzehnte später erinnert sich Ossietzky, inzwischen schon vielbeachteter und gehaßter »Weltbühnen«-Autor in Berlin, an diese frühen Begegnungen mit den Ideen der Sozialdemokratie und ihrem die Partei prägenden Führer: »Die Gedanken fliegen um fast zwei Jahrzehnte zurück. Ein großer verräucherter Versammlungssaal. Viel tausend Menschen dicht zusammengedrängt. Arbeiter, Arbeiter. Es ist schon heldenhaft, hier in diesem stickigen Pferch stundenlang auszuhalten. Und plötzlich bricht ein Orkan von Begeisterung aus. An der Rampe ist ein kleines gelblich-graues Männchen erschienen, ein gebücktes, kränkliches Männchen mit mächtigem schneeweißem Haarschopf. Der Alte ist schon schwerkrank. Die Ärzte haben ihm Schonung auferlegt; er soll nach Möglichkeit nicht mehr öffentlich reden. Doch wie er zu sprechen beginnt, weicht dieser Eindruck von Hinfälligkeit. Breite ausholende Gesten, helle, jugendlich timbrierende Stimme. Kommandostimme, gewohnt, Hunderttausende in Gleichtakt zu bringen, und die mächtige weiße Tolle weht dazu wie ein Helmbusch. Aber der Alte ist mehr als ein effektsicherer Sprecher, nicht Beredsamkeit trägt ihn: er reitet auf einer Woge von Vertrauen, August Bebel, mehr als ein Abgeordneter und Parteiführer von diktatorischem Gehaben, nein, der eigentliche Erwählte des Volkes, der Präsident einer unsichtbaren deutschen Republik, der Gegenkaiser der Massen gegen Den mit der Bartbinde ... er spielt auf dem Volk wie auf einem edlen Instrument; er bringt es zum Klingen, er entlockt ihm Liebe und Haß, bittre Seufzer und sternklare Sehnsucht.«[2] In diesen Zeilen aus dem Jahr 1927, die die Ossietzky lau erscheinende Weimarer SPD an die alten kämpferischen Zeiten erinnern und aufrütteln sollten, schwingt vieles vom Idealismus des Jünglings mit, der auch den ausgereiften Publizisten nie ganz verlassen hat.

Eine schwierige Jugend, die Schule wird zum Alptraum. Er besucht ein Institut für die Sprößlinge der begüterten Hamburger. Dank der Vermittlung des einflußreichen ehemaligen Arbeitgebers seines Vaters, Max Predöhl, hat er einen der wenigen Freiplätze erhalten. Ossietzkys Leistungen sind schlecht, er schwänzt häufig, bleibt still und isoliert. »Die Persönlichkeit wird dem Ritus des Wissens geopfert«, schreibt er 1925 in einem »Tage-Buch«-Artikel, »der Mensch ist gar nichts, das Endziel alles. Das Endziel aber ist das Examen ... Das Examen ist von der Mittelmäßigkeit für die Mittelmäßigkeit geschaffen ... Die Geschichte der Begabungen ist die Geschichte der schlechten Schüler, der versagenden, verlotterten Studenten.«[3]

1904 wird er die Rumbaumsche Schule gescheitert verlassen. Er schafft das »Einjährige« nicht. Vieles hat dazu beigetragen, mangelnde Intelligenz ganz sicher nicht. Es waren wohl die nicht einfachen häuslichen Verhältnisse, die besonders schwierige Pubertät, die Paukpädagogik der Zeit, die ihn innerlich gegenüber dem Schulunterricht verschlossen. Die Eltern zermürbt ein harter materieller Existenzkampf, das Verhältnis zur Mutter ist zeitlebens distanziert. Es fällt ihr schwer, sich in den nervösen, schwärmerischen Sohn einzufühlen, er stößt bei der resoluten, kleinbürgerlichen Frau auf wenig Verständnis. Die jahrelange »Verbannung« nach dem Tod des Vaters hat möglicherweise frühkindliche Verlassensängste ausgelöst, die lange nachgewirkt haben.

Der deutsche Schulunterricht war bis weit in die Geschichte der Bundesrepublik hinein brutal und autoritär. Er zog gehorsame Untertanen heran, Wissen hatte nicht der individuellen Persönlichkeitsbildung, sondern der Schaffung gut funktionierender Staatsbürokraten, Technokraten und Soldaten zu dienen. Prügel und Demütigungen standen auf der Tagesordnung. Dies läßt sich nicht ohne Erschütterung auch nachlesen in den Romanen vieler sensibler Autoren, die an den Schrekken des alltäglichen Unterrichts beinahe zerbrochen waren. Thomas Mann, Hermann Hesse oder Friedrich Torberg gestalteten ihre scheiternden jugendlichen »Helden« aus den eigenen Erlebnissen einer traumatischen Schulzeit. Carl von Ossietzky wird es ähnlich empfunden haben.

Geschichte und Geographie liebt er, Sprachen zu lernen fällt ihm leicht, in Mathematik wird ihm stets ein »mangelhaft« bescheinigt, die Texte der Klassik beginnen ihn zu faszinieren, das Theater nimmt ihn gefangen. Dichter will er werden, Schriftsteller. Lyrik entsteht, nicht besonders begabte. Es reimt und schwärmt sich in diesen Gedichten brav, aber übersteigt an Qualität nicht das Übliche, was ein verträumter, an sich und der Umwelt leidender Jüngling so zu Papier zu bringen pflegt.

Er selbst bilanziert diese Zeit zwei Jahrzehnte später mit den Sätzen: »Gleicht nicht der Weg eines begabten jungen Menschen zu Zeiten dem Ritt übern Bodensee? Er träumt vor sich hin, Melodien im Kopf, nicht Thesen und Formeln und Paragraphen, und eine dünne Eisdecke nur trennt ihn von dem unermeßlichen Grab.«[4] Und an seine Frau schreibt er von der

Front über das Familienleben seiner Kindheit: »Ich bin aufgewachsen in einer Atmosphäre von Zwiespalt u. Zänkerei u. Klatsch ...«[5]

Ossietzky muß Geld verdienen, einen Beruf erlernen, die Schriftstellerei bleibt Illusion. Noch einmal versucht er das »Examen« zu schaffen und besucht eine Privatschule, die Schnellkurse für Wiederholer anbietet. Vergebens, er fällt ein zweites Mal durch. Die Perspektiven des Achtzehnjährigen erscheinen hoffnungslos, mißt man sie an den hochfliegenden Dichterplänen. Der einzige intimere Freund aus diesen Jahren, von dem wir wissen, der gleichgesinnte Mitschüler, Bummler und Schwärmer Ludwig Tügel, notiert im November 1908 in seinem Tagebuch: »Ossietzky ist Dichter, hat aber noch nichts geschaffen; ist auch nicht nötig! Was er schreibt, kann ich nachfühlen, aber nicht, wie er es tut. Das ist ein Mensch, noch viel mißmutiger als ich.«[6] Und im Mai 1909 hält er fest: »Ossietzky. Was leidet der Mensch.«[7]

Im Kopf Pläne für Tragödien und Komödien, »Arbeit bis zu 50 Jahren auf Vorrat«[8], sitzt Ossietzky seit Oktober 1907 als »nicht fest angestellter Hilfsschreiber« im Büro des Amtsgerichts, ohne Kompetenzen und dem Stumpfsinn stundenlanger Niederschriften fremder Amtstexte ausgesetzt. Daß der Bewerber ohne Schulabschluß überhaupt genommen wurde, verdankt er ein weiteres Mal dem Einfluß seines Gönners Predöhl. Die Vorgesetzten runzeln bald die Stirn: »Es erscheint – auf Ladung – der Hilfsschreiber von Ossietzky. Derselbe wird unter Bezugnahme auf den über ihn erstatteten Qualifikationsbericht darauf hingewiesen, daß er sich befleißigen müsse, das Mindestpensum an Schreibarbeit zu liefern, da er widrigenfalls mit einer dauernden Beschäftigung bei dem Amtsgericht nicht rechnen könne.«[9]

Er fügt sich, der Zwang zum Geldverdienen überwiegt alles, die Leistungen werden besser und die Beurteilungen auch. Aber es bleiben demütigende Jahre, ein Taumeln am Rande des Abgrundes einer recht armseligen Existenz. Der Achtzehnjährige reimt etwas mühsam, aber seine Innenwelt beleuchtend: »Nun siehst du der Zukunft Fülle / nicht mehr in dem ros'gen Schimmer; / von den Augen fiel die Hülle, / alles ist verweht für immer. / ... / Selig wer in seinem Sparren / nie das Eine klar erkennt; / wie vor einem Schinderkarren / keuchend er als Zugochs rennt.«[10]

Photographien aus diesen Jahren spiegeln manches von der dunklen Seelenlage wider. Kleingewachsen, der Kopf groß, die Schultern abwehrend hochgezogen, verträumter Blick, die etwas zu mächtigen Hände linkisch zurechtgelegt, tadellose Kleidung und immer ein wenig verlegene Pose. Das kräftige Kinn allerdings läßt den Betrachter doch etwas ahnen von der stillen Willenskraft. Diese Energie hat ihn vielleicht in den Jahren der mit der Wirklichkeit so wenig übereinstimmenden Lebens- und Geistesträumereien davor bewahrt, der Verzweiflung zu erliegen.

Er bleibt jedoch ein von schweren Jugendjahren Gezeichneter. Auch der später so erfolgreiche Journalist und mutige Analytiker ist nicht frei von innerer Unsicherheit gegenüber seinen Mitarbeitern. Freundschaften schließt er nur sehr selten, ein Privatleben hat er praktisch nicht, selbst der Familie, die er liebt, begegnet er sehr häufig stumm und abgekehrt. Übereinstimmend berichten die Menschen, die ihn aus der Redaktionsarbeit bei der »Weltbühne« gekannt haben, von seiner scheuen, zurückhaltenden Art. Er hat stets sehr leise gesprochen. Nahezu jeder, der von seinen Begegnungen mit Carl von Ossietzky erzählt, weist ausdrücklich darauf hin, daß er im Gespräch seinem Gegenüber nur selten direkt in die Augen geblickt hat. Er wirkt nervös und überarbeitet, der starke Zigarettenkonsum führt später zu einem leichten Zittern der Hände. Als Redaktionsleiter greift er fast nie in die Texte anderer ein. Er gibt sie praktisch unkorrigiert in Satz. Ein Verfahren, das nicht nur in krassem Gegensatz zum Verhalten des »Weltbühnen«-Gründers Siegfried Jacobsohn steht, sondern für den berühmtesten Mitarbeiter des Blattes, den auf Rückmeldungen zu seinen eingesandten Texten angewiesenen Kurt Tucholsky, zum Ärgernis werden wird.

Ein Zerrissener bleibt Ossietzky wohl sein Leben lang, ein ernster Mann, und die Spuren führen weit zurück. Er hat sich zweifellos schon früh als gesellschaftlicher Außenseiter empfunden, und er ist es auch später als Journalist und berühmt-berüchtigter Beobachter der politischen Zeitläufe. Eine Lebensrolle, die ihn unabhängig macht. Er ist schon bald Republikaner und Pazifist, schließt sich den antimilitaristischen Bewegungen in der wilhelminischen Ära an, bleibt aber doch immer ungebunden, und seine Kritik macht selbst vor Gruppierungen und Politikern nicht halt, denen er sich gesellschaftspolitisch nahe fühlt.

Die frühen Erfahrungen von Einsamkeit und Zurückgestoßenwerden sind eine Kraftquelle geworden. Seine Persönlichkeit formt sich gegen erhebliche Widerstände der Außenwelt, die in ihm einen Gescheiterten sieht. Die Entscheidung für den Beruf und die Berufung verdankt er dem eigenen Willen. Vor allem in den späten Jahren seines publizistischen Wirkens wird diese erstaunliche innere Souveränität hervortreten. Greifen wir für einen Moment voraus: Die Freunde und geistigen Weggefährten verstehen kaum, wieso Ossietzky 1932 seine Gefängnisstrafe aufgrund eines politischen Unrechtsurteils antritt und nicht flieht, wie ihm so viele raten. Überhaupt nicht mehr nachvollziehen kann seine Umgebung, daß der an Leib und Leben höchst gefährdete »Weltbühnen«-Leiter nach Hitlers Machtübernahme nicht sofort ins Exil geht, sondern sich seinen Henkern praktisch freiwillig auszuliefern scheint.

Was immer ihn zu solchen Schritten bewogen haben mag, aus seiner Sicht ist es eine unabdingbare moralische Konsequenz gewesen, durch die eigene beispielhafte Haltung Widerstand zu leisten. Flucht heißt für ihn auch, zum Schweigen verurteilt zu sein. »Ich habe immer zu meiner Meinung gestanden«, schreibt er im März 1932 aus dem Gefängnis an seine Frau,

»und deshalb will man mich unschädlich machen. Wenigstens mundtot. Wenigstens will man mich abschrecken. Das wird nicht gelingen.«[11] Und 1927, als er wieder einmal gerichtlich wegen eines »Weltbühnen«-Artikels belangt wird – es ging diesmal um einen Bericht des Journalisten Berthold Jacob, der sich mit einem Fememord-Prozeß beschäftigt hatte –, macht Ossietzky seine Haltung ganz grundsätzlich deutlich: »Jeder Publizist, der mit ganzem Herzen für eine Sache eintritt, wird mit Empörung eine Drohung auf die Zukunft ablehnen. Man mag uns verurteilen heute, morgen, übermorgen, wir werden es hinnehmen, aber unser Stolz wird sein, nicht ›gebessert‹, sondern nur energischer, schärfer, dichter und zäher zu werden. Dafür sind wir Publizisten und stehen wir im Dienst der Öffentlichkeit.«[12]

Der Idealismus seiner Jugend, von den geistesgeschichtlichen Revolutionen des 18., den Sozialtheorien des 19. Jahrhunderts und den großen Schillerschen Dramen geprägt, ist recht typisch für seine Generation. Er war ein schöner, aber auch gefährlicher und schichtenübergreifender Traum vom Menschen der guten Taten und der edlen Gesinnung. Die jungen Arbeiter sahen sich als Mitglieder einer solidarischen Klasse und einer internationalen Bewegung, die in eine lichte Zukunft führt, die Söhne und Töchter des Bürgertums sehnten sich nach der Erlösung durch die Liebe, wie sie der Tristan-Akkord ästhetisch revolutionär beschwor und nach dem persönlichen Opfer für das freie Vaterland, das ihnen mit so hinreißender Rhetorik der Marquis Posa auf der Bühne vorlebte. Auch wenn sich diese Haltung in der Regel mit dem Erwachsenwerden verflüchtigte, konnten die Mächtigen das pathetisch Irrationale im Denken dieser »idealistischen« Generation für ihre Zwecke mißbrauchen und sie schließlich millionenfach auf die Schlachtfelder des Krieges führen.

Ossietzkys Idealismus verliert sich nicht im Unverbindlichen schwärmerischen Zitierens oder in verächtlicher Abwendung von den gesellschaftlichen Realitäten. Er bleibt für sein ganzes

Leben eine treibende Kraft, läßt ihn die Welt und die sie bewegende Politik aus Perspektiven bewerten, deren Ursprünge in den Philosophien der Antike ebenso zu finden sind wie bei den französischen Enzyklopädisten, den englischen Rationalisten oder in der Ethik Kants. Mit der Überwindung der Pubertät und der Erkenntnis, daß für den künstlerischen Beruf das ausreichende Talent fehlt, wächst sein Interesse an gesellschaftlichen Fragen. So ganz erstaunlich ist dies auch für einen Jünger der Klassik nicht. Lessing, Schiller, Kleist – da begegnet der Leser einem literarischen Zeitalter, das sich der europäischen Aufklärung verpflichtet fühlt, deren praktische politische Folge immerhin die epochalen amerikanischen und französischen Revolutionen gewesen sind. Für den jungen Carl von Ossietzky wird diese Lektüre zum politisch-moralischen Leitfaden seines Denkens.

Dies nun unterscheidet ihn von vielen seiner Zeitgenossen. Im Wilhelminismus gehen die erwachsen gewordenen Leser von Lessings »Nathan«, Schillers »Räubern« oder Kleists »Prinz von Homburg«, die Söhne und Enkel der 48er Demokraten, sehr bald zum nationalistischen Chauvinismus über. Der Aufklärung, die sie in ihrer Jugend so fasziniert hat, dem Glauben an Gerechtigkeit und individuelle Freiheit, der letztlich ohne veränderte politische Verhältnisse chancenlos bleiben muß, folgt das dumpfe, beschränkte Machtdenken der Ökonomisten, Militaristen und Rassisten. Die industriell-technischen Entwicklungen und die Veränderungen in den familiären und regionalen Strukturen verführen das Bürgertum bald zur Flucht aus der Wirklichkeit. Die verlorene Identität wird ersetzt durch die Rückwendung zur angeblich so klar gegliederten Welt des Mittelalters oder gar im Germanentum wiederentdeckt. Wagners Opern, Gustav Freytags Romane und Historienmalerei im Stile der »Nazarener« oder Anton von Werners verdrängen die Auseinandersetzung mit dem Heute. Da werden auch die aufklärerischen Klassiker inszeniert, als handle es sich um ein Stück von Wildenbruch, und Wagners Siegfried, dieser dümmliche Mordbube, zum deutschen Helden stilisiert, wie ihn der wilhelminische Untertan und sein Kaiser peinlich laut für die ruhmreichen Schlachten der Zukunft reklamieren. Eine massenpsychologische Krise löst dieses Doppelleben der deutschen Gesellschaft aus: einerseits die grandiosen naturwissenschaftlichen und wirtschaftlichen Entwicklungen, die das junge Reich in rasender Geschwindigkeit verändern, andererseits die Verweigerung der Moderne, die Sehnsucht, durch einen Gewaltstreich wieder eine Welt zu schaffen, deren Werteordnung zwar nicht weniger heuchlerisch ist, die aber die Verdrängungen einer christlich-hierarchisch gegliederten Gesellschaft aufrechterhalten läßt.

Der Hilfsschreiber im Hamburger Amtsgericht spürt diese Brüche der Gesellschaft, in der er lebt, sehr genau. Es wird noch dauern, bis er sie analysiert, aber die Hinwendung zu den öffentlichen Belangen beginnt nun in den Mittelpunkt seines Lebens jenseits der Bürostunden zu rücken. Mit Blick auf diese Jahre notiert er 1916 selbstkritisch: »... ich hatte den Ernst verloren, und mehr noch das Gefühl für ernsthafte Dinge überhaupt. Ich wagte nicht mehr zu denken, alles war für mich zur müßigen Spielerei geworden. Ich hatte einmal eine heiße Sehnsucht zur Kunst gehabt; diese Sehnsucht war nun vorüber. An ihre Stelle war das bloße Interesse an Form- und Stilspielereien getreten.«[13] Der fünf Jahre ältere Schriftsteller Lion Feuchtwanger, einer der erfolgreichsten deutschsprachigen Autoren der Weimarer Republik, beschreibt dieses Gefühl der jungen Künstlergeneration um die Jahrhundertwende mit ganz ähnlichen Worten: »Die jungen Literaten jener Jahre beschäftigten sich ziemlich ausschließlich mit artistischen Fragen und mit Problemen der Erotik ... Und allgemein anerkannt war als künstlerisches Grundprinzip, daß es nicht auf das Was, sondern selbstverständlich nur auf das Wie der Darstellung ankomme.«[14] Nicht von ungefähr wird Rilkes und Hofmannsthals Lyrik um die Jahrhundertwende in den elitären Zeitschriften abgedruckt und in den Salons mit Entzücken gelesen. Weltenfremde

Sprach- und Klangästhetik, das Leben als Rausch von Gefühl und Form, fern der Politik.

Ossietzky bleibt der Kunst verbunden, als er Abschied nimmt von seinem Traum, »epochale Werke« zu schreiben. Er wird ein Journalist, dessen Arbeiten nicht nur ein ausgefeilter Sprachstil auszeichnet, sondern auch auf einen Bildungsbürger im besten Sinne des Wortes hinweisen. Er ist Autodidakt, kennt aber seine Klassiker und Philosophen wie nicht allzu viele, die dann in der politischen Publizistik der Weimarer Jahre die öffentliche Meinung beeinflußten. Sein großes literarisches Wissen bewahrt ihn schon sehr früh vor geistiger Enge, befähigt ihn, den kleinkarierten Nationalismus, der seine Zeit so nachdrücklich prägt, zu durchschauen.

Zeitlebens bleibt er ein Vielleser und leidenschaftlicher Theaterbesucher. Für welches Blatt er auch schreibt, der Leitartikler avanciert immer wieder mit großem Engagement und sicherem Blick zum Buch- und Theaterrezensenten. Er ist als Kritiker sicher kein Alfred Kerr, kein Herbert Ihering oder Alfred Polgar, die »feuilletonistischen« Arbeiten werden im Laufe der Jahre Nebenprodukte seines journalistischen Wirkens, aber sie treffen Sujet und künstlerischen Wert doch in der Regel recht genau.

Natürlich sieht der politische Analytiker Carl von Ossietzky später das Theater in der Weimarer Republik immer auch als gesellschaftspolitisches Phänomen. Die Bühne ist neben allen ästhetischen Kriterien der Ort der Entlarvung einer Menschheit, die im ewigen Kampf zwischen Fortschritt und Reaktion lebt, und sie bildet da, wo sie ihrer Aufgabe gerecht wird, stets das Spiegelbild der politisch-gesellschaftlichen Verhältnisse. »Das Theater ist heute«, so schreibt er 1921, »durchweg eine Angelegenheit der Spekulation. Das Theater ist heute durchweg eine Angelegenheit der zahlungsfähigen Leute. Aber das Theater ist in seinem tiefsten Wesen eine Sache der Gemeinschaft. Alles was den einzelnen Menschen freudvoll oder leidvoll bewegt, alles was ein Volk im Guten wie im Bösen bewegt, kann das Theater wiedergeben, auch wenn seine Mittel unendlich bescheiden sind – nur muß es getragen werden von einem Gesamtwillen. Daran mitzuwirken, könnte eine schwierige, aber dankbare Aufgabe der Gemeinden sein. Denn das Theater ist *demokratisch* wie seine beiden ewigen Motive … die Liebe und der Tod!«[15]

Entscheidend bleibt, daß der Publizist Ossietzky schließlich aus der Schar seiner Kollegen herausragt, weil sich seine Analysen auch aus seinem Wissen um die Welt jenseits der sichtbaren Realitäten speisen. Die politischen und gesellschaftlichen Dramen der Zeit verkommen in seinen Artikeln nicht zum banalen Gezänk. Seine Kritik an politischen Entscheidungen und gesellschaftlichen Entwicklungen, die sie provozieren, wird mit Vergleichen aus der Geschichte und Hinweisen auf lang wirkende kulturelle Einflüssen untermauert, es schreibt ein Journalist, der nicht nur sein Handwerk gelernt hat, sondern auch nie aufhört, eigenem und fremdem Denken mit Fragezeichen zu begegnen. Es gab und gibt nicht viele Berichterstatter und Kommentatoren, die dies für sich reklamieren können. In allen Gesellschaften findet man wenige politische Akteure und schreibende Vermittler, die die Fähigkeit besitzen, ihre subjektiven Blickverengungen zu überwinden. Die Komplexität individueller und gesellschaftlicher Existenz bleibt ihnen häufig verschlossen, und doch bewegt sie die Wirklichkeit viel entscheidender als das hastige Tun auf den politischen Bühnen. Am Ende unseres Jahrhunderts – vielerseits als »Medienzeitalter« tituliert – beginnt dieser Mangel spektakuläre Züge zu erlangen.

Ossietzkys politische Betrachtungen bestechen durch die Verdeutlichung des Grundsätzlichen, das hinter den Debatten und Entscheidungen steht. Den hohen ethischen Anspruch, mit dem er die Akteure der Politik konfrontiert, entwickelt er aus einem Verständnis von Realpolitik, das den Humanismus der Aufklärung und der fundamentalen abendländischen Philosophien radikal einfordert. Die Geschichte unseres Jahrhunderts

hat auf tragische Weise gezeigt, daß Ossietzky und die Minderheit, deren Argumente auf ähnlichen Gedankengängen ruhten, die Wirklichkeit sehr viel realistischer beurteilten als die unzähligen gewählten oder selbsternannten politischen Führer und ihre publizistischen Apologeten.
Oftmals geht Ossietzky recht scharf mit den Texten seiner Kollegen ins Gericht, scheut vor allem in den Weimarer Jahren keine Pressefehde, wenn es ihm in der Sache notwendig erscheint. Aber er erkennt auch sehr genau, welchen Stellenwert der Journalismus in der Gesellschaft einnimmt. »Für den braven Bürgersmann bedeuten wir durchweg Zigeuner mit Bügelfalten«, spöttelt er 1922. »Die amtliche Einschätzung pendelt, je nach der Situation, zwischen den beiden Gegenpolen ›siebente Großmacht‹ und ›Abiturientenproletariat‹. Und Bismarck, der ja in allen Stücken großzügig war, gab sein Urteil über die Männer der Feder, die für ihn eingetreten waren, äußerst summarisch in dem bekannten Wort: ›Saubere Leute arbeiten nicht für mich‹.«[16]

Der Wilhelminismus – die Epoche, in der Ossietzkys Bild von der Welt seine entscheidenden Konturen erhält – mit seinem ökonomischen Aufschwung und seinem prahlerischen Optimismus wird untergründig von einem Beben erschüttert, das die Aufhebung jahrhundertelang gültiger Werte und Urteile auslöst. Nietzsches Umkehrung der Moral, seine Prognose, daß zur Tugend werde, was einst als Laster galt, wird zunächst vor allem in der Kunst sichtbar. Inhalt und Form signalisieren dies. Die Sinnlichkeit, der Eros als grelle Sexualität, aber auch die gesellschaftliche Verelendung der von den ökonomischen Umbrüchen entwurzelten Massen der Bevölkerung brechen sich in Musik, Malerei und Literatur mit ungemeiner Wucht Bahn. Wurde vorher je eine solch ekstatische Musik komponiert, wie es Richard Strauss in seinen Opern »Salome« und »Elektra« tat, in deren Mittelpunkt zwei Frauen stehen, die von Liebe und Rache pathologisch überwältigt werden? Ist seit den Höllenphantasien des Hieronymus Bosch der menschliche Körper je so entstellt gemalt worden wie auf den Bildern des jungen Oskar Kokoschka oder den erotomanischen Akten Egon Schieles? Wurde die häßliche Wirklichkeit von Armut und sozialem Elend je so brutal auf der deutschen Bühne sichtbar wie in Gerhart Hauptmanns Schauspiel »Die Weber«? In Wien entdeckte Sigmund Freud die Mechanismen des Unterbewußten, und seine Erkenntnisse demontierten das Bild vom gottesähnlichen Menschen.

Während das Reich »Weltpolitik« betreibt, die wachsende Orientierungslosigkeit der Gesellschaft mit immer bedrohlicheren Machtattitüden überspielt werden, verliert sich das politisch entmündigte Bürgertum in einer omnipotenten Anbetung des National- und Staatsgedanken, und die künstlerischen Eliten schreiben, komponieren und malen den Verfall. Thomas Mann in seinen »Buddenbrooks«, Frank Wedekind in seinen Dramen, die den Menschen nicht mehr als Herr über seine Geschicke, sondern willenlosen Triebtäter darstellen. In den Partituren Arnold Schönbergs und seiner Schüler entstehen Tonreihenkonstrukte, die den Abschied der Musik von der vertrauten Dur/Moll-Harmonik verkünden. Der Jugendstil offenbart nicht nur Flucht in die Dekadenz, sondern öffnet etwa in Stucks »Sünde« oder in Klimts »Judith II« auch den Blick in die perversen Tiefen der menschlichen Seele, Kandinsky und Klee lösen die Welt des Gegenständlichen vollends auf. Die Zeit ist – »Gartenlaube«-Sentimentalitäten und herrlichen Kaiserparaden zum Trotz – aus den Fugen geraten, was fruchtbare Neuentdeckungen der Ästhetik ermöglicht, ein anderes, erregendes Bild vom Menschen entwirft, aber doch auch zu einer gefährlichen Weggabelung führt.

Die Gesellschaft ist angesichts der »Umwertung aller Werte« zerrissen. Der Mann an der Spitze symbolisiert all dies auf sehr charakteristische Weise. Schon 1901 schreibt Walther Rathenau über Wilhelm II.: »Ein Bezauberer und ein Gezeichneter. Eine zerrissene Natur, die den Riß nicht spürt; er geht dem

Verhängnis entgegen.«[17] Hat der empfindsame Rathenau hier nicht ein prophetisches Bild der ganzen wilhelminischen Gesellschaft gezeichnet? So wie die Kunst in ihren sensationell-aufregenden Werken die massenpsychologischen Zerstörungen einer Umbruchepoche widerspiegelt, so ahnen die Sensiblen unter den Machern in Politik, Wirtschaft und Literatur, wohin die rasende Fahrt unaufhaltsam gehen muß: in den Krieg.

In der zweiten Hälfte des 19. Jahrhunderts mag der deutsche »Sonderweg« – ohne diesen Begriff überstrapazieren zu wollen – seinen Anfang genommen haben. Bei den Nachbarn, in Frankreich etwa oder im Großbritannien der gloriosen Empire-Jahre, erobert sich ein selbstbewußtes Bürgertum in harten Auseinandersetzungen Zug um Zug politische Mitsprache. Sicher, auch in diesen Staaten wütet der nationalistische Chauvinismus, und die aristokratischen und ökonomischen Eliten herrschen sehr klassenbewußt über das sozial und politisch unterprivilegierte Volk. Der Imperialismus ist eine Epochenkrankheit, und keine Großmacht in Europa ist von diesem Bazillus frei. Krieg als Fortsetzung der Politik mit anderen Mitteln bleibt auch für die Kabinette in London oder Paris, in Petersburg oder beim Emporkömmling in der Weltpolitik, den Vereinigten Staaten von Amerika, ein eisernes Gesetz. Der heuchlerische Homosexuellen-Prozeß gegen Oscar Wilde läuft vor den Schranken eines Londoner Gerichts ab, und die Affäre um den jüdischen Hauptmann Alfred Dreyfus entlarvt Antisemitismus und Militarismus in Frankreich.

Aber es ist nicht zu übersehen, daß sich in diesen westlichen Nachbarstaaten des Hohenzollern-Reiches der Demokratiegedanke durchzusetzen beginnt. Die Fabian Society beispielsweise, der George Bernard Shaw und viele andere Intellektuelle angehören, fordert mit machtvollen Demonstrationen und Veröffentlichungen soziale und gesellschaftspolitische Veränderungen im nachviktorianischen England. Als der Hauptmann Dreyfus verurteilt wird, erscheint Emile Zolas »J'accuse«-Artikel, der Frankreich aufwühlt und zum Fanal für die Auseinan-

dersetzung um die Rehabilitierung des Verbannten wird. Die französische Gesellschaft spaltet sich, aber die Sozialisten um Jean Jaurès und die linken Radikaldemokraten um Georges Clemenceau verhindern mit ihrem parlamentarischen Kampf gegen das Unrechtsurteil eine neue politische Restauration.
Die deutschen Intellektuellen, Unternehmer, Verwaltungsbeamten, Militärs, Bauern und auch Teile der Arbeiterschaft dagegen verdrängen die Demütigung der politischen Entmachtung mit einer nationalen Überidentifizierung. »Diese Generation«, schreibt der Historiker Fritz Fischer, »aufgewachsen in der Spätbismarckzeit, war überzeugte Anhängerin jener ›Weltpolitik‹, die der junge Kaiser sehr bald als Programm ... in einer Ansprache von 1896 verkündet hatte.«[18] Der Hegelsche Staatsbegriff erlebt bald seine gefährliche Übersteigerung, weil in der totalen Identifikation mit dem, was im Wilhelminischen Reich unter dem »deutschen Wesen« verstanden wird, das gekränkte Selbstempfinden des Bürgertums seine psychologische Kompensation erfährt. Der westliche Parlamentarismus, die Demokratie, so liest es der Bürger und Arbeiter in den Reden und Proklamationen seines Kaisers und der politischen Paladine des Thrones, sei den Deutschen wesensfremd. Nicht anders im übrigen argumentiert die große Mehrzahl der Intellektuellen in ihren Werken, die gedankenschwer von der abendländischen Götterdämmerung zu raunen beginnen, wobei sie die Degenerationsmomente der europäischen Gesellschaft natürlich überwiegend bei den durch den Parlamentarismus verkommenen Kulturnachbarn wähnen. Alldeutsche, Flottenverband, Wehrverein, Kolonialgesellschaft, Kyffhäuserbund – Millionen werden in diesen außenpolitisch aggressiven Organisationen Mitglieder. Aus der Entmündigung erwächst eine sich ins Krankhafte steigernde Massenhysterie, die sich in permanenten Drohgebärden an die Adresse der politischen Konkurrenz und in nationalem Selbstmitleid äußert. Nichts bereitet dem nervösen, vom Männlichkeitswahn besessenen Kaiser und seinen Untertanen schlaflosere Nächte als der Ge-

danke, irgendwo auf der Welt könnten die deutschen Interessen nicht gewahrt werden und das Reich käme gegenüber seinen Nachbarn zu kurz.

Diese Mischung aus leichtfertigem Säbelgerassel, Demokratieverweigerung und der sich daraus entwickelnden absoluten Staatsgläubigkeit treibt sie auf den Abgrund zu. Die historischen Katastrophen des 20. Jahrhunderts, die die deutsche Politik heraufbeschwor, haben viel weniger mit der Mittellage des Bismarckreiches oder der späten Nationenbildung oder gar mit irgendwelchen militärisch-politischen Einkreisungsfakten zu tun, als die vielen Deuter von heute wieder zur Entsorgung unserer Geschichte dem wiedervereinigten Großstaat zu suggerieren bemüht sind. Der Wilhelminismus lehrte Gewalt, Intoleranz und Gehorsam. Er schuf den perfekten Untertanen, der am Ende auch den Befehlen zum Massenmord an den europäischen Juden und zum totalen Vernichtungskrieg mit einer unvorstellbaren Gründlichkeit blind folgte. »Bruder Eichmann« nannte Heinar Kipphardt sein Stück über den technischen Organisator des Holocaust, der in Israel hingerichtet wurde und sich in dem Jerusalemer Prozeß bis zum Schluß auf die Anweisungen der Staatsführung berief. Er war einer von dem Geist, der seine Generation geformt hatte.

Thomas Mann gab seiner zeittypischen und abwegigen politisch-historischen Studie – sie erschien pikanterweise im Jahre 1918, als die Welt gerade untergegangen war, deren Denken der Autor mit seiner Verweigerung der Wirklichkeit noch einmal heraufbeschwor – den Titel »Betrachtungen eines Unpolitischen«. Das umfangreiche Werk aus der Feder des Romanciers entstand in den Jahren des Weltkrieges, und nicht nur seine wohlüberlegte Namensgebung resümiert noch einmal geradezu beispielhaft das Verhältnis der wilhelminischen Geisteselite zur Gesellschaft. Es war bestimmt von einer gefährlichen, leichtsinnigen und letztlich tödlichen Verachtung alles Politischen. »Denn die deutsche Humanität widerstrebt der Politisierung von Grund auf«, heißt es bei Thomas Mann, »es fehlt tatsächlich dem deutschen Bildungsbegriff das politische Element.«[19] Schwärmerisch und elitär verweist der angesichts der weltpolitischen Ereignisse verunsicherte bürgerliche Autor auf die mittelalterlich-handwerklichen Tugenden des deutschen Wesens, und er beschwört immer wieder die »Innerlichkeit« des deutschen Künstlers (und Bürgers). Unüberhörbar ist dabei der antidemokratische und damit auch antiwestliche Unterton, wenn er den deutschen Bürger als Handwerker »mit unverwechselbarem nationalem Gepräge« definiert, als schriebe er ein Libretto für die Neuauflage von Richard Wagners »Meistersingern«: »Was hätte dieser Treue, Würdige und Demütige, was dieser metaphysische Handwerker mit Politik in irgendeinem westlich-demokratischen Gassensinn zu schaffen? Er ist national, natürlich ist er es, wenn auch viel zu human und urban, kosmopolitisch umgetan und bürgerlich gebildet, um in Zeiten friedlicher Arbeit mit dem Nationalen einen trumpfenden Unfug zu treiben; er ist national und wird sich dessen innig bewußt werden, wenn er das nationale Wesen in physischer und namentlich geistiger Bedrängnis sieht. Aber ein Politiker? Ein Manifestant und Tumulant? Ein Menschenrechtler und Freiheitsgestikulant? Nein, Nein!«[20]

Von diesen idealen deutschen Menschen, von denen Thomas Mann in seinen essayistischen Schriften jener Jahre spricht, findet sich in der Wirklichkeit leider kaum ein Exemplar. Der »humane« deutsche Bürger bejubelt die verschwenderischen und sinnlosen Flottenbauprogramme oder sonstigen militärischen Aufrüstungsaktionen, die im Zuge einer unrealistischen »Weltpolitik« Jahr für Jahr vom Reichstag gebilligt werden, nicht weniger als dann den Völkerrechtsbruch des Einmarsches in Belgien und die Wahnsinnsforderungen der politisch-militärischen Führung nach einem (allerdings immer ferner rückenden) Sieg. Es ist also nicht verwunderlich, daß auch Thomas Mann und die Mehrheit der deutschen intellektuellen Elite den Kriegsausbruch im Herbst 1914 als den Beginn einer »Reinigung« empfinden und ihn entsprechend begrüßen. An den Verleger Samuel Fischer schreibt Mann, der Krieg und der Sieg des »deutschen Geistes« und der »deutschen Kultur und Zucht« seien das Mittel zur Erlösung.[21] Wie gesagt, der später bekennende Republikaner und von den Nazis verjagte Exilant stand damals mit seiner verschwommenen und angesichts des Kriegsgeschehens verdrängenden Haltung des Unpolitischen keineswegs allein. Der junge Arnold Zweig schreibt noch 1917 von der Front: »Das Politische ekelt mich an!«[22] So wurden sie nicht nur Opfer, sondern auch Täter.

Ein Stück trifft dies auch auf die Arbeiterbewegung zu. Für die sozialdemokratische Führung gilt zwar das Endziel der proletarischen Revolution, wie sie Karl Marx und Friedrich Engels beschrieben haben, als wissenschaftlich gesichert und damit unumstößlich, aber im politischen Handeln der Partei ist davon nichts zu spüren. Das allgemeine Wahlrecht, Presse- und Meinungsfreiheit fordert die SPD mit großem Nachdruck und vergeblich ein, weist aber allzu radikale Schritte zur Erreichung dieser und anderer Ziele, also beispielsweise Massenstreiks, energisch zurück. Die Bismarcksche Sozialistenverfolgung hat die Arbeiterschaft nur für einen kurzen Moment dem Hohenzollern-Reich entfremdet. Sicher, es gibt in diesen Jahren der Entrechtung Entwicklungen zu einer eigenen, staatsfernen Arbeiterkultur, die sich in zahllosen Bildungsvereinen oder sonstigen von der Partei und den ihr eng angeschlossenen Gewerkschaften gegründeten Verbänden niederschlägt. Aber da es den Arbeitern in Deutschland sozial zweifellos besser geht als den Genossen in den Nachbarstaaten, bleiben sie staatstreu. Als der Kaiser dann im Herbst 1914 keine Sozialdemokraten, Konservativen oder Liberalen mehr kennt, sondern nur noch Deutsche, da folgen auch die Arbeitermassen ohne Widerspruch den Einberufungsbefehlen. Vielleicht nicht ganz so jubilierend, wie die Geschichtsschreibung es darstellt, aber die selbstbewußte Behauptung der Sozialistischen Internationale, daß Arbeiter nicht auf Arbeiter schießen würden, erweist sich als Illusion. Die SPD-Fraktion im Reichstag stimmt den

Kriegskrediten geschlossen zu. Auch Karl Liebknecht beugt sich dem Fraktionszwang.

Für Bürger, Intellektuelle und Arbeiter kam erst in den Schützengräben des Krieges allmählich das Erwachen aus den falschen Träumen. Die Niederlage erschien der Mehrheit unfaßbar, so fest hatte sie die wilhelminische Ideologie von deutscher Macht und Größe, deutscher Ehre und Humanität in ihren Bann geschlagen, so tief hatten sich ihnen die Feindbilder von den perfiden Kriegstreibern in den Nachbarstaaten eingebrannt. Viele aber verleugneten auch die neuen Gegebenheiten, und so nahm das Verhängnis ungebrochen seinen weiteren Verlauf.

Der junge Carl von Ossietzky gehört zu der Minderheit, die den penetranten preußischen Hurramilitarismus scharf attackiert und die nachdrücklich demokratische Reformen fordert. Als die internationale Politik in die Sackgasse gerät und die sich häufenden Krisen die Kriegsgefahr steigern, schreibt er im Januar 1914: »Der Krieg ist kein Jungbrunnen; die Regenerationsarbeit muß an den Wurzeln der *Kultur* beginnen.«[23] Und 1921, als die Republik von Weimar bereits wieder dem alten Geist zu erliegen droht, weist er warnend auf die Ursachen des Zusammenbruchs des wilhelminischen Staates hin: »Das Kaiserreich ist an dem Militarismus zugrunde gegangen, den es selbst gezüchtet. Das Kaiserreich ist zugrunde gegangen an der militärischen Ideologie, die es so fleißig ausgestreut.«[24]

Schon 1913 benennt Ossietzky das politische Gegenmittel: »Nur die *Demokratie* bekämpft zielbewußt den Militarismus.«[25] Das Agieren der Reichsregierung und des weitgehend entmachteten oder sich freiwillig unterwerfenden Reichstags wird von dem jungen Journalisten generell als rückwärtsgewandte, die Forderungen der Zeit nicht erkennende Politik entlarvt. Er plädiert für die Einführung demokratischer Verhältnisse, freie Wahlen und eine offene Diskussion über die Lage des Reiches:

»Der gute deutsche Bürger aber läßt sich weiter irreführen, und wenn er einmal zum Selbstdenken erwacht, flugs wird ins nationalistische Horn geblasen, und Michel ist wieder eingeschüchtert. Die Aufklärungsarbeit ist schwer. Es gilt Berge von Mißtrauen und Verhetzung abzutragen, die die Reaktion in Jahrzehnten zusammengeschleppt hat, um dem betrogenen Volke den freien Ausblick zu rauben. Die Liberalen haben überall versagt. *Demokraten an die Front!*«[26]

Als der stille Gerichtsschreiber in den Jahren zwischen 1907 und 1911 die Welt der Politik entdeckt, bewegen nicht nur die öffentlichen Auftritte von August Bebel sein Denken. In Hamburg besucht er Veranstaltungen mit der Pazifistin Bertha von Suttner, deren in seinem Geburtsjahr 1889 erschienener Roman »Die Waffen nieder!« ein lebhaftes Echo ausgelöst hat. Dieses Buch trägt entscheidend dazu bei, daß sich der Pazifismus in Deutschland, aber auch bei den Nachbarn erstmals organisiert. Die etwas skurrile, mutige und kämpferische Aristokratin wird sehr rasch zu einer bekannten Persönlichkeit der internationalen Friedensbewegung. Die martialische Männerwelt des imperialistischen Zeitalters verhöhnt sie, viele aus ihren eigenen Reihen werfen ihr Schwärmertum und Wehleidigkeit vor, aber die Friedensnobelpreisträgerin von 1905 bleibt eine der großen Gestalten ihrer Zeit. Ihre unzähligen Warnungen vor den Folgen des Wettrüstens, die sie auch in ihren vielbeachteten »Randglossen zur Zeitgeschichte« veröffentlicht, werden überhört. Bertha von Suttner appelliert an die Vernunft in einer Zeit, als die Politik ganz auf einen militarisierten Nationalismus setzt. Wenige Wochen bevor ihre Lebenshoffnung zerstört wird und der Rüstungswettlauf der Staaten – so wie sie es vorausgesagt hat – in ein Blutbad einmündet, stirbt sie.

Ossietzky ist von ihren öffentlichen Kundgebungen, ihren Thesen und Aufrufen beeindruckt. Er wird bis zum Ende seines Lebens ein zwar gemäßigter, aber sehr konsequenter Pazifist bleiben, den Militarismus von kaiserlicher Armee und »republikanischer« Reichswehr mit Vehemenz attackieren.

So gehört er zu denen, die bereits in den wilhelminischen Jahren die massenpsychologischen Folgen des preußischen Militarismus sehr genau erkennen. 1911 beginnt seine Mitarbeit in der Demokratischen Vereinigung, und 1912 wird er aktives Mitglied in der Deutschen Friedensgesellschaft. Wenig später dann wendet er sich auch dem Monistenbund zu und schreibt für dessen Verbandsorgan, das »Monistische Jahrhundert«.

Die Deutsche Friedensgesellschaft konstituiert sich 1892 in Berlin. Bertha von Suttner und Alfred Hermann Fried, beide in Österreich geboren, gehören zu den Initiatoren. Es ist eine engagierte, aber doch sehr kleine Minderheit, die sich anschließt. Um die Jahrhundertwende liegt die Mitgliederzahl bei etwa 6 000, bei Kriegsausbruch 1914 gibt es in Deutschland 98 Ortsgruppen und rund 10 000 Mitglieder. Die verschiedenen restaurativen, Deutschlands »Weltpolitik« und eine massive Aufrüstung nachdrücklich einfordernden Vereinigungen haben dagegen millionenfachen Zulauf. Die Friedensgesellschaft besitzt bis 1914 einen deutlich elitären Charakter, Akademiker und »Honoratioren« haben das Sagen und stellen auch die Mehrzahl der Mitglieder.

Das erste Programm der Deutschen Friedensgesellschaft, das 1898 in Frankfurt beschlossen wird, beginnt unmißverständlich mit dem Satz: »Der Krieg steht im Widerspruch mit der heutigen Kulturstufe zivilisierter Nationen.«[27] Höchst aktuell ist die These: »Eine seiner Hauptwurzeln hat der Krieg in den von dem altbarbarischen Fremdenhaß stammenden Vorurteilen und Leidenschaften.« Sehr genau analysieren die Verfasser die politischen Entwicklungen in diesen Jahrzehnten, wenn sie darauf hinweisen, daß »der sogenannte *bewaffnete Friede* in Wahrheit ein schleichender Krieg« sei.

Bis zum Ende des Kaiserreiches ist die deutsche Friedensbewegung alles andere als radikal gewesen. Sie fordert keineswegs die Abschaffung der Armee und lehnt die Verweigerung der Wehrpflicht ab. So ist in einer Flugschrift von 1906 zu lesen: »Wir wollen nicht und wir wollten nie, daß unser deutsches

Volk mit der Abrüstung beginne und den auswärtigen Gefahren gegenüber sich des Schutzes beraube, den es unter den gegebenen Verhältnissen nicht entbehren kann. Wir sind ebensowenig für Selbstmord zu haben wie für Mord … Wir wollen nicht die von der Regierung ausgehobenen Rekruten zur Verweigerung ihrer Dienstpflicht veranlassen.«[28] Allerdings warnt die Friedensbewegung immer wieder in öffentlichen Aufrufen und Resolutionen an die Reichsregierung vor dem Flottenbau, setzt sich für eine ausgleichende Politik gegenüber Frankreich und England ein oder vertritt »die Forderung der Gleichberechtigung aller Nationalitäten im internationalen Verkehr«[29]. Entschieden ist auch der Widerstand gegen die Kolonialpolitik, die in Bismarcks politischem Konzept nur für einen kurzen Augenblick eine Bedeutung besitzt, aber nach 1890 einen propagandistisch und realpolitisch hohen Stellenwert im Wilhelminischen Reich erhält. So erklärt die Deutsche Friedensgesellschaft 1908 in Jena: »Der Deutsche Friedenskongreß verwirft alle Bestrebungen, die auf gewaltsame Erwerbungen weiterer Teile des Erdballes für das Deutsche Reich hinauslaufen …«[30] Abrüstung, friedlicher Interessenausgleich mit den Nachbarstaaten und Widerstand gegen den imperialistischen Machtanspruch, der die Politik der europäischen Großmächte kennzeichnet – im Prinzip sehen die Führer und Anhänger der Deutschen Friedensgesellschaft, was getan werden müßte, will man dem Kriegsinferno, das sich immer klarer abzeichnet, noch entrinnen.

Sie bleiben erfolglos. Vorherrschend sind Gedanken, wie sie etwa im Jahr 1894 in der konservativen »Staats-Zeitung« zu lesen sind: »›Schön ist der Friede; – aber der Krieg hat auch seine Ehre‹, lautet das Dichterwort; und dieses Wort wird wahr bleiben, so lange die Welt steht. Die Weltfriedensschwärmer werden daran nichts ändern: es müßte ihnen denn gelingen, Begriffe wie Ehre, Manneswürde, Vaterlandsliebe, Nationalgefühl aus den Herzen der Völker zu reißen und an ihre Stelle jene kosmopolitische, vaterlandslose Gesinnungsweise allgemein ein-

zubürgern, die bisher nur einen Völkerstamm auszeichnet, den jüdischen.«[31]
Selbst die Sozialdemokratie distanziert sich zunehmend vom organisierten Pazifismus, obwohl in den ersten Jahren viele SPD-Mitglieder aktiv mitgearbeitet haben. Hellmut von Gerlach, führendes Mitglied der Deutschen Friedensgesellschaft und Chefredakteur der »Welt am Montag«, die später regelmäßig Artikel von Ossietzky abdrucken wird, schreibt nach dem Krieg über diese Jahre: »Der Pazifist wurde als Ideologe verspottet, mit dem ein richtiger Marxist nichts zu tun haben dürfe ... Sie bekämpften die Friedensgesellschaft nicht, aber sie standen ihr mit überlegenem Lächeln ablehnend gegenüber.«[32] So können die Pazifisten in der klassenkämpferischen Maifestnummer des »Vorwärts« von 1908 lesen: »Aber ganz ist das Geschlecht der Träumer vom ewigen Frieden noch nicht ausgestorben im Bürgertum. Haben wir nicht die bürgerliche Friedensbewegung? Sie lebt und nährt sich von Illusionen.«[33]
Natürlich bleiben sie nicht frei von »Illusionen«. Auch Ossietzky nicht. So richtig ihre politische Analyse über die Fehlentwicklungen der Reichspolitik auch ist, sie unterschätzen zweifellos die Stimmung im Land und die Wirkung einer darwinistischen Propaganda, die die Völker Europas irritiert und aufhetzt. Ossietzky schreibt beispielsweise im Juli 1913 allzu optimistisch: »Gewiß wünscht die überwiegende Mehrheit des deutschen Volkes eine tatkräftige Machtpolitik. Aber nicht im Sinne der Alldeutschen! Das deutsche Volk will den Sturz der herrschenden Mächte, die heute unser Vaterland schwarz überschatten.«[34]
Die Demokratische Vereinigung, in der sich Ossietzky engagiert, ist eine kleine, machtpolitisch bedeutungslose Partei. 1908 war sie von Rudolf Breitscheid, Hellmut von Gerlach, Theodor Barth und anderen gegründet worden; ihr Hamburger Ortsverein, dem Ossietzky angehört und dessen Schriftführer er ab 1913 ist, entstand 1910. Bei den Reichstagswahlen Anfang 1912 erhielt die Demokratische Vereinigung ganze 29 400 Stimmen,

vor diesen Wahlen besaß sie rund 11 000 Mitglieder, nach der Abstimmungspleite verließen 3 000 die Partei.[35] Darunter auch der sehr machtbewußte Mitbegründer Breitscheid, der sich den Sozialdemokraten anschloß. Für Ossietzky wird Breitscheid in den Jahren der Weimarer Republik, als der einstige politische Weggefährte führende Positionen in der SPD einnimmt, zum vielkritisierten Prototyp des »Edelbonzen« in der Arbeiterbewegung. Er wirft ihm dann sogar vor, er habe »die Demokratische Vereinigung ruiniert« und in dem Augenblick verlassen, »wo es sich zeigte, daß auf dieser Plattform kein Mandat zu erobern war«.[36] Wie auch immer der Charakter und die politische Rolle einer der wichtigsten Figuren in der Demokratischen Vereinigung zu bewerten sein mögen, die Mitgliederzahlen und der fehlende Wahlerfolg weisen jedenfalls einmal mehr darauf hin, welch ein politisches Rinnsal in den wilhelminischen Jahren floß, wenn es im bürgerlichen Lager um Demokratie und Pazifismus ging. Denn um eine bürgerliche Partei handelte es sich zweifellos, über soziale Forderungen, wie sie von seiten der immer erfolgreicher agierenden SPD oder den Gewerkschaften gestellt wurden, diskutierte man zunächst höchst selten, geschweige denn, sie hätten über die Koalitionsfreiheit der Tarifpartner hinaus Eingang in das Parteiprogramm gefunden.

Bei der Gründung des Hamburger Ortsvereins präsentierte Rudolf Breitscheid den 75 Versammlungsteilnehmern – vielleicht war der junge Ossietzky einer von ihnen – das Parteiprogramm, und es zeigte sich, daß es vor allem staatsrechtliche, demokratische Prämissen waren, die die Demokratische Vereinigung auf ihr linksbürgerliches Panier geschrieben hatte: »Allgemeines, gleiches, geheimes und direktes Wahlrecht … In entscheidenden Fragen Volksabstimmung … Rechtsgleichheit … Gleichberechtigung der Frauen … Bodenreform … Freihandel … Die Beamten sind nur auf die Verfassung zu vereidigen … Das Heer ist zu einem Volksheer umzugestalten … Trennung der Kirche vom Staat … Minderung der Rüstungen im Wege internationaler Vereinbarungen.« In der Präambel dieses auf dem Kölner Parteitag von 1910 verabschiedeten Programms heißt es in klarer Abgrenzung zum herrschenden System: »Gegenüber den Ausflüssen des persönlichen Regiments erheischt sie [die Demokratisierung – d. V.] die Durchführung einer Regierung, bei der in letzter Linie der Volkswille entscheidend ist (parlamentarische Regierung).«[37]

Ossietzky bleibt in der Partei dem Flügel zugehörig, der die soziale Frage und ein zumindest taktisches Bündnis mit der Sozialdemokratie stärker in den Mittelpunkt stellt als die Mehrheit der Mitglieder. Seine Texte bringen eine gemäßigte, aber klare antikapitalistische Position zum Ausdruck. Bei der Erwähnung parteipolitischer Proteste gegen Vorhaben oder Aktionen der Regierung und der in ihrem Schlepptau befindlichen konservativen oder konfessionellen Gruppierungen nennt er bürgerliche Demokraten und Sozialdemokratie häufig in einem Atemzug. Im April 1913 beruft er sich in einem Artikel über den Panslawismus direkt auf die SPD: »Wohin aber der Kapitalismus seinen Fuß setzt, dahin folgt ihm wie sein Schatten die Arbeiterbewegung mit ihren sozialistischen und demokratischen Tendenzen, die wir heute als sicherste Gewähr für den Frieden ansehen müssen.«[38]

Vehement äußert sich Ossietzky auch über Fragen der Kirchenpolitik. In seinen ersten journalistischen Artikeln ist sie eines der zentralen Themen, die er anspricht, und auch später erinnert er immer wieder an die kulturelle und machtpolitische Rolle der großen christlichen Konfessionen in der deutschen Geschichte. »Der deutsche Katholizismus ist eine hoffnungslose Spießerangelegenheit, die leider mit deutscher Gründlichkeit betrieben wird«, schreibt er in den frühen Weimarer Jahren.[39] Und nicht weniger hart polemisiert er gegen den deutschen Protestantismus: »Die evangelische Kirche, aus der einst *Herder* und *Schleiermacher* hervorgingen, ist heute eine Hochburg geistiger und mehr noch politischer Reaktion geworden. Und wer unbeschadet ihrer religiösen Unzulänglichkeit noch bei ihr verharrte, sei es auch nur aus alter Anhänglichkeit, den jagt heute ihre monarchistisch-militaristische Kaffrigkeit hinaus.«[40]

Die Gestalt Martin Luthers hat sein großes historisches Interesse stets beschäftigt, sie taucht immer wieder in seinen Artikeln auf, wenn er geschichtliche Parallelen zieht, daran erinnert, warum in Deutschland Obrigkeitsdenken und Antiparlamentarismus so verbreitet sind. Thomas Münzer und Florian Geyer, in den Reformationsjahren Unterstützer der aufständischen Bauern und deshalb vom »Papst von Wittenberg« verflucht und verteufelt, werden von Ossietzky mit großer Sympathie beschrieben, womit das politische Gegenbild sozusagen automatisch mitentsteht. »Eines Tages aber fuhr man ins Feldlager hinaus«, schreibt er 1925 in einer kleinen Arbeit über Münzer und die Revolutionsidee in Deutschland, »auf einen Karren gekettet ein armseliges Bündel von zerschundener Haut und zerbrochenen Knochen, ein deformiertes Etwas, das einmal der Mensch Thomas Münzer gewesen, und an dem nichts mehr lebte als das Haupt mit dem noch immer wildflackernden Hirn und den dunkel brennenden Augen. Dieses Haupt schlug man ab und pflanzte es auf einen Spieß als ewige Warnung, wie *gefährlich* es sei, in *Deutschland an Revolution zu denken.* Und diese *Warnung* hat immerhin für ein *paar Jahrhunderte vorgehalten.*«[41]

Und wenn er – ebenfalls 1925 – an das Wirken des Bauernführers Florian Geyer vor 400 Jahren erinnert, dann vergißt er nicht hinzuzufügen, daß die Fürsten vor allem deswegen siegten, weil »Doktor Luthers Segen … ihnen bald Übergewicht« verschaffte.[42] Luther und der Protestantismus bleiben ihm suspekt. Die jahrelange streng katholische Erziehung bei seiner Tante und die unmittelbar nach der Rückkehr zur evangelischen Mutter erfolgte Konfirmation mögen ihren Teil zum »Freigeist« beigetragen haben, der Ossietzky zeitlebens zu einem sehr kritischen Begleiter kirchlicher Politik und Ideologie – sei sie nun von Rom aus gesteuert oder von den staatsgläubigen evangelischen Landeskirchen vertreten – werden ließ.

Im Programm der Demokratischen Vereinigung wird die Trennung von Kirche und Staat gefordert, und Ossietzky vertritt diese Position schon damals nachdrücklich: »Jeder Einzelne hat das Mittel dazu in der Hand. Austritt aus der Landeskirche ist die wuchtige Waffe, deren Bedeutung erst in unseren Tagen wirklich erkannt worden ist. Der organisierte Kirchenaustritt kann aber auch im *politischen* Kampfe Verwendung finden.«[43]

Uns Heutigen könnte ein solch leidenschaftliches Engagement für einen politisch kirchenfreien Staat angesichts der Situation der Amtskirchen am Ende des säkularen 20. Jahrhunderts wie ein ferner Nachklang aus dem finsteren Mittelalter erscheinen. Aber die bundesrepublikanische Debatte über das Verfassungsgerichtsurteil zum Kruzifix im Klassenzimmer, das 1995 wochenlang die Zeitungsspalten füllte, zeigte doch, welchen ideologischen und machtpolitischen Mißbrauch Staat und Kirche immer noch mit der Religion treiben, wenn es um die Wahrung eigener Interessen geht. Die Berufung auf eine »christliche Politik« oder die gerade von den Urteilsgegnern vorher auffällig selten beschworene, aber nun plötzlich entdeckte Tugend der Toleranz klang gelegentlich so verlogen und heuchlerisch wie in den Tagen, als Carl von Ossietzky die Feder wider den historischen und aktuellen Ungeist kirchlicher und staatlicher Machtpolitik spitzte.

Neben seinem Engagement in der Demokratischen Vereinigung wird Ossietzky 1913 Mitglied der Deutschen Friedensgesellschaft und des Deutschen Monistenbundes. Der Monistenbund wurde 1906 in Jena mit all dem fortschrittsgläubigen Enthusiasmus gegründet, den diese Zeit der umwälzenden naturwissenschaftlichen Entdeckungen auszeichnete. Zu seinen prominentesten Mitgliedern und wichtigsten Inspiratoren gehörte der Zoologe und Philosoph Ernst Haeckel. Er war einer der herausragenden Vertreter der Evolutionstheorie, die im Kielwasser der Ende des 19. Jahrhunderts als bahnbrechend diskutierten Lehre von Charles Darwin die Naturwissenschaftler umtrieb. Haeckel nutzte Darwins Theorie zum Aufbau seiner Morphologie als ein »natürliches System«, das den Menschen voll mit einbezieht. Im Zusammenhang mit dem politischen Wirken der Monisten ist dabei entscheidend, daß Haeckel das »Prinzip des Fortschritts« auch für die Gestaltung und Entwicklung der Gesellschaft als gegeben ansieht. Nach der monistischen Weltanschauung besitzt die Ratio der Naturgesetze Allgemeingültigkeit, und entsprechend sind Vernunft und Fortschritt auch das Fundament gesellschaftlicher Problemlösungen. Pazifistisches Gedankengut, Kritik an der preußischen Staatskirche oder eine klare Ablehnung rassistischer und damit auch antisemitischer Strömungen gehören zum politischen Programm des Deutschen Monistenbundes.

Es sollte sich bald zeigen, daß die politisch-gesellschaftlichen Theorien der Gruppe sehr verschwommen blieben, der Idealismus seiner Anhänger immer wieder leicht ins Sektiererische abglitt, Streit und Zank um Begriffsdefinitionen oder politische Äußerungen den Deutschen Monistenbund zunehmend schwächten. Ernst Haeckel gehörte im Sommer 1914 zu den lautesten Kriegstreibern. »Der Patriarch des deutschen Freidenkertums« (Hellmut von Gerlach) enttäuschte auch seine gemäßigten pazifistischen Anhänger bitter, als er öffentlich ein maßloses Kriegszielprogramm aufstellte, in dem er die Invasion Englands und die Besetzung Londons, die Aufteilung Belgiens und die Annexion des nordwestlichen Frankreichs und des Baltikums propagierte. Der Vorsitzende des Monistenbundes und Chemienobelpreisträger Wilhelm Ostwald forderte ein »Europa unter deutscher Führung« und rief die Mitglieder auf, sich mit ihrer »Person und Habe für (das) Vaterland einzusetzen«, bis der Deutschland »aufgezwungene Kampf siegreich zu Ende geführt« sei.[44]

Für Ossietzky bleibt der Deutsche Monistenbund trotzdem ein weiterer Verbündeter für die Verwirklichung seiner Ideen. Er steht auf der Seite derjenigen, die dem nationalen Chauvinismus in den eigenen Reihen entgegentreten, und die theoretischen Grundideen des Monismus faszinieren ihn. »… vom Soziologischen zum Politischen ist kein weiter Weg«, konstatiert er 1917. »Nicht zum Partei-Politischen wohl aber zum Menschheits-Politischen. So wurzelt der Pazifismus tief im Monismus. Wer in der Natur eine Entwicklung in aufsteigender Linie erkennt …, der muß das Prinzip der Entwicklung, der Höherentwicklung auch für die menschliche Gesellschaft gelten lassen.«[45] Als er dies schreibt, ist der Krieg zu einem Dauerbrand geworden, ein deutscher Sieg ist längst jenseits aller Möglichkeiten gerückt, und doch lassen die inzwischen wirklichen Herrscher in Deutschland, Hindenburg und Ludendorff, ein Bataillon nach dem anderen sinnlos verbluten. In diesen Zeiten von einer »Höherentwicklung auch für die menschliche Gesellschaft« zu sprechen erscheint mehr als illusionär. »Der Monist wird sich selber untreu«, schreibt er jedoch in solchen »eisernen« Tagen, »der aus seinem Denkkreis den Pazifismus ausmerzen oder die Erwägungen einer Zeit überlassen möchte, in der kein Belagerungszustand die Beschäftigung mit diesen Dingen heikel macht.«[46]

Er irrt sich aber, wenn er optimistisch anmerkt: »Der Monisten-Bund ist die einzige freigeistige Organisation, der man eine große Zukunft prophezeien möchte.«[47] Diese freidenkerische Gruppierung gewann auch nach dem Krieg kaum an Bedeutung, ihr dann formuliertes Bekenntnis zum »wissenschaftlichen Sozialismus« verhallte nahezu ungehört und blieb rasch in idealistischen Ansätzen stecken. Es ist wohl die pazifistische Grundtendenz, die antiklerikale Haltung und die philosophisch-naturwissenschaftliche Verbindung, die den jungen Ossietzky vom organisierten Monismus überzeugt. Er schreibt zwischen 1917 und 1920 für die »Monatlichen Mitteilungen des Deutschen Monistenbundes« und dann bis 1922 für die »Monistischen Monatshefte«. Seine Artikel sind keineswegs sektiererisch oder verschroben wie manches, was dort zu lesen ist. Vor allem fordert er eine realistische Politik von der Führung der

Monisten und warnt vor elitärer Abkehr oder Resignation. »Der Krieg hat nicht nur blühende Fluren zerstampft, betriebsame Städte verwüstet, sondern auch Gehirne zerstört, Provinzen der Seele verarmen lassen«, meldet er im März 1918 den Lesern der »Monatlichen Mitteilungen« in einem seiner wenigen Artikel, die er als Soldat geschrieben hat. »Wir müssen mit einer starken Neigung zu einem bewußten Passivismus rechnen ... Wenn die Kanonen aufgehört haben, ihre furchtbare Sprache zu sprechen, und unsere Krieger zurückkommen, dann werden ihrer viele sein, die werden diese Sprache nicht vergessen können. Und wenn man ihnen sagen wird, daß es nun ihre Pflicht sei, mitzuarbeiten am Neuaufbau, an der Neugestaltung, dann werden sie bitter fragen: wozu?«[48]

Sieben Jahre bevor Ossietzky diese Zeilen schreibt, am 25. Februar 1911 – noch herrscht Frieden im Reich –, druckt die Zeitung »Das freie Volk« einen Leserbrief des Hamburger Gerichtsschreibers ab. Es ist die erste öffentliche Äußerung, die seine Biographen geortet haben. In der Zuschrift empört er sich über »die lärmende Ablehnung«, die die Uraufführung von Herbert Eulenbergs Komödie »Alles um Liebe« im Deutschen Schauspielhaus erfahren hat. Die Redaktion leitet den Text mit der schönen Bemerkung ein: »Wir drucken den Temperamentsausbruch im folgenden gern ab.«[49] Eineinhalb Jahre später, am 31. August 1912, erscheint im selben Blatt Ossietzkys Artikel »Nationalliberale Götterdämmerung«. Er hat seine erste journalistische Heimat gefunden. Das Schreiben und die Politik werden von nun an sein Leben beherrschen.

»Das freie Volk« trägt im Untertitel den für die Zeit provozierenden und natürlich auch programmatischen Hinweis »Demokratisches Wochenblatt«. Die linke und liberale, der wilhelminischen Politik äußerst kritisch gegenüberstehende Zeitung erscheint von 1909 bis zur Selbstauflösung bei Kriegsbeginn 1914 in Berlin. Die Auflage bleibt klein. Es ist das publizistische Sprachrohr der Demokratischen Vereinigung; Rudolf Breitscheid, der spätere Sozialdemokrat, preußische Innenminister und Reichstagsabgeordnete, fungiert bis 1912 als Herausgeber. Neben Breitscheid gehören Publizisten und Autoren wie Hellmut von Gerlach oder sogar gelegentlich Heinrich Mann zu den Mitarbeitern.

Er wird in den nächsten zwei Jahrzehnten rund eintausend Kommentare, Glossen, Theaterkritiken und Buchrezensionen veröffentlichen. In den zwanziger Jahren zählt er zu den herausragenden Publizisten in Deutschland. Seine Arbeiten erscheinen dann in den bekanntesten linksliberalen Zeitschriften der Republik, ab April 1926 wird er nahezu ausschließlich für die »Weltbühne« schreiben, deren Leiter er ab 1927 ist.

Einschneidend für sein Leben ist im Jahre 1912 die Begegnung mit Maud Lichfield-Woods in Hamburg. Die damals 24jährige wird 1888 als Tochter eines englischen Kolonialoffiziers und einer Inderin in Haidarabad geboren. Im Alter von acht Jahren Vollwaise, kommt sie in eine Klosterschule und wird schließlich von einer Tante in England aufgenommen. Eine als leidvoll empfundene puritanische Erziehung prägt ihre Jugend. Die temperamentvolle Frau will einen Beruf ergreifen, begeistert sich für die Frauenbewegung und scheitert an den Vorurteilen einer patriarchalisch ausgerichteten Gesellschaft. Nach ihrer Volljährigkeit unternimmt sie eine Reise nach Hamburg, wo es zum schicksalhaften Zusammentreffen mit dem schüchternen Gerichtsschreiber kommt. Am 19. August 1913 heiraten sie im englischen Fairhaven.

Das Paar lebt in den ersten Ehejahren bei Ossietzkys Mutter, es kommt zu schweren Konflikten zwischen den beiden Frauen, die das Zusammenleben belasten. Dieser so freie Geist und mutige Publizist wird immer wieder von der kleinbürgerlichen Enge seiner frühen Jahre eingeholt. Im Berlin der Weimarer Jahre wohnt die Familie bis wenige Wochen vor seiner Verhaftung durch die Nazis stets in Untermiete, mit fremden Möbeln. Kein bürgerliches Familienleben, eher ein permanentes privates Lebensprovisorium.

Es wird eine komplizierte Ehe, von tiefer Zuneigung und Liebe geprägt, aber überschattet von Mauds Alkoholismus und Depressionen. Die frühkindliche Entwurzelung, die viktorianische Erziehung und die fehlende Berufstätigkeit, die bei Maud auch in den Ehejahren ein Gefühl der Unerfülltheit hinterläßt, führen zur psychischen Labilität dieser engagierten und intelligenten Frau. Carl von Ossietzky ist kaum weniger kompliziert, und sein Frauenbild bleibt »wilhelminisch«. Er lebt ganz seiner Arbeit, umsorgt sein »Kind« rührend, aber erkennt wohl doch nicht, was ihrem Leben fehlt.

Der junge Ossietzky durchschaut das falsche, antidemokratische Pathos der wilhelminischen Jahre. Vom Optimismus seiner Zeit, dem Glauben an ökonomischen Fortschritt und kulturelle Entwicklung, ist jedoch auch er nicht frei. »Ein neues Lebensgefühl macht sich geltend«, schreibt er noch im April 1914, » ein neuer Idealismus, der nichts zu tun hat mit dem der Intellektuellen, eine größere Freude an den Erscheinungen des Lebens. Wir sind dafür der modernen Naturwissenschaft aufs äußerste verpflichtet.«[50]

Aber er empfindet dieses veränderte »Lebensgefühl« im aufklärerischen Sinn als »neue Wege der Erkenntnis« und nicht als wagnerianisch pathologische »Sehnsucht nach Erlösung«. Der die Wirklichkeit fliehenden politischen Metaphysik seiner Zeit setzt er die klare Forderung entgegen: »Wir wollen *Befreiung.*«[51] Gesellschaftlichen »Fortschritt« sieht er in einer Richtung, die nichts zu tun hat mit dem forsch-dümmlichen »Volldampf voraus«, mit dem der junge Kaiser das Ende der Ära Bismarck ankündigte und den Eintritt des Wilhelminismus in die Geschichte vollzog. Wilhelm II. trifft mit seiner schneidigen und herausfordernden Sprache eine weitverbreitete Stimmung im deutschen Bürgertum, das die letzten Regierungsjahre des greisen Reichseinigers immer mehr als Stillstand empfunden hatte, bald schon überfordert das »persönliche Regime« des Hohenzollern und die »Platz an der Sonne«-Sehnsucht die Kraft des jungen Reiches.

Während die deutsche Außenpolitik in diesen Jahren in einen lauten, aber chaotischen Vielstimmenchor einmündet, der das Reich schließlich im Konzert der europäischen Mächte isoliert, und der preußische Militarismus auch ein gut Stück zum bürgerlichen Lebensideal stilisiert wird, wendet sich Ossietzky Zukunftsvisionen zu, die Demokratie und Antimilitarismus als gesellschaftspolitische Ziele einfordern. Ein Jahr vor dem Kriegsausbruch schreibt Ossietzky im Zusammenhang mit den Entwicklungen in Elsaß-Lothringen einen Satz, der von der nationalistischen Mehrheit wohl nur mit Hohn und totalem Unverständnis aufgenommen worden ist: »Der *Geist der Versöhnung* muß der *Anwalt des Deutschtums* sein.«[52]

Schon in seinem ersten öffentlichen Einwurf, dem Leserbrief an das »Freie Volk«, wird seine kritische Distanz deutlich, auch wenn sie sich in einer zweifellos noch sehr jugendlich-unbedarften Reflexion äußert. Der von den Zuschauern ausgebuhte Autor Herbert Eulenberg sei mit einem anderen Stück in der »›Wiener freien Volksbühne‹ begeistert aufgenommen worden«, berichtet er, »vom Arbeiterpublikum!! Das zahlungsfähige Hamburger Bourgeoispublikum sollte sich aufrichtig schämen.«[53]

Natürlich ist es völlig falsch und irreführend, aus solchen oder ähnlichen Äußerungen erste Schritte Ossietzkys zum Marxismus oder einem Sozialismus à la KPD herauszulesen, wie mancher seiner ehemaligen Verehrer in der DDR es später aus sehr vordergründig-ideologischen Motiven getan hat.

Richtig ist, daß Carl von Ossietzky sich sehr früh Ideen und Bewegungen anschloß, die eine humane, demokratische und sozial gerechte Gesellschaft forderten. Die westlichen Revolutionen des 18. Jahrhunderts blieben für ihn der entscheidende Schritt zu »Freiheit, Gleichheit und Brüderlichkeit«. Aber er sah in ihnen nicht eine historische Etappe, die mit naturgesetzlicher Sicherheit zur Alleinherrschaft einer Partei oder einer »Klasse« führen werde. Das Bürgertum, besonders das deutsche, enttäuschte ihn, weil es die Errungenschaften der europäischen Aufklärung bekämpfte und angesichts der sich bieten-

den kapitalistisch-industriellen Gewinnmöglichkeiten die demokratischen und sozialen Werte verleugnete. Die Militarisierung der Staatenwelt, der begeisterte Zuspruch, auf die sie auch bei Mittelstand und Großbürgertum in Deutschland stieß, erschien ihm als Sinnbild des bürgerlichen Verrats an den philosophisch-literarischen Idealen Europas, die Kaiser und Offiziersstand, Konzernherren und Stammtischrentiers häufig mit sinnverdrehten Schlußfolgerungen zu zitieren pflegten.
1922 schreibt Ossietzky mit Blick auf die Ereignisse von 1918/1919, als die Herrschaft der Hohenzollern und der Duodez-Fürsten in den deutschen Ländern von einem durch die Kriegsniederlage hervorgerufenen Aufstand hinweggefegt wurde, etwas sehr Grundsätzliches über revolutionäre Entwicklungen: »Revolutionen werden immer von Minderheiten gemacht. Erst durch die Befragung des ganzen Volkes durch die Ausschreibung von Wahlen zur Nationalversammlung mit unbedingt *freiem* Wahlrecht für beide Geschlechter wurden die sittlichen und rechtlichen Fundamente des neuen Regimes geschaffen, wurde dieses überhaupt erst geschaffen. Weiter kann eine Revolution nicht gehen, als daß sie die von ihr eroberte Gewalt der Nation zurückgibt und damit nicht nur über das Geschick des alten Systems entscheiden läßt, sondern auch über ihr eigenes.«[54]
Auch wenn er nicht ohne spöttischen Unterton darauf verweist, daß im Laufe der Geschichte niemals in einer Revolution »gewissenhafter« und »pedantischer« vorgegangen worden sei als in der deutschen vom November 1918, so zeigt der Hinweis auf die Unverzichtbarkeit einer demokratischen Machtbildung doch sehr deutlich, wie fern Ossietzky jeder Art von Minderheitenherrschaft gestanden hat. »Man mag die Revolutionen feiern oder verfluchen«, heißt es in diesem Zusammenhang, »unbestreitbar bleibt jedenfalls, daß sie Marksteine der Geschichte bilden, sichtbare Symbole des Zeitablaufes, Tatsachen, die man hassen mag, die man aber nicht überspringen kann. Nicht die Schönheit oder Widerwärtigkeit des Phäno-

mens Revolution ist das Ausschlaggebende, sondern was auf diesem Untergrund gebaut wird.«[55] Kein Zweifel, daß dieser »Untergrund« für Ossietzky nur eine republikanische Verfassung sein kann.

Sein Revolutionsverständnis liegt Welten vom realpolitischen Vorgehen der Bolschewiki und von den theoretischen Begründungen eines Lenin oder gar Stalin entfernt: »Wir brauchen Diener am Geiste, nicht am Worte. Wir brauchen Menschen, die sich autonom fühlen und sich doch bewußt sind, Glieder einer großen Kette zu sein. Der Revolutionär ringt mit seinem Popanz.«[56]

Auch in den dramatischen Umbruchmonaten der Novemberrevolution zeigt sich Ossietzkys konsequente politische Haltung, im Gegensatz zu der manches Neulinken. Während sich einige deutsche Schriftsteller wie Gerhart Hauptmann, Stefan Zweig, Alfred Döblin, Robert Musil oder Richard Dehmel, die noch 1914 den Krieg enthusiastisch begrüßten, nun zu kurzfristig heftigen Verbal-Revolutionären mausern, bleibt er zwar ein leidenschaftlicher Befürworter des gesellschaftlichen Umsturzes, lehnt aber weiterhin eine »Diktatur des Proletariats« auf Kosten demokratischer Grundsätze ab.

Einige andere Intellektuelle wenden sich angesichts des Versagens des Bürgertums ernsthaft und langfristig dem Parteikommunismus zu, in dem Glauben, nur die Verwirklichung der marxistischen Theorie könne verhindern, daß sich die europäischen Gesellschaften, vom Kapitalismus beherrscht und korrumpiert, in ein neues Kriegsabenteuer stürzen. Da offensichtlich Unbelehrbare in den deutschen Führungsschichten mit Terror und Dolchstoßlügen versuchen, die jüngst scheinbar verlorene Macht zurückzuerobern, ist diese Reaktion auf die politischen Entwicklungen der Zeit nicht unverständlich. Ossietzky aber gibt sich solchen Utopien nie hin. Sein Humanismus und sein radikales Demokratieverständnis bewahren ihn davor, bald mit »gespaltener Zunge« reden zu müssen, wie Manès Sperber später einmal die Lage der intellektuellen

Moskau-Anhänger angesichts der unübersehbaren diktatorischen Entwicklungen im internationalen Kommunismus beschreibt. Im politisch wirren Jahr 1920 konstatiert Ossietzky bereits unmißverständlich: »Die große Masse der radikalen Sozialisten verlacht die Demokratie und läßt sich vom Gedanken der Diktatur faszinieren, obgleich die Tatsachen ihm überall, wo er Wirklichkeit wurde, übel zugesetzt haben.«[57]

Der Journalist Carl von Ossietzky zählt seit seinen frühen Jahren zum linksdemokratischen Lager in Deutschland, dem nach der Jahrhundertwende auch Heinrich Mann und Leonhard Frank und Pazifisten wie Hellmut von Gerlach angehören. Während des Krieges stoßen Lion Feuchtwanger, Arnold Zweig, Frank Wedekind, Oskar Maria Graf, Hermann Hesse und andere zu dieser Gruppierung. Sehr spät dann auch der »bürgerliche Repräsentant« Thomas Mann, der sich 1922 endgültig und öffentlich zur Republik bekennt. Ihnen hat der Krieg die Augen geöffnet, sie durchschauen die Gewaltideologien, die ihr Staat propagiert hat, erkennen die Lüge, der sie leichtfertig aufgesessen sind. »Die Wenigen oben sagten die Unwahrheit«, bilanziert Hellmut von Gerlach später diese Zeit schuldhaft-tragischer Irrtümer. »Die Massen unten nahmen die Unwahrheit für Wahrheit. Und die intellektuellen Schichten in der Mitte waren teils Opfer, teils Werkzeug der Unwahrheit von oben.«[58]

Ossietzky sucht politischen Halt und geistige Partnerschaft schon in den wilhelminischen Jahren in Kreisen, die dem allgemeinen Denken entgegenstehen. Aufklärung, Rationalität im politisch-gesellschaftlichen Handeln, Trennung von Staat und Kirche, Gleichberechtigung der Geschlechter, allgemeines Wahlrecht, ein demokratisches Staats- und Verwaltungswesen, eine rechtsstaatliche Justiz, Ächtung des Krieges, eine dem sozialen Gedanken verpflichtete Gesellschaft – was immer die Befürworter solcher demokratischen Grundforderungen auch sonst parteipolitisch oder ideologisch im einzelnen unterscheidet, gemeinsam ist ihnen, daß sie ihrer Zeit weit vor-

aus sind. Schon in den Jahren autoritärer staatlicher Herrschaftsstrukturen treten sie für eine Gesellschaft ein, die in Deutschland erst nach 1918 zeitweise mehrheitsfähig wird.
Im weiteren Verlauf der Geschichte zeigte sich sogar, daß diese Positionen in Deutschland erst mit dem Ende des Dritten Reiches und dann auch nur allmählich auf wirklich breiter Front zum Durchbruch kamen. Selbst in der Bonner Republik blieben in den ersten beiden Jahrzehnten die Bekenntnisse zur Demokratie noch sehr formal, und gegenüber der Vergangenheit verharrte das Volk, aus dem die Täter stammten, überlang in Schweigen.
Es gehört zu den beschämenden Tatsachen der deutschen Geschichtsschreibung und den parteipolitischen Vergangenheitsreflexionen in der Bundesrepublik, daß das Wirken der Menschen, die in der deutschen Gesellschaft eine politische Außenseiterrolle eingenommen haben, lange bewußt übersehen wurde, und weitgehend ist das noch heute so. Präsidenten und Kanzler verneigen sich Jahr für Jahr an der Hinrichtungsstätte der Verschwörer vom 20. Juli 1944. Bei allem Respekt vor dem persönlichen Mut des Kreises, der sich um die Brüder Stauffenberg, den Generalstabsoffizier Ludwig Beck und den ehemaligen Leipziger Oberbürgermeister Carl Friedrich Goerdeler gesammelt hatte, seine Mehrheit war vom obrigkeitsstaatlichen Denken des Wilhelminismus geprägt, hatte die Weimarer Republik verachtet, das Dritte Reich begrüßt und ihm mehr oder weniger lange gedient. Die militärischen Blitzsiege im Westen ließen manchen noch in freudig-erregten Jubel ausbrechen, und mit einem künftigen demokratischen Deutschland hatten sie kaum etwas im Sinn. Zur Tat schritt Claus von Stauffenberg erst, als die Niederlage der Wehrmacht nicht mehr abwendbar war und die Massenmorde hinter den Fronten und die Vernichtung des europäischen Judentums auch ihm endlich zeigten, welche Kräfte in Deutschland wüteten. Nur ganz wenige aus der militärischen und zivilen Führung des alten Staates haben vom ersten Tag der Hitler-Herrschaft

an die Werte ernst genommen, von denen sie stets zu sprechen pflegten.

Im linken Lager weist die Geschichtsschreibung mit Recht auf den kommunistischen, sozialdemokratischen und gewerkschaftlichen Widerstand und seine Opfer hin. Aber wo war die KPD, als es um den Bestand der Republik ging? Wie hielten es eigentlich die Sozialdemokraten mit der Republik, als sie die schon quasidiktatorischen Präsidialregierungen, die mit der Kanzlerschaft Brüning einsetzten, duldeten? Wo war der Wille zum Widerstand bei den Gewerkschaften, als Hitler seine Vernichtungskampagne gegen die demokratischen Parteien und Organisationen im Staat begann? Sie alle erkannten nicht, welche Gewalt sich hier auftat, und sie alle waren ideologisch und politisch verwoben in ihre eigensüchtigen Machtinteressen.

Wo stehen aber heute in den Geschichtsbüchern die Namen derjenigen, die schon vor 1914 und dann in den Weimarer Jahren vor dem deutschen Militarismus und dem chauvinistischen Machtanspruch seiner Eliten gewarnt haben? Wo feiern die bundesrepublikanischen Parteien die Gedenktage derjenigen, die Frieden, Kompromiß und Gewaltfreiheit predigten, als Europa noch den nationalen Selbstmord und die Tötung von Millionen seiner Bürger hätte verhindern können? Wo sind die Straßen-, Schul- oder Universitätsnamen Ossietzky, Gerlach, Tucholsky oder Fried? Ja, es gibt sie. Vereinzelt und nur nach peinlichen Auseinandersetzungen, die engagierte Menschen und Gruppierungen auslösten, bei den Regierungen und Parteien des bundesrepublikanischen Establishments durchgesetzt. So im Falle der Oldenburger Universität, die sich nach zähem Wiederstand christ- und sozialdemokratischer Landesregierungen schließlich den Namen Carl von Ossietzky geben durfte. Aber ihre Taten und Schriften (Tucholskys Bücher sind da eine Ausnahme) blieben für die in der Bundesrepublik heranwachsenden Generationen weitgehend unbekannt.

Auch die zweite deutsche Republik berief sich lieber auf die Täter, benannte Kasernen nach Nazigenerälen, ließ die blutbefleckten Nazijuristen in Amt und Pension, pries den angeblich so massenhaften Widerstand der eigenen Reihen und schuf so die Denkmäler, die bequem und einschläfernd die eigene Geschichte relativieren. Ossietzky gilt in diesem Land juristisch immer noch als rechtskräftig verurteilter »Landesverräter«, und wer Tucholskys bis in unsere Gegenwart hinein so unwiderlegbaren Satz, daß Soldaten Mörder sind, öffentlich wiederholt, muß nach wie vor gerichtlicher Verfolgung gewärtig sein. Der einstige CDU-Generalsekretär Heiner Geißler verstieg sich 1983 im Bundestag zu der These, der Pazifismus der dreißiger Jahre habe Auschwitz erst möglich gemacht.
Es ist im übrigen angesichts der außen- und innenpolitischen Neuorientierung der noch jungen Berliner Republik nicht zu übersehen, welche Versäumnisse mit dem sehr bewußten Verschweigen der weltanschaulichen Hinterlassenschaft dieses anderen Deutschlands zu beklagen sind. Geschichte wiederholt sich nicht automatisch in immer wiederkehrenden gleichen Ereignissen, aber Krieg, Gewalt, Rassismus und ökonomisch-soziale Ausbeutung sind – wie erneut auf fürchterliche Weise im ehemaligen Jugoslawien demonstriert – auch in Europa nicht verschwunden. Mißtrauen gegenüber der Macht bleibt die erste Tugend eines Demokraten. Wer nicht blind ist gegenüber der Orientierungslosigkeit der deutschen Politik in den Jahren nach der Vereinigung, wer schon wieder deutsche Ungeduld und Besserwisserei in internationalen Fragen, die Ungeschicklichkeit im Umgang mit unseren kleineren Nachbarn beobachtet, wer nicht überliest, was mancher Journalist, Historiker oder Intellektuelle veröffentlicht, wer die Auschwitz-Verleugner und Fremdenhasser im Land nicht als Bagatelle beiseite schiebt, der muß an andere, weiterhin gepflegte deutsche Traditionen denken als die, die ein Carl von Ossietzky vertrat. Auch damals schien alles nur im Ansatz vorhanden zu sein, und lange glaubten das Volk und seine Führung, man sei

gegen allzu üble Auswüchse gewappnet. Die Warner wurden überhört, verlacht oder verurteilt. Später vergaß man ihr unbequemes Außenseitertum oder sprach ihnen ihren Patriotismus schlicht ab und nannte sie weiterhin Landesverräter oder Nestbeschmutzer. Selbst ein katholischer Pfarrer ließ seine Gemeinde in einem ökomenischen Gedenkgottesdienst für den hingerichteten Widerstandskämpfer Adolf Reichwein im Oktober 1994 wissen: »Die Weimarer Republik ist auch daran gescheitert, daß sie von Anfang an gerade von Intellektuellen hinterfragt und schlechtgemacht wurde. Ähnliches darf in der Bundesrepublik nicht geschehen.«[59] Es bleibt für zu viele dabei: In Deutschland »hinterfragt« man nicht, sondern gehorcht der Obrigkeit.

Wer also von den Monisten, Pazifisten oder Demokraten der wilhelminischen Zeit erzählt, der kann dies nicht ohne den Blick auf die dann folgenden historischen Ereignisse tun. Denn bei allen Irrtümern, denen natürlich auch diese Gruppierungen unterlagen, bei allem sektiererischen Streit, den sie untereinander ausfochten und der sie auch immer wieder spaltete und damit schwächte – sie sollten am Ende recht behalten und nicht die »Realpolitiker« im Kanzleramt oder in den Ministerien, in den Militärstäben oder gar am kaiserlichen Hof. Wilhelms »Weltpolitik« scheiterte so jämmerlich wie der Schlieffenplan, der den militärischen Sieg angeblich garantierte.

Ein letzter Blick auf die wilhelminische Gesellschaft: Sie ist im Laufe weniger Jahrzehnte allmählich in nahezu allen Lebensbereichen militarisiert worden. Auch deshalb trifft Ossietzkys Charakterisierung, das Kaiserreich sei eben an dieser Entwicklung »zugrunde gegangen«, psychologisch so genau. Schule, Familie, Verein oder Studentenverbindung, überall gab man sich schneidig und glaubte, dies sei nun einmal des deutschen Wesens urige Eigenart. Die Sprache verkam mehr und mehr zum Casinojargon. Und diese Militarisierung überlebte das Kaiserreich um Jahrzehnte, denn bis weit in die bundesrepublikanische Zeit hinein verwechselten Deutschlands Väter, Leh-

rer oder sonstige Machtinhaber und Vorgesetzte das Leben mit einem Kasernenhof. Schleichend trat sie in den deutschen Alltag ein, zunächst jenseits der preußischen Gutshäuser und märkischen Sandböden nicht allzu ernst gemeint und vor allem die Folgen weder wirklich wollend noch sehend. Aber der massenhafte Zulauf, den die »wehrhaften« Vereine und Verbände nach der Jahrhundertwende zu verzeichnen hatten, die gewaltige Zustimmung, die die außenpolitisch so risikoreiche Flottenbaupolitik des Admirals Tirpitz in der Bevölkerung fand, zeigt, wie dieses Gift wirkte. »Das Bürgertum hat einen fabelhaften Respekt vor der Uniform. Der törichte Reserveoffiziererhgeiz korrumpiert den deutschen Bürgersinn«, klagt Ossietzky in einem Vortrag vom Januar 1914.[60]
Solche Fehlentwicklungen gab es zweifellos auch in beträchtlichem Ausmaß in den großen Nachbarstaaten. Aber das parlamentarisch-westliche Wertesystem schwächte das in diesen Nationen vorhandene und nicht selten politisch gepredigte sozialdarwinistische Denken doch erheblich wirksamer ab als im Kaiserreich. Die innenpolitischen Gegenkräfte konnten sich in Frankreich oder Großbritannien offener artikulieren, sie fanden insbesondere in den intellektuellen Schichten und in den liberalen Medien stärkere Unterstützung. Deutschland dagegen wurde zum europäischen Unruheherd, ein nie zufriedener, sich selbst maßlos überschätzender Störenfried. Immer war in diesem Land Politik etwas »Schicksalhaftes«, selten sprach man von Vernunft, politischer Ratio und ethischer Verantwortung. Noch 1995 schreibt der Historiker Klaus Hildebrand nebulös über die wilhelminische Flottenpolitik, die das Reich endgültig isolierte: »Als der ›Tirpitz-Plan‹ entworfen wurde, entschieden sich die Männer an der Spitze des Reiches bewußt für das riskant Maßlose und handelten dennoch ohne Zweifel im überpersönlichen Banne unverfügbarer Bedingungen.«[61] Wieviel präziser wußten Ossietzky und wenige andere schon im Augenblick des Geschehens die Ursachen zu beurteilen. Was hinter der neuen »Weltpolitik« und der monomanischen und militär-

strategisch sinnlosen Aufrüstung wirklich steckte, beschrieb er jedenfalls realistischer als viele spätere Geschichtsbetrachter: Die Armee »ist das Werkzeug der Reaktion, die schlimmste Hemmung einer volkstümlichen Entwicklung. Sie ist mit ihren maßlosen Forderungen ein Staat im Staate.«[62]

Hildebrand weiß im übrigen auch an eine weitere altbekannte deutsche Betrachtungsweise der neueren Geschichte anzuknüpfen. Im Zusammenhang mit der deutschen Außenpolitik zwischen 1897 und 1907 zitiert er freudig zustimmend und die Reichspolitik entlastend Winston Churchill aus dem Jahre 1901. »Die Demokratie ist rachesüchtiger, als es die Kabinette sind«, meinte der konservative Unterhausabgeordnete, der damals noch vor seiner steilen politischen Karriere stand. Und weiter: »Der Krieg der Völker wird schrecklicher sein als derjenige der Könige.«[63] Hier verwechseln Churchill und ein ihm beipflichtender deutscher Historiker wieder einmal Ursache und Wirkung. Die Kriege unseres Jahrhunderts wurden und werden nicht von den Völkern, sondern von ihren »Königen«, den Regierungen initiiert. Die ungeheure Vernichtungskraft moderner Kriege ist nicht die Folge demokratischer Entwicklungen in der europäischen Staatenwelt. Sie beruht auf einer immer perfekteren Waffentechnologie und dem Triumph der Ideologisierung der Politik durch eine antidemokratische Minderheit. Nicht die britische oder französische Demokratie haben den Ersten Weltkrieg ausgelöst, sondern die politisch treibenden Kräfte saßen im Sommer 1914 in Berlin und Wien, wo es keine informierten und machtpolitisch mitentscheidenden Parlamente gab. Der Zweite Weltkrieg wurde bekanntlich von einer deutschen Diktatur ohne jede Not oder militärische Bedrohung vom Zaun gebrochen. Die westlichen Demokratien setzten bis zur gefährlichen Selbstaufgabe auf eine Politik der friedlichen Konfliktlösung. Noch einmal sei daran erinnert, daß Ossietzky – wenn auch ein wenig euphorisch – schon 1913 sah, wie die politischen Dinge lagen: »Nur die *Demokratie* bekämpft zielbewußt den Militarismus.«[64]

Zwischen seinem journalistischen Beginn im August 1912 und dem Ausbruch des Ersten Weltkrieges hat Ossietzky kaum 20 Artikel veröffentlicht. Er ist keiner der vielbeachteten Publizisten des späten Wilhelminismus wie etwa Maximilian Harden oder Theodor Wolff. Die bedeutenden Blätter des Reiches, das »Berliner Tageblatt«, die »Vossische Zeitung« oder die »Frankfurter Zeitung« – um nur die herausragenden liberalen Tageszeitungen zu nennen –, bringen natürlich nichts von dem pazifistischen Jungjournalisten aus Hamburg. Es sind Jahre der inneren Formung und der politischen Bewußtseinswerdung. Der persönliche Bekanntenkreis bleibt klein, er wirkt immer noch still und zurückhaltend, trotz aller Aktivitäten bei der Demokratischen Vereinigung oder beim Monistenbund lebt er zurückgezogen.
Immerhin, der so schüchterne Mann tritt nun auch häufig als öffentlicher Redner in Veranstaltungen der Demokraten und Monisten auf. »In unserer Mitgliederversammlung am 1. Oktober«, so berichtet »Das freie Volk« im Oktober 1913, »referierte zunächst *C. von Ossietzky* über die augenblickliche politische Lage. Er besprach eingehend die bedeutendsten auswärtigen Ereignisse der letzten Jahre und wandte sich dann der innerpolitischen Situation zu. Insbesondere beschäftigte sich der Referent mit dem sozialdemokratischen Parteitage und betonte die Wichtigkeit seiner Beschlüsse für die Zukunft der deutschen Demokratie.«[65] Mehrfach stoßen die Mitglieder des Monistenbundes oder der Demokratischen Vereinigung in diesen Jahren auf solche Notizen und redaktionelle Berichte, die von Ossietzkys öffentlichen Aktivitäten zeugen.
Erich Lüth hat als junger Mann Veranstaltungen mit Ossietzky besucht und erinnerte sich sechzig Jahre später: »Auf diesen Versammlungen hat Ossietzky manchmal gesprochen und war eigentlich der versierteste und eindringlichste von allen – überlegen, ohne falsche Töne. Er brachte einfach sein profundes internationales Wissen ein. Dabei war er sachlich, konzentriert, nachdenklich. Die Leidenschaft, die er hatte, brach nur selten

hervor.«[66] Die Vorträge sowie sein Einsatz für die Demokratische Vereinigung und andere Organisationen bringen ihm kaum Geld. Im Gegenteil, die dafür notwendigen Reisen zu Kongressen und sonstigen Veranstaltungen muß er teilweise aus der eigenen, ohnehin fast leeren Tasche zahlen. Die finanzielle Lage bleibt also prekär, und sie ist nur durch das kleine Vermögen von Maud von Ossietzky einigermaßen zu bewältigen. Es trifft seinen Stolz, daß er auf das Geld seiner Frau zumindest teilweise angewiesen ist und sie keine eigene Wohnung mieten können. »Ich komme nicht mit meinem Gelde aus!« Dieser Hilferuf erreicht Maud von einer solchen Reise aus Worpswede, und es ist nicht der einzige. Besonders angenehm sind diese Ausflüge von Hamburg hinaus ins Reich zudem auch nicht: »Meine letzten Tage waren voll Hast. Schlechtes Wetter! Nass und kalt. Dortmund ist als Stadt nicht einladend. Schwarz, russig. Große Bierstadt. Noch nie habe ich so viele Betrunkene zusammengesehen.«[67]

Seine Ehe ist in diesen Jahren offensichtlich glücklich, jedenfalls zeigen dies die Briefe, die er an seine Frau schreibt. Immer ist er besorgt um Maud. In all den Jahren aber nimmt er ihr gegenüber eine patriarchalische Haltung ein. Zumindest die Briefe lassen vermuten, daß er in der Lebensgefährtin weniger eine Partnerin als ein Geschöpf seines väterlich-männlichen Wohlwollens sieht. »Es ist für mich ein Problem wie du zu Hause lebst«, schreibt er beispielsweise von einer seiner Reisen. »Ich kann mir nämlich den Hausstand nicht ohne meine Wenigkeit denken.«[68] Maud bleibt die Kindfrau, die immer ein wenig belehrt und bevormundet werden muß. Ein »Erinnerungsbuch« legt er für sie an, in das er unter anderem zwei kleine Geschichten für sie schreibt. Im Dezember 1919 wird die geliebte Tochter Rosalinda geboren.

In ihren Erinnerungen, die dreißig Jahre nach seinem Tod erschienen, schreibt Maud von Ossietzky, »wir waren eine glückliche Familie«. Und wenige Zeilen später fügt sie eine Passage Ossietzkys aus dem »Erinnerungsbuch« in ihren Text ein, die dies wohl – nimmt man alles nur in allem – bestätigt: »Meine liebste Maudie! Es ist draußen noch ganz dunkel, und der Schnee liegt weiß auf den Dächern. Dennoch ist schon der neue Tag angebrochen, und an diesem Tage jährt es sich zehnmal, daß wir im Leben zuerst zusammengetroffen sind. Es war abends um 7 Uhr an der Alster, und das Wetter war ähnlich wie heute. Ich brauche Dich an nichts zu erinnern, Du weißt es ja. Aber den Tag hast Du sicherlich vergessen, und deshalb erinnere ich Dich daran. Und ich glaube, wir beide haben es doppelt nötig, uns gerade jetzt daran zu erinnern. Zehn Jahre, mein liebes Kind, es ist eine lange Zeit, und wie schnell ist sie vergangen. Und was haben wir nicht erlebt! Es wird vielleicht ein andermal Anlaß sein, einzelnes davon herauszuholen und in neuem Licht zu betrachten. Doch für heute und für diese Stunde nur das eine: Laß uns so bleiben, so wie wir damals gewesen sind, als wir uns gefunden und schnell zusammengekettet. Mag inzwischen das Leben uns manchen Tag getrübt und manche schlaflose Nacht bereitet haben, ich habe den Glauben, daß wir innerlich die gleichen geblieben sind, und das laß uns oft fühlen … Denn glaube mir eines: auch wo Böses zwischen uns stand und wir uns nicht verstehen wollten – bereut habe ich niemals die Stunde, wo Du in mein Leben tratest. Ich segne das Geschick, das Dich mir als Gefährtin sandte, ich segne Dich, daß Du Dich mir anvertrautest und will Dich hüten und bewahren.«[69]

Acht Jahre bevor Ossietzky diese Zeilen schrieb, war der Krieg ausgebrochen, und er wird natürlich auch für sein Leben zur großen Zäsur. Allerdings geistig nicht in dem umstürzenden Ausmaß wie für unzählige andere Intellektuelle und Künstler. Kurz bevor die europäischen Kabinette die Diplomaten zum Schweigen verurteilten und den Generälen das Zepter übergaben, erlebte er am eigenen Leibe, daß Vernunft und Recht in Deutschland abdankten.

Hintergrund ist ein Artikel Ossietzkys im »Freien Volk« vom 5. Juli 1913. Er hat darin das drakonische Urteil eines Erfurter

Militärgerichts gegen drei Reservisten scharf attackiert. Die Landwehrleute randalierten nach einer ausgiebigen Zecherei und griffen dabei auch einen Gendarmen an. Die Militärrichter verurteilten sie für diese harmlosen Ausschreitungen zu fünf Jahren Zuchthaus. »Die militärische Justitia hat nicht nur verbundene Augen, sondern auch verstopfte Ohren und ein gepanzertes Herz«, schreibt der empörte Ossietzky.[70] Unter der Überschrift »Das Urteil von Erfurt« wird die Urteilsschelte des Pazifisten aus Hamburg zu einer generellen Abrechnung mit der Militärjustiz: »Seit alten Zeiten zeichnen sich die militärischen Strafen durch besondere Grausamkeit aus. An der wilden Soldateska des dreißigjährigen Krieges sühnte die beleidigte Gerechtigkeit die zahllosen Untaten mit Spießrutenlaufen, Rad und Galgen. Was wurde damals gehängt! Wieviele Knochen wurden von den Strafwerkzeugen gebrochen! Die Kriegsjustiz sandte mehr Krüppel ins Land als alle Schlachten.«[71] Auch die Erfurter Militärjustiz habe es abgelehnt, zu »prüfen und zu wägen, wie die bürgerliche – es soll«. Solchen Militärrichtern ginge es nur darum, höhnt Ossietzky, »den Untertanen an das Prinzip der Autorität, der unbedingten Disziplin zu erinnern«. Nicht frei vom demokratischen Pathos eines Emile Zola, hält er dem Kriegsminister, der erklärt hat, die Richter hätten nur ihre Pflicht getan, entgegen: »Mag es tausendmal Gesetz sein, dagegen bäumt sich mein Gewissen auf. Ich bekenne!«[72]

Obwohl das Erfurter Urteil auch im Reichstag und in den großen liberalen Blättern sehr kritisch thematisiert worden ist, der Kriegsminister verklagt Ossietzky und den verantwortlichen Redakteur der Zeitung, Heinrich Glaser, wegen »öffentlicher Beleidigung« des Erfurter Kriegsgerichts. Die Moabiter Strafkammer verurteilt die Angeklagten zu jeweils 200 Mark Strafe, ersatzweise 30 Tagen Haft.

In der Verhandlung läßt Ossietzky keinen Zweifel an seinen Motiven. In einem Prozeßbericht heißt es: »Der Angeklagte v. Ossietzky betonte, er habe in dem Artikel unmittelbar nach dem Bekanntwerden des Urteils seiner rein menschlichen Empörung über die furchtbaren Strafen Ausdruck gegeben, die wegen recht harmloser Taten über die Reservisten verhängt wurden. Daneben habe er als *Demokrat* und Gegner der besonderen Militärgerichtsbarkeit an dem Falle die Notwendigkeit einer Beseitigung dieser Gerichtsbarkeit nachweisen und den schwächlichen Reichstag zu Taten in dieser Richtung anspornen wollen …«[73]

Der Gesetzgeber wird aufgrund des allgemeinen Protestes tatsächlich aktiv, aber das bewahrt den Kritiker nicht vor der Verurteilung. Zum ersten Mal allerdings wird sein Name nun über den kleinen Kreis seiner Hamburger Aktivitäten oder der nicht weniger kleinen Leserschaft der Zeitung »Das freie Volk« bekannt. Die Medien im ganzen Reich hatten ausführlich über den Fall und den Berliner Prozeß gegen den Artikelschreiber im »Freien Volk« berichtet.

Ossietzky, mittellos und über das »Unrecht« des Urteils tief empört, will nicht zahlen, sondern die Haftstrafe antreten. Maud von Ossietzky erinnert sich: »30 Tage Haft oder 300 Goldmark Geldstrafe! Dieser Antrag des Staatsanwalts klang in uns nach, als wir aus der stickigen, gespannten Atmosphäre des Verhandlungssaales in die befreiende Mittagshelle hinaustraten. Dr. Glaser bot Carl an, die 600 Mark für beide zu beschaffen, auch unsere Freunde boten ihre Unterstützung an. Carl lehnte das ab. Wenn ein Staat aus Recht Unrecht macht, dann solle dafür eine für dieses Recht kämpfende Zeitung genausowenig zahlen wie er selbst oder seine Freunde – er werde die 30 Tage auf Staatkosten leben.«[74] Das endgültige Urteil fällt dann doch etwas glimpflicher aus, und Maud zahlt die erforderlichen 200 Mark ohne Wissen des Ehemanns.

25 Jahre ist Ossietzky alt, als die Welt, in der er aufgewachsen ist, ihren Untergang inszeniert. Seine politischen Aktivitäten sind in den Monaten vor dem Krieg stark angewachsen. Der selbstgewählte Abschied vom Hilfsschreiberdasein im Hamburger Justizdienst Ende Januar 1914 hilft Trauer und Depressionen, die ihn häufig überfallen, zurückzudrängen. Er fühlt sich

befreit, aber die materielle Situation wird dadurch nicht einfacher. Er ist nicht mehr der vom Scheitern gezeichnete Schul- und Prüfungsversager, aber weder in der Politik noch im Journalismus hat er wirklich Fuß gefaßt. Er lebt in Wartestellung. Am 4. Juli 1914, sechs Tage nach der Ermordung des österreichischen Erzherzogs Franz Ferdinand, spricht er aus, was die törichten Schicksalsspieler in Berlin und Wien in ihrer Blindheit nicht sehen wollen: »Das Resultat verfehlter Politik, die Frucht maßloser Hetzereien – das sind die Schüsse von Serajewo.«[75]

KAPITEL 2

»Erst muß der Mensch leben«

Der Erste Weltkrieg (1914–1918)

Kaum etwas hat das deutsche Gemüt so bewegt und nach dem Abschluß des Versailler Friedensvertrages die Geschichte der Weimarer Republik psychologisch so beeinflußt wie die Kriegsschuldfrage. Der berühmte Artikel 231 verbitterte die Deutschen in einem Ausmaß, das in keinem Verhältnis zu den realen Problemen des militärisch geschlagenen und politisch taumelnden Landes stand. Es war nur eine kurze Passage in dem Gesamtvertragswerk, die es vor allem den Republikgegnern sehr einfach machte, die Emotionen zu schüren: »Die Alliierten und Assoziierten erklären und Deutschland erkennt an, daß Deutschland und seine Verbündeten verantwortlich für die Verursachung aller Verluste und Schäden sind, welche die alliierten und assoziierten Regierungen und ihre Staatsangehörigen infolge des Krieges erlitten haben, der ihnen durch den Angriff Deutschlands und seiner Verbündeten aufgezwungen worden ist.«

Der als »Alleinschuldthese« diskutierte Artikel 231 stellte angesichts der Stimmung in den europäischen Kabinetten im Sommer 1914 sicher eine recht frivole, mit der Mentalität des Siegers formulierte Behauptung dar. Aber so falsch, wie die sich im empörten Selbstmitleid erschöpfenden Deutschen sie empfanden, war sie denn doch nicht. Das Kaiserreich wurde am Ende die treibende Kraft, die einen Weltkrieg heraufbeschwor.

Der europäische Imperialismus, der schon in den Jahrhunderten zuvor in Afrika, Asien und Südamerika gewütet, Völker und Kulturen ausgerottet und die ökonomischen Grundlagen

in diesen Regionen zerstört hatte, begann sich selbst zu vernichten. Zu gierig nach Reichtum und Besitz waren die gesellschaftlichen Eliten, die den Ansturm der Moderne als Bedrohung der eigenen Machtbastionen empfanden, um zu erkennen, an welchem Abgrund sie standen. Krise um Krise erschütterte die politische Stabilität in Europa. Der Balkan wurde angesichts des Machtvakuums, das die politische Zerrüttung des Osmanischen Reiches erzeugt hatte, zum Pulverfaß. Im Nahen Osten, im fernen China und in Afrika stritten und schossen Franzosen, Engländer, Italiener und Deutsche um riesige Landstriche, die ihnen nicht gehörten. Das Zarenreich wurde von inneren Revolten erschüttert und versuchte durch eine riskante Außenpolitik sein autokratisches Regime zu stabilisieren.
Das deutsche Reich blieb im Konzert der europäischen Mächte ein Unruhefaktor. In den wilhelminischen Jahren zum ökonomisch mächtigsten Staat aufgestiegen, dessen Wirtschaftskraft selbst die englische Industrie in wichtigen Teilbereichen überrundete, besaß es schließlich auch die stärkste und modernste Landarmee. Daß Deutschland mit den Flottenbauplänen vor allem das britische Weltreich herausfordern mußte, wurde vom Kaiser wie von der Regierung und der Mehrheit des die imperialistische Politik mittragenden konservativen Bürgertums ignoriert. Schon Bismarcks gewagte Bündnispolitik steckte voller Risiken, weil sie vordringlich auf Partner setzte, deren gegenseitiges Verhältnis durch unüberbrückbare Interessengegensätze gekennzeichnet war. Rußland und Österreich waren auf dem unruhigen Balkan eifersüchtige politische Konkurrenten. Bismarck jonglierte mit seinen Zweibund-, Dreibund- oder Rückversicherungsverträgen zwar geschickt und trickreich, aber das Grundproblem blieb: Deutschlands Politik unterlag im europäischen Koalitionspoker permanent der Gefahr der Isolierung. Frankreich konnte den Raub von Elsaß-Lothringen nicht vergessen, Rußland verübelte der deutschen Außenpolitik ihren schwankenden Balkankurs, da Berlin es nicht gleichzeitig Wien und Petersburg recht machen konnte.

Die Briten, die »Balance of Power« auf dem Kontinent im Blick, waren zeitweise einem lockeren Bündnis mit dem Reich nicht ganz abgeneigt, aber sie wurden von den Deutschen immer wieder hochmütig abgewiesen oder mit Forderungen konfrontiert, die mit dem Selbstverständnis eines Weltreiches nicht zu vereinbaren waren.
Immerhin gelang es dem ersten Kanzler, den Nachbarn zu signalisieren, daß das gerade geeinigte Reich territorial und machtpolitisch »saturiert« sei. Bismarck ahnte, welche Gefahren drohten, wenn die deutsche Außenpolitik die Pfade des Ausgleichs und der Beschwichtigung verlassen sollte. Auch er wußte gelegentlich mit verbaler Kraftmeierei und düsteren Drohungen Europa aufzuschrecken, beschwor beispielsweise 1875 in der berühmten »Krieg in Sicht«-Krise einen Präventivkrieg gegen das rasch wiedererstarkte Frankreich herauf, den die englische und russische Diplomatie allerdings energisch und erfolgreich abblockte. Aber Bismarck kannte die Grenzen, die Deutschland nicht überschreiten durfte, wollte es sich nicht in eine existentielle Krise manövrieren.
Nach 1890 begann allmählich ein neuer Stil die deutsche Außenpolitik zu prägen. Der Sturz Bismarcks setzte Kräfte frei, die schließlich das Reich ruinierten. Forsch und unbedacht schwadronierten der Kaiser und eine politisch dilettantische und intrigante Hofkamarilla über Gott und die Welt, mischten sich in möglichst alle Streitereien der Mächte ein, forderten Respekt und Kolonialbesitz, priesen hochmütig das »deutsche Wesen« und begeisterten sich an den Industriestatistiken und der wachsenden Zahl deutscher Nobelpreisträger. »In keinem anderen Staatswesen ist der Widerspruch zwischen moderner Entwickelung und überlebter Institution ähnlich groß wie bei uns«, schrieb 1909 Theodor Wolff, Chefredakteur des »Berliner Tageblatts« und keineswegs ein besonders radikaler Beobachter seiner Zeit und seines Landes, »und kein anderes Staatwesen ist so von Lüge, Heuchelei und Sophismen durchsetzt. Die Gleichberechtigung der Bürger existiert nur auf dem Papier,

das Duell ist verboten und erlaubt, die Regierung, die über den Parteien zu stehen behauptet, ist nichts anderes als ein Kastenregiment.«[1]

Als dann Österreichs Thronfolger Franz Ferdinand von einem Mitglied der fanatischen Gruppe »Jung-Bosnien« niedergeschossen wurde, zeigte sich, wie mangelhaft das Krisenmanagement im Reich war. Schon in den vergangenen beiden Jahrzehnten waren die europäischen Mächte mehrfach haarscharf am großen Krieg vorbeigeschlittert, hatte die Diplomatie gerade noch verhindern können, daß regionale Auseinandersetzungen und Interessen auf dem Balkan, im Fernen Osten, im Orient oder in Nordafrika zum Flächenbrand eskalierten. Jetzt aber sprangen sie auf den rasenden Zug, allen voran die Deutschen.

Nicht nur in Österreich, sondern in allen Staaten Europas war die Empörung über das Attentat groß. Allgemein galt es als legitim, daß die Habsburger Genugtuung von Serbien fordern konnten. Nur eines wollte jenseits des deutsch-österreichischen Bündnisses niemand: eine Vernichtung Serbiens und eine Machterweiterung Wiens auf dem Balkan. Sollte Österreich den politischen Mord in Bosnien zum militärischen Schlag gegen Serbien nutzen, das wußte man in London, Paris und Petersburg, dann mußte dies zu einem europäischen Krieg führen. Das Zarenreich konnte eine serbische Niederlage und eine österreichische Hegemonie auf dem Balkan nicht widerstandslos hinnehmen.

Wien wiederum setzte sofort auf Krieg, und es wußte, daß dazu die Zustimmung des Reiches unabdingbare Voraussetzung war. Bereits einen Tag nach dem Mordanschlag, am 29. Juni, verlangte der Chef des österreichischen Generalstabs, Conrad von Hötzendorf, die Mobilmachung. Während die Wiener Diplomaten, die grundsätzlich keinen Deut weniger als das Militär auf eine kriegerische Auseinandersetzung zusteuerten, dieses forsche Vorgehen zunächst noch stoppten, erklärte Hötzendorf: »Wenn Deutschland zustimmt, wird Seine Majestät für den Krieg gegen Serbien sein.«[2]

Für Wilhelm II. und Generalstabschef Moltke unterlag diese Zustimmung keinem Zweifel. Der Kaiser schwafelte von Ehre und Treue, und er forderte den Bündnispartner sogar zu einem verschärften Vorgehen gegen Serbien auf. Die wilhelminische Militärführung glaubte, der Zeitpunkt dürfe nicht verpaßt werden, da Deutschland im europäischen Rüstungswettlauf sehr bald ins Hintertreffen geraten müßte. Der liberale, auch sehr nationale Historiker Hans Delbrück hat später zwar richtig, aber doch wohl etwas beschönigend darauf hingewiesen, »daß der Kaiser wie die deutsche Diplomatie die Größe und Nähe der Kriegsgefahr in einer fast harmlosen Weise unterschätzte«[3]. Wie sehr Wilhelm II. persönlich die Dinge vorantrieb, beweisen auch seine Äußerungen zu allen Beschwichtigungsversuchen. Ein Bericht des deutschen Botschafters in Wien, in dem dieser auf seine Versuche hinweist, die österreichische Politik vor überhasteten Schritten zu warnen, erhält die kaiserliche Randbemerkung: »Wer hat ihn dazu ermächtigt? Das ist sehr dumm! Geht ihn gar nichts an, da es lediglich Österreichs Sache ist, was es hierauf zu tun gedenkt ... Mit den Serben muß aufgeräumt werden, und zwar bald.«[4]

Deutschland gab den Österreichern die ersehnte »Blankovollmacht«, und damit war die Entscheidung über Krieg und Frieden gefallen. Rußlands Mobilmachung kam weder unerwartet, noch war sie objektiv ausschlaggebend. Denn so wie Österreich hoffte, mit dem Krieg gegen Serbien seine in den vergangenen Jahrzehnten sinkende Bedeutung im europäischen Mächtespiel zu konterkarieren, so mußte die vor allem innenpolitisch angeschlagene russische Regierung jeden internationalen Prestigeverlust vermeiden.

Das Wiener Ultimatum an Serbien war fast unerfüllbar und wurde doch fast vollständig erfüllt. Es half nichts, Wien wollte den Krieg, und Berlin glaubte, die Zeit für einen »Präventivkrieg«, einen Befreiungsschlag gegenüber der immer klarer sich abzeichnenden Randstellung im europäischen Koalitionspuzzle sei jetzt wesentlich günstiger als in späteren Jahren. Ein doppelter Irrtum ließ den Kaiser und seinen Kanzler Bethmann-Hollweg den Untergang ihrer Herrschaft heraufbeschwören: sie glaubten den kommenden Krieg eingrenzen zu können, weil sie fest mit Englands Neutralität rechneten, und sie setzten auf einen strategischen Plan des ehemaligen Generalstabschefs Alfred von Schlieffen, der einen raschen und umfassenden Sieg garantieren sollte. Leichtfertig verdrängten sie dabei, daß die Umsetzung des Schlieffen-Plans und Englands Neutralität nicht gleichzeitig zu haben waren. Das eine stand in krassem Widerspruch zum anderen. Schlieffen verlangte eine militärische Zangenbewegung gegen Frankreich, die einen Einmarsch in Belgien unumgänglich machte. Dies aber war ein Völkerrechtsbruch, den London niemals widerstandslos hinnehmen konnte. Ein deutscher Sieg über Frankreich und eine deutsche Vorherrschaft an der belgischen Küste würde zudem das europäische Gleichgewicht zugunsten des Reiches verändern und Englands Position auf dem Kontinent massiv schwächen. Wie schon in der Frage der Flottenstärke setzte das Reich auf eine Strategie, die alle Chancen eines Bündnisses mit England oder doch zumindest eine wohlwollende Neutralität Londons zerstörte.

Während Österreich und Deutschland auf eine militärische Lösung hinarbeiteten, versuchte die britische Politik bis zum letzten Augenblick einen Krieg zu verhindern. Im Gegensatz zur deutschen Propaganda, die ja bald sogar von einem »Verteidigungskrieg« sprach, agierten auch Frankreich und Rußland in diesen wirren Wochen keineswegs »kriegstreiberisch«. In beiden Staaten gab es einflußreiche Kräfte, die auf eine friedliche Konfliktlösung setzten. Rußland bemühte sich nach Bekanntwerden des österreichischen Ultimatums an Serbien um eine Verlängerung der außerordentlich kurzen Frist, die Belgrad für eine Antwort eingeräumt worden war, um Zeit für diplomatische Schritte zu gewinnen. Wien lehnte dies kalt ab. Der britische Außenminister Edward Grey, der über den Ton des österreichischen Ultimatums entsetzt war, schlug im Namen seiner Regierung eine europäische Konferenz vor, die Wien volle Genugtuung verschaffen sollte. Frankreich schloß sich ebenso wie Rußland diesem Plan ohne Zögern an. Wien lehnte erneut ab. Deutschland hielt sich diesem Vorschlag gegenüber bedeckt, aber interne Dokumente beweisen, daß zumindest der Kaiser entschieden gegen eine solche Konferenz war.

Auf der Seite der Entente griff unmittelbar der Bündnisautomatismus, der durch den Kriegsausbruch auf dem Balkan ausgelöst wurde. Rußlands Mobilisierung zog Frankreichs Kriegseintritt nach sich, und mit dem Bruch der belgischen Neutralität blieb den Briten keine Wahl mehr. Deutschland aber mußte nun für seine bedenkenlose Bündnispolitik einen hohen Preis zahlen. Bismarcks Alpträume wurden Wirklichkeit: das Reich stand in einem Zweifrontenkrieg gegen drei europäische Großmächte. An seiner Seite kämpfte ein müder Bündnispartner, dessen »Doppel-Reich« schon seit Jahren Auflösungserscheinungen zeigte. Die österreichische Monarchie war für einen solchen Krieg nicht vorbereitet, ihre militärische und wirtschaftliche Kraft dieser Auseinandersetzung nicht gewachsen. Italien, der halbherzige Vertragspartner, entzog sich sofort aller eindeutigen Stellungnahmen und trat 1916 militärisch an die Seite der deutschen Kriegsgegner.

Auch wenn der Kaiser im letzten Augenblick noch einmal zurückschreckte, die Würfel waren gefallen. »Russische Mobilisierung durchhalten«, telegraphierte Moltke am 30. Juli an seinen österreichischen Partner Conrad, »Österreich-Ungarn muß erhalten bleiben, gleich gegen Russland mobilisieren. Deutschland wird mobilisieren.«[5] Diese Botschaft wurde diktiert, obwohl Moltke vom deutschen Militärbevollmächtigten in Petersburg die Nachricht erhalten hatte, »daß man hier aus Angst vor kommenden Ereignissen mobilisiert hat ohne aggressive Absichten, und nun erschreckt ist darüber, was man angerichtet hat«[6]. Der Kaiser schrieb am 31. Juli an den Rand dieser Mitteilung: »Richtig, so ist es.« Die Reichsführung wußte also sehr genau, wie die Dinge bei aller Zuspitzung der Ereignisse in Wirklichkeit lagen. Der Friede wäre zu erhalten gewesen, wenn die deutsche Politik den Willen zu einer diplomatischen Konfliktlösung gehabt hätte. Er fehlte jedoch, und so war es nicht ein schicksalhaftes Verhängnis, das über Europa hereinbrach, sondern eine über Jahre aggressive Politik – vor allem in Berlin und Wien – provozierte den Völkermord.

Die europäische Öffentlichkeit war über das diplomatische Tauziehen hinter den Kulissen nur unzureichend informiert. Als sie mit den diversen Kriegserklärungen konfrontiert wurde, überwältigte sie die sofort einsetzende Kriegspropaganda. Vor allem in Deutschland. Das Reich stellte sich als Opfer dar: eingekreist von feindlichen Mächten, ginge es nun darum, das Vaterland vor dem Einmarsch des beutegierigen Feindes zu schützen. Vom eigentlichen Anlaß, den Schüssen von Sarajewo, war keine Rede mehr. Jetzt ging es um Grundsätzliches, den titanischen Kampf der germanisch-deutschen Seele gegen die degenerierten demokratischen Westler und die »Kosakenheere« aus dem Osten. Der Kaiser kannte keine Parteien, und die meisten Intellektuellen und Führer der Arbeiterbewegung sich selbst nicht mehr.

Eine Flut von Kriegsgedichten und chauvinistischen Hetzartikeln ergoß sich über das Land. Der Reichstag verabschiedete einstimmig die Kriegskredite, die Amtskirchen segneten, und zumindest auf den Straßen der Metropolen jubelten Professoren und Handwerksmeister, Sedan-Veteranen und Dienstmädchen den ins Feld ziehenden Truppen zu. Weihnachten, so hatte es der Kaiser ja verkündet, werde der Spuk vorbei sein, und am Sieg sei angesichts der deutschen Überlegenheit ohnehin kein Zweifel möglich. Wie immer, wenn die Mächtigen ihre Völker massenhaft in den Krieg trieben, schlug auch im Sommer 1914 wieder die Stunde der Verharmlosung.

Die jahrzehntelange Erziehung der wilhelminischen Deutschen zu Militärgläubigkeit und Obrigkeitsdenken wirkte damals doppelt schwer. Selbst vernünftige Dichter und Denker ließen sich zu Haßausbrüchen hinreißen, die an Dummheit und Einfältigkeit ihresgleichen suchten. Die Arbeiterbewegung vergaß alle internationalen Solidaritätsschwüre nicht weniger als viele Pazifisten ihre einstigen Vorstellungen von einer friedlichen Lösung zwischenstaatlicher Konflikte. Die Sozialdemokratie konnte die Wirklichkeit verdrängen, weil einer der Feinde das sozial und politisch rückständige Zarenreich war. Schließlich hatte doch schon August Bebel einst angekündigt, wenn es gelte, gegen den russischen Despotismus zu marschieren, dann werde er als alter Mann gerne das Gewehr schultern.

Weil die große Mehrheit in Deutschland nicht ahnte, wie sehr sie belogen wurde, wie leichtsinnig ihre politischen und wirtschaftlichen Eliten in das Kriegsabenteuer gestürzt waren, glaubte sie, ihr Land sei Opfer der Zeitgeschichte und nicht Täter. Schon 1894 hatte der erfolgreiche jüdische Kaufmann und Manager Alex Tucholsky, Vater des späteren »Weltbühnen«-Autors Kurt Tucholsky, die mentale Situation in Deutschland, die zu erwartenden Folgen der wilhelminischen »Weltpolitik« sehr hellsichtig analysiert: »Wenn ich Schriftsteller wäre, würde ich die Suttner noch übersuttnern. Krieg heißt doch schließlich auf Deutsch privilegierter Mord; wenn die Leute an der Spitze in Verlegenheit sind und nicht mehr aus noch ein mit der Politik und ihren Finanzen wissen, dann wird aus der Rumpelkammer die Puppe Patriotismus herausgeholt und ihr Kleid und Mantel – Erbfeind und Heldenmuth – umgehangen, und dann ist der Popanz fertig. Jeder verficht dann natürlich die gerechte Sache, jeder packt seinen Privat-Gott an den Füßen, und schließlich haben die dummen Männer und Weiber, Eltern und Kinder die Zeche zu bezahlen.«[7]

So kam es. Die Hurrarufe der ersten Kriegstage wurden bald von den gequälten Schreien der Verstümmelten und Verwundeten abgelöst, die Todesanzeigen in den Zeitungen erforderten immer mehr Raum. Der in der Heimat pathetisch gefeierte Vormarsch durch die flandrischen Ebenen endete nach wenigen Monaten in den Schlammlöchern vor Verdun, der »Heldentod« von Langemarck wurde zum Symbol des heroischen

Idealismus einer mißbrauchten und verführten Generation. Was blieb, war die Lüge.
Der Krieg war für Deutschland schon nach sechs Wochen verloren. An der Marne stoppten Frankreichs Heere den Vormarsch. Moltke verlor die Nerven, und der Schlieffen-Plan, auf den der deutsche Generalstab voll gesetzt hatte, war gescheitert. Die Erfolge an der Ostfront – in der Schlacht an den Masurischen Seen – oder die Vernichtung eines englischen Geschwaders bei Coronel lösten in der deutschen Öffentlichkeit zwar Euphorie aus, aber sie verdeckten nur, daß an der Marne alle Hoffnungen auf einen Sieg begraben wurden. Was jetzt kam, war ein sinnloser und opferreicher Stellungskrieg, der vier Jahre dauerte und an dessen Ende nicht nur Millionen Tote zu betrauern waren, sondern auch der Untergang einer Epoche stand.
Wie realitätsfern Deutschland handelte, zeigt nicht nur die skrupellose Weiterführung des Krieges, obwohl mit dem Eingreifen Amerikas im April 1917 endgültig klar war, daß das Reich angesichts der gewaltigen wirtschaftlichen Ressourcen auf der Seite der Gegner einer unabweislichen Niederlage entgegenging. Auch die Annexionspläne der Reichsführung, die bis in den Sommer 1918 hinein für den »Siegfrieden« auf dem Tisch lagen, beweisen, wie irrational die politische und militärische Leitung die Lage beurteilte und wie sehr sie schließlich die eigene Propaganda verinnerlicht hatte. »Es wird«, so hatte der badische Gesandte in Berlin am 3. August 1914 an seine Regierung geschrieben, »ein Krieg Aller gegen Alle entbrennen, wie ihn die Weltgeschichte noch nicht erlebt hat; wir Deutsche können dabei das stolze Bewußtsein haben, daß wir alles getan haben, was nur menschlich möglich war, um ihn zu verhindern, jetzt werden die Waffen sprechen.«[8] Solche Sätze spiegeln das Empfinden der Mehrheit der Deutschen am Beginn des Krieges recht gut wider. Als Ludendorff im Herbst 1918 die Niederlage eingestand, war die Bevölkerung gelähmt und erwies sich nach nur wenigen Jahren ein weiteres Mal als unfähig,

die Wirklichkeit zu akzeptieren. Der Weg in das nächste historische Desaster war vorgezeichnet.
Einige Monate nach dem Zusammenbruch des deutschen Kaiserreiches hat der Kriegsheimkehrer Carl von Ossietzky das Versagen der wilhelminischen Führung auf den Punkt gebracht. Dieser Krieg sei ein deutscher »Präventivkrieg« gewesen, schreibt er. »Von deutscher Seite wird das nicht unbedingt bestritten, aber gern verkleinert mit dem Hinweis auf die gesamte weltpolitische Entwicklung seit dem Ausgang der Bismarckischen Ära. Aber gerade weil die Luft so sehr erfüllt war von giftigen Stoffen, deshalb war es das denkbar größte Verbrechen, nun den Konflikt auf eine Weise lösen zu wollen, die unweigerlich den europäischen Krieg mit sich führen mußte. Das ist die unsühnbare Schuld der deutschen Machthaber von 1914. Und das hat uns den Haß der ganzen Welt zugezogen, daß wir kaltherzig jede andere Methode ablehnten, daß wir das beleidigte Rechtsempfinden der Welt unter unsern Willen zwingen wollten.«[9]

Für den Mittzwanziger Carl von Ossietzky sollte mit dem Beginn des Jahres 1914 und der Kündigung der ungeliebten Arbeit am Hamburger Amtsgericht eigentlich ein neues, »freies« Leben beginnen. Aber die bedrückende häusliche Atmosphäre und die ständigen Geldsorgen bleiben. »Meine liebe Maudie«, heißt es am 3. Mai 1914 in einem Brief an seine Frau, »zu meinem Bedauern muß ich an den ersten Teil meines ersten Briefes eine sehr reale Sache stellen. Ich komme nicht mit meinem Gelde aus! Ich weiß nicht, wie es zugegangen ist – ohne verschwenderisch gewesen zu sein – du weißt, daß mir so etwas nicht liegt – sind mir die Moneten zwischen den Fingern zerronnen. Es ist mir nicht angenehm das schreiben zu müssen – denn wir sind jetzt wenig bei Kasse und größere Ausgaben sind für uns vom Übel – das Hotel war teurer, das Essen und Trinken war teurer – kurz alles überstieg meine Erwartungen. Und in einer fremden Stadt, wo man keine Gelegenheiten kennt, wie ich, auch wenig Zeit hatte, ist es schwer, Ökonomie zu bewahren. Schicke mir doch bitte ca. 10 M, aber bitte borge nicht, hole sie aus meiner Kasse.«[10]

Im gleichen Monat, in dem dieser Brief abgesandt wird, verurteilt ihn das Berliner Landgericht wegen seines Artikels über das Erfurter Urteil, im Juni ist er Delegierter beim Parteitag der Demokratischen Vereinigung. Als Journalist tritt er bis zum Kriegsausbruch selten hervor. In der Oldenburger Ausgabe seiner Schriften sind zwischen Januar und August 1914 lediglich sechs Artikel aufgeführt, alle im Organ der Demokratischen Vereinigung, »Das freie Volk«, abgedruckt. Es sind in diesem Zeitraum wohl auch einige Manuskripte entstanden, die als Vorlage für seine Vorträge auf Versammlungen oder im Hamburger Vortragszirkel dienten.

Bei aller Skepsis, daß das Reich tatsächlich auf einen Krieg zusteuerte, hat auch Ossietzky wie die meisten seiner Zeitgenossen nicht vorausgesehen. Immer wieder beklagt er zwar die Auswüchse des Militarismus, fordert demokratische Strukturen und unterstützt in seinen wenigen Veröffentlichungen die Kräfte, die vor einem europäischen Krieg warnen. Aber vor welchen epochalen Erschütterungen das alte europäische Staatensystem steht, das ahnt er nicht. Immerhin, anläßlich eines Prozesses gegen die demokratische Sozialistin Rosa Luxemburg in Frankfurt hält er für die damalige Zeit bemerkenswerte Thesen der Angeklagten fest, die ganz offensichtlich seine Zustimmung finden: »Wir wollen nicht auf unsere französischen Brüder schießen, soll sie gesagt haben. Darunter verstehen wir, daß es unsere Pflicht ist, mit allen *gesetzlichen* Mitteln einen Krieg zu verhindern, daß man die politischen Elemente zurückdrängen muß, die uns lieber heute als morgen in einen kriegerischen Konflikt hineinhetzen möchten, daß man alles aufzubieten hat, um eine Entspannung herbeizuführen.«[11]

Dieser Artikel zeigt auch, daß Ossietzky das Denken der bürgerlich-monarchistischen (von den aristokratischen ganz zu schweigen) Staatseliten mit einer Prägnanz analysiert, die dem gerade in diesen Monaten in einem Zeitungsvorabdruck veröffentlichten Roman Heinrich Manns über den wilhelminischen »Untertan« nicht nachsteht. Aus Rosa Luxemburgs Bemerkungen vor dem Frankfurter Gericht habe der »Herr Staatsanwalt« ganz andere Dinge herausgehört, »von denen Aufforderung zum Offiziersmord noch das harmloseste ist«. Auch wenn das liberale Deutschland über solche verbalen und ideologischen Auswüchse des Staatsapparates lächle, »diese Weltfremdheit des öffentlichen Anklägers, diese Ratlosigkeit vor Form und Inhalt von Gedanken, die nicht die offiziellen sind, hat eine sehr verhängnisvolle Seite. Wir sind in unserem politischen Leben nicht mehr *ein* Volk; wir sind zwei Schichten, von denen die eine die Sprache der anderen nicht versteht.«[12]

Sicher ist es nicht ganz falsch, wenn Ossietzky von den »zwei Schichten« spricht, die in den späten Jahren des Wilhelminismus die öffentliche Debatte in Deutschland bestimmen. Die ultrakonservativen Nationalisten, die in den diversen politischen Vereinigungen und zahlreichen Medien laut nach Macht und Größe des Reiches rufen, auf der einen, und die liberale und radikaldemokratische Bewegung auf der anderen Seite zeigen aber doch nur ein unscharfes Profil der deutschen Vorkriegsgesellschaft. Da gibt es auch die sich in eine eigene Kultur zurückziehende Arbeiterbewegung und eine Mittelschicht, die sich angesichts des täglichen Existenzkampfes herzlich wenig um den »Platz an der Sonne«, demokratische Rechte oder die proletarische Revolution kümmert. Wirtschaftlicher Aufstieg und politische Entmündigung ergänzen sich in der Regel aus der Sicht des Obrigkeitsstaates insofern, als sie die Gesellschaft in eine zeitweise politische Ruhestellung versetzen. Trotz aller aufgeregten Zeitungsdebatten war das wilhelminische Reich weitgehend frei von Unruhen und aufbegehrenden Massenbewegungen. Die Führer der Sozialdemokratie hatten Massenstreiks mehrfach mit dem Hinweis auf die Sozialistengesetze abgelehnt. Beim Nachbarn Frankreich sah es da beispielsweise viel lebhafter aus, und das Zarenreich wurde seit der Jahrhundertwende durch revolutionäre Erhebungen erschüttert, die lange vor Lenins Sturm auf das Petersburger Winterpalais das Ende des ökonomischen und politischen Despotismus ankündigten.

Der Liberalismus in Deutschland, dem sich Ossietzky trotz einer erheblich entschiedeneren demokratischen Haltung verbunden fühlte, war unter Bismarck mit seinem machtpolitischen Opportunismus nahezu untergegangen. In den Jahren des zweiten Wilhelm fand er in einigen großen Berliner und Frankfurter Zeitungen aber doch eine vorsichtige Wiederauferstehung. So wünschte sich Theodor Wolff zum Beginn des Jahres 1907 in seinem »Berliner Tageblatt« – wenn auch in sehr vorsichtigen Formulierungen – zumindest kleine Fortschritte: »Noch unklar, noch im ersten Bildungsstadium, regte sich die Idee, daß Deutschland endlich erringen müsse, was alle anderen Nationen, mit Ausnahme der russischen, längst besitzen. Die Überzeugung reifte heran, daß das deutsche Volk einigen Anspruch darauf habe, seine Geschicke etwas mehr als bisher in die Hand zu nehmen.«[13]

Es gab wesentlich schärfere Töne in den wilhelminischen Jahren, vor allem wenn sich das »persönliche Regiment« Wilhelms wieder einmal in einen der vielen peinlichen diplomatisch-politischen Skandale verwickelt hatte. Maximilian Harden, bissiger Kritiker von Monarch und Hofstaat und journalistischer Auslöser der das Reich erschütternden Homosexuellen-Affäre des Kaiser-Vertrauten Graf Eulenburg, schrieb beispielsweise anläßlich des unsäglich leichtfertigen Daily-Telegraph-Interviews, in dem der Kaiser mit seinem »deutschen Hochmut« die Briten beleidigte und erboste, im November 1908 in der »Zukunft«: »Daß einer, der sich der Macht entkleiden will, so spräche, wäre noch zu begreifen. Auch ihm müßte staatsmännischer Sinn empfehlen, die Herrscherhoffnung des Erben nicht im Keime zu zerstören. Daß einer, der weiterregieren will, sich draußen so um alles Vertrauen, um allen Glauben an seine Eignung für die einfachsten Aufgaben der Politik gebracht hat, ist ohne Beispiel in der neuen Geschichte … er darf sich nicht darüber täuschen, daß seine Volksgenossen jetzt gegen ihn sind und daß kein Kanzler sich … halten kann, der nicht aus dem Munde des Kaisers die Bürgschaft unverbrüchlicher Selbstbescheidung bringt. Die muß Deutschland jetzt fordern.«[14]

In Ossietzkys Artikeln aus den Vorkriegsmonaten finden sich ebenfalls solch unzeitgemäße Formulierungen. »Nur ein Volk, das in den Niederungen des Nationalismus watet, kann von einer Clique von Junkern und Großkapitalisten gegängelt werden«, heißt es etwa im April 1914 in einem Bericht über die Ausweisung zweier Däninnen durch die deutschen Behörden.[15] Nicht nur die berüchtigte Zabern-Affäre in Elsaß-Lothringen, wo ein arroganter preußischer Regimentskommandeur 1913 gegen Recht und Gesetz 28 Demonstranten verhaften ließ, zeigte dem liberalen Deutschland und den Nachbarstaaten, welche Rolle der Militarismus im Kaiserreich spielte und wie wenig die Führung auch psychologisch in der Lage war, die Stimmung in Europa zu deuten. Ossietzky beklagt zu Recht die Unfähigkeit der Machthaber, »Provinzen mit gemischter Bevölkerung vernünftig zu regieren. In 40 Jahren hat man es fertig gebracht, aus den Grenzländern offene Wunden am deutschen Reichskörper zu machen. Elsaß-Lothringen wird schikaniert; die Ostmarken werden mißhandelt.«[16] Und er geißelt, wie »albern und charakterlos … die Lobhudelei und Beweihräucherung des Militarismus (ist), in der sich das Bürgertum in seiner Gesamtheit gefällt«.[17]

Bei aller Bitterkeit läßt sein gerade in diesen Jahren stark hervortretender Optimismus Ossietzky am Erfolg der demokratischen Bewegung in Deutschland nicht zweifeln. Anläßlich der Debatte über die wachsende Zahl der Kirchenaustritte schreibt er nur knapp drei Monate vor Kriegsausbruch nahezu schwärmerisch: »Wir erleben augenblicklich alle Schwankungen und Widersprüche einer Übergangszeit. Eine Kultur liegt im Sterben, und die Keime einer neuen sind kaum sichtbar. Wer scharfe Sinne hat, wird dennoch aus der babylonischen

Verwirrung der kulturellen und religiösen Gefühle eine Losung heraushören, die bedeutendste unserer Zeit: daß es gilt, *eine freiere, bessere Zukunft zu schaffen*. Der arbeitende Mensch steht heute in einem Emanzipationskampfe, wie ihn die Weltgeschichte noch nicht gesehen hat. Zum ersten Mal pocht er wirklich auf seine Menschenwürde und fordert seinen Anteil an den geistigen und materiellen Gütern dieser Welt ... Ein neues Lebensgefühl macht sich geltend, ein neuer Idealismus, der nichts zu tun hat mit dem der Intellektuellen, eine größere Freude an den Erscheinungen des Lebens.«[18]

Ossietzky wird zwar zunächst nicht zum Kriegsdienst einberufen, aber seine journalistische Tätigkeit endet abrupt, und die Demokratische Vereinigung, sein politisches Arbeitsfeld, wird rasch Opfer der Burgfriedenspolitik, die nun alle oppositionellen Stimmen zum Verstummen bringt. Noch 1913 hatte er optimistisch geschrieben: »Nicht der Kriegsmann – der Kaufmann, der Arbeiter erobert die Welt.«[19] Ein fataler Irrtum, denn jetzt schlug wieder die Stunde der Generäle, die sehr bald zu den wirklichen Machthabern im Reich aufstiegen.

Das Organ der Demokratischen Vereinigung, »Das freie Volk«, in dem Ossietzky und viele andere Demokraten und Pazifisten seit Jahren gegen Krieg und Militarismus geschrieben hatten, bezog mit ihrer Ausgabe vom 8. August 1914 eine Position, die der Stimmung im Land entsprach: »*Weltkrieg*! Wohin man blickt, starren uns, bis an die Zähne bewaffnet, Millionen-Heere entgegen, bereit, deutsche Kultur und deutsches Wesen mit einem gewaltigen Schlage zu zermalmen. Von Stunde zu Stunde rükken Zehntausende unserer Volksgenossen immer erneut ins Feld, um die Arbeit von Jahrzehnten zu beschützen. Sie opfern Gut und Blut, um Heim und Hof zu verteidigen, Familie und Volk, die Größe unseres Staates und seine ganze Zukunft.«[20]

Schlimmer noch, die Herausgeber der Zeitung gaben, wie praktisch sämtliche Presseorgane des Reiches, ihre Unabhängigkeit freiwillig auf. Es sei nicht an der Zeit, »den fluchwürdigen Ursachen nachzuspüren, die zu dieser Menschenschlächterei geführt haben«, die man Weltkrieg nenne, erklärte das Blatt seinen Lesern. »Jetzt darf uns nur *ein* Gedanke beleben: *treu zum Vaterlande zu stehen* ...«[21] Wenn schon in einer Zeitung wie dieser von einem »uns aufgezwungenen verbrecherischen Krieg« gesprochen wurde, dann ahnt man, welcher Ungeist sich über das Land gelegt hatte.

Eigentlich war es nur folgerichtig, wenn sich das Blatt mit dieser Ausgabe von seinen Lesern für die Kriegsjahre verabschiedete. Redaktionsleiter Glaser und mehrere Mitarbeiter waren sofort eingezogen worden, und die Zensur hätte einem in den Vorkriegsjahren als demokratisch geltenden Blatt ohnehin keine Luft gelassen. Für Ossietzky ist die Einstellung ein Rückschlag. Er ist nun auch des kleinsten Verdienstes beraubt, und ihm bleibt als öffentliches Forum in den Kriegsjahren nur »Das Monistische Jahrhundert«, in dem er Anfang Dezember seinen ersten Artikel veröffentlicht. Da das kleine Vermögen, das Maud von Ossietzky erbte, bei Kriegsausbruch in England konfisziert wird, sind die materiellen Verhältnisse des Paares äußerst beschränkt.

Am 16. Dezember schreibt er an das Hamburger Amtsgericht und bittet um Wiedereinstellung. »Ich bin am Anfang dieses Jahres ausgeschieden, um mich ganz der Journalistik zu widmen. Obgleich ich diesen Beruf nur kurze Zeit ausübe, war es mir doch gelungen, mir eine bescheidene Existenz zu sichern. Der Ausbruch des Krieges hat mich in meinem Berufe schwer getroffen ..... Ich habe nun monatelang gegen diese ungünstigen Verhältnisse angekämpft, aber in meinem Berufe ist eine Besserung nicht zu erwarten, eher verschlechtern sich die Dinge von Woche zu Woche ..... Da ich schon einmal beim Amtsgericht tätig gewesen bin und mir die Arbeit noch immer vertraut ist, möchte ich dringend bitten, mich von Neuem einzustellen.«[22] Es fällt nicht schwer, sich vorzustellen, wie demütigend Ossietzky dieses Bittschreiben empfunden haben muß. Er hält weiter Vorträge, gelegentlich über in diesen Zeiten so gefährliche Themen wie Politik und Krieg, aber in dem kleinen literarischen Privatzirkel, den er 1914 mit seiner Frau gegründet hat, auch über Hölderlin, Strindberg, Wedekind, Shaw und Oscar Wilde. Maud verdient ein wenig Geld mit Sprachunterricht. Der »Völker-Friede« berichtet im September 1915: »Am 25. März sprach in einer stark besuchten Mitgliederversammlung Herr C. von Ossietzky über ›Deutschland im Weltkrieg‹. Nachdem er einige wohltätige Folgen des Krieges aufgezeigt hatte, wies der Vortragende auf die gefährlichen und zerstörenden Wirkungen hin, auf die Gefahren der chauvinistischen Publizistik, auf die Greuel des Krieges, die Verwirrung der ethischen Begriffe, den Lebensmittelwucher, den blinden Völkerhaß und auf die schwankende Haltung der Sozialdemokratie.«[23]

Ganz frei vom Nationalismus der ersten Kriegsmonate bleibt Ossietzky nicht. In seinen Äußerungen aus dieser Zeit finden sich zwar nicht die entsetzlich platten und kriegstreiberischen Floskeln, die die Mehrzahl der Dichter und Denker geradezu inflationär produziert, aber ein Patriotismus der falschen Art schwingt zunächst auch in einem seiner Artikel mit. Es ist ein auf den ersten Blick harmloses Thema, das er aufgreift, um seinen Beitrag zum öffentlichen Getöse zu liefern: die Spielpläne der deutschen Theater. »Leider muß festgestellt werden, daß die Bühnen uns eine schlimme Enttäuschung bereitet haben«, schreibt er am 1. Dezember. »Kein Hauch unserer eisernen Zeit hat sie berührt. ... Sehen denn die Bühnenleiter nichts von dem prächtigen vorwärtsstürmenden Leben dieser Tage? ... Darf so die Schaubühne eines Volkes aussehen, das um seine Existenz ringt? ... Verbringen wir unsere freien Stunden lieber bei *Clausewitz*' Schriften oder bei *Hauptmanns* Florian Geyer und verzichten wir auf das Theater ...«[24]

»Deutsch sein«, das heißt für ihn Spielpläne mit »Faust«, »Wallenstein«, »Götz von Berlichingen«, mit Kleists »Hermannsschlacht« und Grabbes »Napoleon«, Werken, »die für ewige Zeiten als stolze Säulen deutschen Nationalbewußtseins emporragen«.[25]

Viel mehr an nationalistischen Bekenntnissen ist ihm allerdings in diesen aufgewühlten Zeiten nicht zu entlocken, und sie weisen vielleicht in erster Linie auf seinen bildungsbürgerlichen Hintergrund hin.

Grundsätzlich aber zeigt sich Ossietzky als eigenwilliger und eigenständiger Außenseiter in einer Welt, die den Götzen des Krieges zumindest kurzzeitig anbetet. Im Rückblick auf diese Monate weist er mit sympathischer Selbstkritik auf das Zwiespältige des eigenen Denkens und Empfindens hin: »Haben wir Pazifisten nicht auch 1914 die nationale Hochflut gespürt; hat uns nicht auch das Pathos dieser Bewegung gepackt und unsere Seelen erbeben lassen, während der kritische Verstand mühsam genug versuchte, uns aus dem Getriebe zu retten und auf eine höhere Warte zu führen?«[26]

Fünf Wochen vor dem militärischen Zusammenbruch des Reiches wird Ossietzky die »Hochflut« der patriotischen Gefühle in den ersten Kriegsjahren noch einmal spöttisch aufgreifen: »Man blickt heute mit einer gewissen Heiterkeit auf die Stapel verschollener Bücher und Broschüren, in denen wenig kurzweilig eine besondere deutsche Weltmission hinaustrompetet wurde. Je nachdem, ob der Herr Verfasser mehr ›ökonomisch‹ oder ›kulturell‹ interessiert war, sollte der ganze Erdball zu einem Tummelplatz für deutsche Manufaktur oder für deutsche Gedanken werden … für alles, was zum Tintenfaß in intimen Beziehungen steht, waren doch die beiden ersten Kriegsjahre goldene Zeiten. Jeder Oberlehrer fühlte sich als kleiner Fichte und richtete seine storchbeinigen Perioden hübsch bescheiden an die Adresse der ganzen deutschen Nation. Und das schlimmste war: der Erfolg ermunterte. Wer sein ›Gott strafe England‹ mit stärkeren Schimpfworten verbrämt als der geschätzte Herr Vorgänger in die Welt hinausbrüllte, der durfte sich für eine kurze Spanne Zeit in der öffentlichen Gunst sonnen.«[27]

»Der Bureaugehilfe von Ossietzky ist auf den 14. Juni 1916 infolge Mobilmachung zum Militärdienst einberufen worden.«[28] Wie Hunderttausende seiner Landsleute muß er knapp zwei

Jahre nach Kriegsausbruch die Uniform anziehen. Er übersteht diese Zeit mit fatalistischer Gelassenheit. Seltsamerweise finden sich in seinen überlieferten Äußerungen von der Front kaum Bemerkungen über den militärischen Alltag. Seine ganze Sorge scheint dem nun besonders einsamen Leben seiner Frau zu gelten. »Ich möchte dir deine Sorgen ein wenig verscheuchen, mein Kind«, heißt es beispielsweise am 10. September 1916. »Vielleicht gelingt es mir durch die Versicherung, daß ich dir immer zur Seite stehen werde und wie ich mit dir alle Freuden teilte, ich auch alle Not mit dir teilen werde.«[29] Oder im September 1918: »Vor allem kommst du jetzt wieder um dein vernünftiges Essen u. verfällst wieder der Isolierung. Es hat mich das letzte mal so sehr gefreut, dich körperlich wieder auf der Höhe zu finden. Jetzt geht der alte Kampf wieder los.«[30] Es sind in erster Linie die nach seiner Abreise wieder wachsenden Spannungen zwischen den Eltern und Maud, die ihn bedrücken. »Die Oberalten sind mir vollkommen unverständlich. Vor allem, daß man mir diesen Tort antut, nachdem ich kaum fortgefahren bin …«[31] Er leidet unter dieser Entzweiung, denn »indem sie uns trennen wollten, haben sie mich verloren. Nie wird sich wieder das alte Verhältnis einstellen können …«[32]
Ganz selten nur läßt er in dieser Zeit Einblicke in sein Inneres zu, die deutlich machen, wie sehr ihn das Kriegserlebnis erschüttert. »Das Wetter ist himmlisch«, heißt es einmal. »Die Natur in die reizendsten Farben getaucht. Desto schwerer fällt die Unzulänglichkeit ins Gewicht, davon den richtigen Gebrauch zu machen. Nicht nur die äußere, ich bin ja gebunden, mehr noch die innere. … man hat das Gefühl, das alles wäre nicht mehr für einen gemacht.«[33] Viel mehr ist da nicht zu hören und zu lesen. Vergleicht man Ossietzkys Äußerungen über sein Leben als Soldat mit denen vieler seiner Leidensgefährten, dann wird erkennbar, mit welch erstaunlicher Zurückhaltung er über sein persönliches Schicksal spricht. Ein Wesenszug, der noch klarer hervorteten wird, als er 1932 227 Tage in seiner Tegler Gefängniszelle sitzt oder als er wenig später das

Grauen des Alltags eines Konzentrationslagers erlebt. Er erträgt diese existentiellen Bedrohungen mit einer bewundernswürdigen stoischen Haltung.

Ossietzky wird Armierungssoldat. Eine körperlich harte Arbeit erwartet die Angehörigen dieser Einheiten. Transportwege müssen sie bauen und Schützengräben, zerstörte Eisenbahnlinien reparieren, nicht selten im Kugelhagel der feindlichen Geschütze und von wochenlangen Regenfällen oder glühender Hitze gepeinigt. Zeitweise wird er auch als Telephonist eingesetzt. Ein anderer Armierungssoldat, der Schriftsteller Arnold Zweig, der später mehrere bedeutende Romane über das Zeitalter dieses Krieges veröffentlichen wird, schreibt 1917 an eine Brieffreundin: »Ich bin ausgelaugt, fast verzweifelt und nach 28 Monaten, in denen ich ganze 14 Tage Urlaub hatte, am Ende meiner Kraft. ... Ich will Ihnen nur sagen, daß das ganze Heer, von der hintersten Etappe bis zum vordersten Graben von den giftigsten und niedrigsten moralischen Fäulnisstoffen durchseucht ist ...«[34] Wie Zweig wird auch Ossietzky monatelang an der Westfront sein, dort, wo die Hölle von Verdun zum Massengrab geworden ist.

Sich den scheuen Intellektuellen Ossietzky als Soldat vorzustellen ist kaum möglich. Er war gewiß kein »Held« im fatalen Sinn der »Stahlgewitter«-Apologie des unseligen Kriegspropagandisten Ernst Jünger. Sein Mut war von tieferer, anderer Art. Er bekannte sich auch in extremen Situationen zu seinen humanistischen Grundsätzen. Im Opfergang der einfachen Soldaten, in deren Mitte er jetzt lebte, sah er einen Heroismus, der nichts mit der Gewaltästhetik oder dem hohlen Patriotismus zu tun hatte, den die Kriegsberichterstatter im phrasenhaften Landserjargon feierten. Erst zehn Jahre nach der Niederlage, nachdem nicht nur Ernst Jünger seine »Kriegserlebnisse« veröffentlicht hatte, sondern auch die unzähligen, die Schlachtenwirklichkeit und den eigenen Beitrag dazu beschönigenden Erinnerungen der Generäle und Diplomaten erschienen waren, konnten die Deutschen in Erich Maria Remarques Roman

»Im Westen nichts Neues« oder in Arnold Zweigs großem Kriegsepos »Der Streit um den Sergeanten Grischa« etwas von dem Denken und Empfinden des Frontsoldaten, von der zerstörerischen Wirkung, die der Krieg auch für die Überlebenden besaß, nachlesen. Der Erfolg dieser beiden Romane – Remarques Buch erreichte in kürzester Zeit eine Millionenauflage, beide Autoren begründeten mit diesen Werken ihren Weltruhm – ist sicher auch ein Hinweis darauf, daß sich für viele Menschen hier eine Wirklichkeit widerspiegelte, die den eigenen Erfahrungen und Erlebnissen in den Schützengräben eher entsprach.

Remarques fiktive Figur des Paul Bäumer oder noch mehr Zweigs Charakterisierung des Schriftstellers Werner Bertin macht es vielleicht möglich, sich der inneren und äußeren Empfindungswelt des Soldaten und Intellektuellen Carl von Ossietzky in dieser Zeit zu nähern. Nur, bei ihm bedurfte es nicht des »Lern- und Entwicklungsprozesses«, den die beiden Romanhelden exemplarisch durchleben mußten. Maud erzählt in ihren Erinnerungen eine Episode, die wohl sehr typisch für seine Haltung ist. Beim Fahneneid tritt er als einziger unter den Rekruten aus der Reihe, als der Befehl kommt: »Freidenker, Atheisten, Sektierer, Gottlose – vortreten!« Was der eidabnehmende Major mit den Worten kommentiert: »Sie gottloser Schweinehund, auch für Sie gilt der Fahneneid!« »Das zornige Gesicht des Majors zu beschreiben«, so berichtet Maud von Ossietzky, »bereitete ihm eine diebische Freude, fand er doch in diesem Major seine Vorstellungen von der kaiserlichen Offizierskaste bestätigt.«[35]

Berthold Jacob, später wird er Mitarbeiter der von Ossietzky geleiteten »Weltbühne« sein, berichtet von einer Begegnung mit Ossietzkys ehemaligem Feldwebel, der »von dem noblen Menschen in den Schützengräben des Westens schwärmte«[36]. Eine Bemerkung, die den späteren Urteilen vieler überlebender Leidensgenossen Ossietzkys im Konzentrationslager ähnelt. Seine Biographin Elke Suhr zitiert ebenfalls Berthold Jacobs Begegnung mit dem sehr monarchistisch gesinnten Weltkriegsfeldwebel: Ossietzky habe »niemals und Keinem gegenüber aus seiner Überzeugung einen Hehl gemacht …, daß dieser Krieg des Kaisers verbrecherisch sei.«[37] Seine Tochter wird festhalten: »Er war niemals verwundet, aber er lernte den Krieg kennen und hassen. Er betrachtete ihn als dirigierten und organisierten Mord.«[38] Im Jahr 1932 wird Ossietzky vor den Schranken des Schöffengerichts Charlottenburg, das ihn als Herausgeber wegen des berühmten Tucholsky-Zitats »Soldaten sind Mörder« in der »Weltbühne« angeklagt hat, ähnlich argumentieren: »Jeder Frontsoldat würde einen solchen Vorwurf einstecken, höchstens die Offiziere könnten sich beleidigt fühlen, die in den Krieg einen Ehrbegriff hineingebracht haben, der nicht in ihn hineingehört.«[39] An einer anderen Stelle seiner Verteidigungsrede in diesem Prozeß: »Seit 1912 habe ich den Krieg bekämpft. Ich gehörte schon vor dem Krieg einer pazifistischen Organisation an … Was ich im Krieg gesehen, hat meine Meinung über ihn und das Kriegshandwerk durchaus bestätigt … Wir Anhänger des Friedens haben die Pflicht, immer wieder darauf hinzuweisen, daß der Krieg nichts Heroisches bedeutet, sondern daß er nur Schrecken und Verzweiflung über die Menschheit bringt.«[40]

Ob er tatsächlich, wie seine Frau in ihren Erinnerungen schreibt, Flugblätter gegen den Krieg verfaßt hat, ist nicht erwiesen. Aber schon die wenigen Artikel, die er in den Kriegsjahren veröffentlicht, lassen keine Zweifel an seiner eindeutigen und verzweifelten Ablehnung zu. Das gilt auch dann, wenn man der pathetischen Formulierung seines marxistischen Biographen Bruno Frei nicht unbedingt folgen möchte: »Sein Antimilitarismus im Felde war Partisanenarbeit; doch der junge Bebel-Verehrer entzog sich ihr nicht.«[41]

Ossietzky hat Glück. Nur 17 Monate muß er als Schipper die schweren körperlichen und psychischen Belastungen der Ausbildung und des Fronteinsatzes ertragen. Im November 1917 kommt er wegen eines Rückenleidens in ein Lazarett, der unmittelbaren Lebensgefahr und dem äußerlichen Druck ist er damit entronnen, auch wenn er im Februar 1918 zur Truppe zurück muß. Er hat am eigenen Leibe erfahren, was er in den Jahren zuvor theoretisch bekämpft hat: die Entwürdigung des Menschen als Soldat, den Wahnwitz des Krieges, das Versagen der Politik und die Korruption der Wirtschafts- und Militärführung, die menschenverachtend dieses Inferno ausgelöst hatte.

Später wird er vor einem Gericht der Weimarer Republik seine Position noch einmal verdeutlichen: »Wir greifen aber hier nicht nur an, sondern wir verteidigen das Recht auf Leben. Was nützt den Toten des Weltkriegs die Ehre, die hier angeblich geschützt werden soll? Was nützen Denkmäler des unbekannten Soldaten den Gefallenen? Erst muß der Mensch leben, dann kann seine Ehre geschützt werden!«[42]

Im Sommer 1917 erscheint nach längerer Pause erstmals wieder ein Artikel Ossietzkys. In den »Monatlichen Mitteilungen des Deutschen Monistenbundes« bewertet er zwei Referate, die sich mit dem Völkerrecht beschäftigten. Dieser kurze Artikel ist nur insofern interessant, als sein Verfasser schon hier darauf hinweist, daß er eine künftige Friedensordnung keineswegs unter idealistisch-ideologischen Perspektiven beurteilt, sondern sie sehr realpolitisch an der Machtfrage in der Gesellschaft festmacht. »Wenn das Völkerrecht in diesem Kriege so gut wie ausgeschaltet werden konnte«, schreibt Ossietzky, »lag das nicht nur daran, daß es ihm am soliden Fundament der Machtorganisation gebrach, nein, es war durch eine allzu spitzfindige juristische Dialektik viel zu sehr zu einer Geheimwissenschaft geworden, die zwar von Fachmännern eifrigst gepflegt und gefördert wurde, aber des Zusammenhanges mit dem Volksganzen entbehrte.«[43]

Auch die nächsten Artikel zeigen, daß Ossietzky im Monistenbund eine Minderheitsposition vertritt. Dessen Führung hatte seit August 1914 eine Haltung eingenommen, die sich kaum von der allgemeinen Kriegspsychose unterschied. Die pazifistischen und moralischen Grundsätze der Monisten blieben dabei auf der Strecke. Ossietzky verlangt eine politische Stellungnahme, verteidigt in den internen Auseinandersetzungen die Position von Alfred Fried. Der Gründer des organisierten Pazifismus hatte in den Kriegsjahren die offizielle Kriegsrechtfertigungsthese des Reiches mutig angegriffen. Es handele sich nicht um einen Verteidigungs-, sondern um einen »Präventivkrieg«, hielt Fried der Propaganda entgegen. Die Mehrheit der Monisten warf ihm daraufhin »nationalen Verrat« vor und verlangte von den Mitgliedern eine Nichteinmischungshaltung in den aktuellen politischen Fragen. In der Hamburger Ortsgruppe der Deutschen Friedensgesellschaft – hier entfaltete Ossietzky seine Aktivitäten – hatte die Minderheitsposition, also die antinationalistische Haltung, eine Mehrheit. Dies bot ihm ein bescheidenes Forum für seine Artikel, die allerdings gelegentlich von den Herausgebern etwas entschärft wurden.

»In diesen Blättern hat im Laufe der vergangenen Monate eine bemerkenswerte Auseinandersetzung stattgefunden über die Hauptaufgaben des deutschen Monistenbundes«, schreibt er im März 1918 aus dem Feld für das Mitteilungsblatt der Monisten. »Wenn im Laufe dieser Debatte immer wieder die Frage erhoben wurde, ob der Bund über seine engeren wissenschaftlichen Aufgaben hinaus die kulturellen und soziologischen Konsequenzen zu ziehen und öffentlich zu verfechten habe, also ›politisch‹ werden solle, so möchte ich dem entgegenhalten, daß diese Fragestellung der Ausdehnung des Problems nicht vollkommen gerecht wird. Politik wird hier ohne weiteres als bewußter Wille genommen, als ein Ding, das man beliebig aufnehmen und lassen kann. Politik ist aber nicht nur Wille, sondern in viel stärkerem Maße auch Schicksal.«[44] Die Januarstreiks haben Ossietzky zudem jeden Zweifel genommen: »Die Politisierung des Deutschen Volkes ist Tatsache.«[45]

Was er verlangt, und dies bleibt in den kommenden Jahren eine Herausforderung für die Pazifisten und Intellektuellen der Weimarer Republik, ist eine aktive Beteiligung an den politischen Auseinandersetzungen der Zeit. Es reiche nicht, wirft er den »Theoretikern« vor, »sich im höchsten Ernste der Erforschung der Wahrheit (zu) widmen«. Das Ergebnis solch hehren Vorgehens sei letztlich wirkungslos: »Dicke Bücher! Literatur! – Makulatur!«[46]

Die Enttäuschung über die Haltung der Mehrheitsmonisten und vieler Mitglieder der Friedensgesellschaft in den Kriegs- und dann in den Revolutionsjahren wird ihn von diesen Bewegungen entfernen, deren geistiger Hintergrund seine ersten Schritte in die politische Publizistik entscheidend bestimmten. Anfang der zwanziger Jahre löst er sich endgültig, ohne allerdings seinen sehr realistischen Pazifismus je aufzugeben. Zunächst glaubt er noch, eine interne Auseinandersetzung zwischen dem opportunistischen Flügel, der die einst hochgehaltenen Ideen dem Zeitgeist opferte, und der Minderheit, die sich energisch gegen eine vordergründige Anpassung an die herrschende Meinung wehrte, werde die Rückkehr zu einer gemeinsamen Plattform ermöglichen.

Mit zornigem Sarkasmus begegnet er den euphorischen Artikeln aus den Federn mancher seiner einstigen Weggefährten. So etwa, als der prominente Monist Heinrich Peus in seinem Aufsatz »Krieg und Glaube« noch 1918 die Fahne des Optimismus hoch- und einen militärischen Sieg für möglich hält. »Da wird dem Flügellahmen und Wandermüden eine philosophische Wegzehrung geboten«, höhnt Ossietzky über das fatale Elaborat von Peus, »so daß er neu gestärkt den Stab ergreifen und mit einem Jauchzer seine Wanderung fortsetzen kann, die Helle vor sich, Finsternis im Rücken. Denn es ist ja alles nicht so schlimm, und der sogenannte Krieg ist auch nicht grausamer als der sogenannte Friede, der im Grunde nicht mehr ist als eine Fortsetzung des Krieges, wenn auch mit andern Mitteln. Wozu alles so schwer nehmen, wozu immer miesepetrig sein? So wie du die Welt anschaust, so schaut sie dich wieder an. Es gibt keine Situation, die nicht lebenswert gestaltet werden könnte. Gesetzt den Fall, Lieber, du hocktest im Granattrichter, halb betäubt von giftigen Dünsten – warum so miesepetrig? Jeder Situation läßt sich Reiz abgewinnen. Das Beste ist schon, du machst unter der Gasmaske die Lippen spitz und flötest: Ja, wunderschön ist Gottes Erde und wert, darauf vergnügt zu sein …«[47]

Diese Auseinandersetzung enthält eine grundsätzliche Dimension, die weit über die kleinen, in den Debatten der Zeit wenig einflußreichen Gruppierungen der Pazifisten und Monisten hinausreicht. Das deutsche Bürgertum hatte sich seit den fünfziger Jahren des 19. Jahrhunderts und der Niederlage der Parlamentarier, die sich in der Paulskirche versammelt hatten, in die Nischen einer zwar verbal ziemlich großmäuligen und sich an den ökonomischen Erfolgen labenden, machtpolitisch aber bedeutungslosen gesellschaftlichen Existenz zurückgezogen. Die Intellektuellen machten da keine Ausnahme. Der Nationalismus wurde zu einer Art Ersatzdroge, und der kaiserliche Hof, das Militär und die wilhelminische Diplomatie wußten ihn für ihre Pläne zu nutzen.

Ossietzky zieht in diesem Zusammenhang eine interessante historische Parallele, die seinen Lesern zeigen soll, daß politische Passivität und Rückzugssehnsucht bei Deutschlands Dichtern und Denkern Tradition haben. Schon hundert Jahre zuvor, als die Karlsbader Beschlüsse die Begeisterung der Freiheitskriege gegen die napoleonische Besatzungsherrschaft und die demokratischen Hoffnungen, die sich für viele daran knüpften, brutal beendeten, »da kam auch Entsagungsstimmung über die deutsche Welt. Man mied die Gegenwart, vergrub sich ins Historische, brütete mit *Byron* auf den Ruinen toter Städte, durchkostete mit *Schopenhauer* Alt-Indiens wehe Weisheit oder verspottete mit *Heine* eine Generation, der man als Symbol die Nachtmütze verlieh, und kehrte schließlich im Gefühle der Ohnmacht die Ironie wider sich selbst.«[48]

Ossietzky traf mit seiner Kritik an der Haltung der Mehrheit in der Friedensgesellschaft und des Monistenbundes also einen Punkt, der maßgeblich zu Krieg und Niederlage beigetragen hatte. Er sah auch sehr genau, wie sich nicht nur die Pazifisten und Literaten, sondern auch die führenden Wissenschaftler in diesen Jahrzehnten mißbrauchen ließen. Ihre nüchterne und die Welt verändernde Forschungsarbeit stellten sie der Staatsmacht in der Regel begeistert für ihre gigantischen Rüstungspläne zu Verfügung. Deutsche Naturwissenschaftler und Ökonomen entpuppten sich als fanatische Nationalisten, trugen zur Entwicklung immer wirkungsvollerer und raffinierterer Tötungsmaschinen oder der Etablierung der Kriegswirtschaft bei, ohne die der Kaiser und seine Generäle schon nach wenigen Monaten hätten kapitulieren müssen. »Wissenschaft, die sich dem Leben entzieht, erlebt Tage allerhöchster Verfeinerung, auf die ein schneller Verfall folgt«, konstatiert Ossietzky 1918. »Der Absturz aus dem Reiche des Intellekts in die enge, dumpfe Formelwerkstätte. Nichts wirkt verstimmender als die Spielkram gewordene Wissenschaft und die Katzbalgerei gewisser ›Männer des Geistes‹, die sich ihre Folianten gegenseitig an die vertrockneten Schädel werfen.«[49]

In einem damals nicht veröffentlichten Manuskript, das Ossietzky 1917 zum Thema »Monismus und Pazifismus« verfaßte, weist er auf eine weit verbreitete Grundstimmung hin, die der in seinen extremen Formulierungen und Ausdeutungen längst widerlegte Darwinismus erzeugt hatte: »So hat der Wagen der modernen Naturwissenschaft ein fünftes Rad, das sich allen Abschüttelungsversuchen zum Trotz mit Zähigkeit erhält: einen gewissen Popular-Darwinismus, der von allen Theorien des Meisters gerade die alleranfechtbarste aufgeschnappt hat – – nämlich das große, leere Wort vom Kampf ums Dasein. Wer das erste Jahr des Krieges in Deutschland miterlebt hat, der weiß, was für ein verwüstender Unfug mit dieser Phrase getrieben wurde.«[50]

Wenige Wochen vor Kriegsende erkennt Ossietzky aber auch, welche bemerkenswerten mentalen Veränderungen sich in der deutschen Gesellschaft angesichts des Sterbens an den Fronten und des Elends und Hungers in der Heimat abzuzeichnen beginnen. Die Mehrheit der Deutschen ist nach vier Jahren kriegsmüde geworden. Der autoritäre Staat kann nur noch mit starkem Druck auf die Bevölkerung die längst verlorene Schlacht weiterführen. Deutschland sehnt sich nach Frieden, und das Wort »Pflicht« wird inhaltslos, auch wenn es immer noch viele Verführte in seinem Bann hält.

Anfang Oktober 1918 beschreibt Ossietzky in seinem letzten »Kriegsartikel« sehr realistisch die Lage: »Unnütz verströmende Energie überall. Der da möchte Kultur schaffen, möchte aufbauen – – und muß mit seinem eisernen Ungetüm blühende Menschen-Siedelungen vernichten. Und jener möchte unter den Menschen wirken, ihnen heilsame Botschaft von gegenseitiger Hilfe predigen – – er muß den Mitmenschen, den ewigen Bruder, wie ein ekles Gewürm mit giftigen Gasen erstikken. Nicht nur materielle Güter, seelische Kapitalien werden sinnlos vergeudet. Und während alle irgendwie denkbaren Dinge herbeigeholt werden, um fehlenden Rohstoff zu ersetzen, wird der kostbarste Rohstoff der Völker, das einzige die Zeiten überdauernde Gut, der seelische, elendiglich vor die Hunde geworfen.«[51]

Als der Kaiser über die holländische Grenze flieht, Hindenburg und Ludendorff nach der letzten blutigen und rasch gescheiterten Offensive im Westen, die noch einmal die ganze Skrupellosigkeit ihrer Kriegsstrategie demonstrierte, den zivilen Parteien die Macht übergeben, ist Carl von Ossietzky gerade 29 Jahre alt geworden. Noch über sechzig Jahre später erinnert sich Erich Lüth in einem Rundfunkinterview an die hellsichtige und mutige Rolle, die Ossietzky in dieser Zeit einnahm: »Carl von Ossietzky meinte, den Krieg um den ständigen Frieden können wir nur gewinnen, wenn wir Zugang zu den jungen Menschen gewinnen. Und darum hat er sich – und das habe ich nun am eigenen Leibe zu spüren bekommen – so rührend bemüht, mit einer Klarheit, mit einer Intuition, mit einem Wissen und mit einer sprachlichen Brillanz, die eine Brillanz der Schlichtheit war. Ossietzky war ein Mann, der gegen den Strom schwamm.«[52]

Trotzdem verhallte seine Stimme ohne Echo. Er war in diesen

Jahren ein Unbekannter. Der Kreis, der ihn hörte oder las, blieb klein und auf die mächtigen Strömungen der Zeit ohne jede Wirkung. Erst in den frühen Jahren der Weimarer Republik wird der Pazifismus für kurze Zeit zu einer Massenbewegung werden, die in großen Demonstrationen auf sich aufmerksam machte. Es gelang ihm allerdings auch dann nicht, sich parteipolitisch so zu organisieren, daß er ernsthaften Einfluß auf die Entwicklung der Republik nehmen konnte.

Erstaunlich ist, was Ossietzky angesichts der Kriegszensur als gelegentlicher Publizist veröffentlichen konnte. Seine Kritik am falschen Patriotismus, an der Kriegspropaganda und der autoritären Staatsführung äußerte er nicht zwischen den Zeilen, sondern offen und direkt. Sicher dürfte das »Monatliche Mitteilungsblatt« der Hamburger Monisten nicht gerade im Zentrum des Interesses der Zensurbehörden gestanden haben. Und doch ist nicht zu übersehen, daß solche Thesen wider den Zeitgeist und die Staatsführung in den großen Berliner Zeitungen oder in den Blättern der linken und liberalen Parteien nicht zu finden waren. Theodor Wolff, als Chefredakteur des »Berliner Tageblatts« einer der prominentesten Journalisten im Kaiserreich, verstummte 1916 freiwillig für fünf Monate, als die Zensur nach einem seiner Artikel die Zeitung für eine Woche verbot. Immerhin hatte er im Juli 1916 zu schreiben gewagt, daß »die Furchtbarkeit der Ereignisse für immer die Poesie von der Frischfröhlichkeit der Kriege beseitigt hat« und es nun an der Zeit sei, »daß man der bequemen Theorie von der Unvermeidlichkeit der Kriege ein Ende macht«.[53] Aber selbst dieser liberale Kritiker des Kaisers und der wilhelminischen Politik bleibt befangen oder wagt nicht mit letzter Deutlichkeit, das kriegsverlängernde Vorgehen der Führung zu benennen. Anfang 1916 beispielsweise verklausuliert er seine Bedenken gegenüber der mangelnden parlamentarischen Kontrolle der Generalität mit Attacken auf den Kriegsgegner: »Wenn unsere Staatseinrichtungen denen der anderen Länder entsprächen, so wäre es den Gegnern Deutschlands – obwohl sie gewiss nie ganz auf ihr übles Spiel verzichtet hätten – schwer, die Person des Kaisers so in den Mittelpunkt eines verrückten Schmähtreibens zu zerren und seine Rolle zu entstellen. Wir sehen in diesem Augenblick, wie England sich in Griechenland benimmt. Die Welt schreit nicht auf, wie dort, wo *wir* beteiligt sind.«[54]

Im Gegensatz zu vielen Journalisten und Schriftstellern muß Ossietzky mit dem Kriegsende seine Meinung nicht revidieren. Er fühlt sich in seiner antimilitaristischen, demokratischen Weltauffassung durch den Kriegsverlauf bestätigt, der durch die fehlende parlamentarische Kontrolle des Kaiserhofes und der »Diktatoren« Hindenburg und Ludendorff eine solche Dimension annehmen konnte. In der deutschen Bevölkerung wirkte das überstürzte Waffenstillstandsangebot der Reichsregierung wie ein Schock. Zu viele waren Opfer der Propaganda geworden und glaubten noch bis zum bitteren Ende, der »Siegfrieden« sei nur eine Frage der Zeit und des Durchhaltens. So folgten sie denn auch bald nur allzu bereitwillig der von Hindenburg und dem konservativen Deutschland in die Welt gesetzten Legende, dem unbesiegten, tapferen deutschen Heer sei seitens der Heimatfront der Dolch in den Rücken gestoßen worden.

Ossietzkys Persönlichkeit hatte sich in den Jahren des Krieges zweifellos gefestigt. Seine journalistischen Arbeiten waren noch nicht frei von idealistisch-pathetischen Formulierungen, die ihn als Angehörigen der wilhelminischen Generation kennzeichneten, aber er sah sehr realistisch, welchen Weg die Deutschen politisch jetzt gehen mußten, sollte sich dieser Krieg nicht wiederholen. Die sich innerhalb weniger Wochen aus dem Revolutionschaos herausschälende Republik begrüßte er enthusiastisch, hatte er sie doch schon gefordert, als der letzte Hohenzoller auf dem Kaiserthron noch glaubte, Politik sei ein so einfaches Spiel wie die jährlichen Truppenparaden, die er in seinem lächerlichen Männlichkeitsgehabe den kaum weniger begeisterten Untertanen bot.

Weimar wurde Ossietzkys Republik. Er verteidigte sie, wie es bald nicht mehr allzu viele taten. Er kritisierte sie auf einem Niveau, wie es nur ganz wenigen seiner Zeitungskollegen gelang. Er sah ihre Schwächen und ließ doch nie einen Zweifel daran aufkommen, daß es zu ihr keine akzeptable Alternative gab. Die kurze Zeitspanne, die der Republik blieb, wurde für ihn persönlich zu einem Lebenshöhepunkt. Der Journalist Carl von Ossietzky besaß in den turbulenten politischen Jahren des Überlebenskampfes der deutschen Demokratie bald eine publizistische Stimme, die bei Gleichgesinnten und Gegnern einen unüberhörbaren Widerhall fand. Er wurde das, was er in den Jahren der Suche und der Unsicherheit erträumt hatte: ein aufgeklärter, schreibender Demokrat.

KAPITEL 3

»Die Republikaner sind ohne Republik«

Die ersten Weimarer Jahre (1918–1925)

In der militärischen Niederlage des wilhelminischen Staates lag eine für die Deutschen einmalige historische Chance. Das ökonomisch mächtige und kulturell bedeutende Land konnte nach dem gescheiterten Hegemonieanspruch seiner nationalistischen und machtgläubigen Oberschicht endlich zu den politischen Entwicklungen aufschließen, die bei den westlichen Nachbarstaaten schon seit geraumer Weile und im Verlauf schwieriger innenpolitischer Auseinandersetzungen zum Durchbruch gelangt waren. Eine überwältigende Mehrheit in der Bevölkerung sah angesichts des Versagens der alten antidemokratischen Führung allein in einem parlamentarischen System die Antwort, durch die eine erneute Militarisierung des Staates verhindert werden konnte. Die ersten Wahlen zur Nationalversammlung am 19. Januar 1919 belegen dies eindrucksvoll: Die drei damals lupenreinen demokratischen Parteien – Sozialdemokraten, Zentrum und Deutsche Demokratische Partei – erhielten 76,1 Prozent der Stimmen. Rechnet man noch die Unabhängigen Sozialdemokraten (USPD) hinzu, die zwar verbal ein linksradikales Programm vertraten, aber deren Wählerschaft keineswegs in toto eine bolschewistische Parteidiktatur wünschte, dann plädierten über 80 Prozent der Deutschen für die Demokratie.

Nur 17 Monate später, bei den Reichstagswahlen vom Juni 1920, hatte sich – nach der kläglichen Reaktion der Regierung auf den Kapp-Putsch und dem Terror der Freikorps-Truppen in den Monaten zuvor – die Stimmung drastisch verändert. Die drei Parteien, die vorbehaltlos hinter der jungen Republik standen, erreichten zusammen nicht mehr die 50-Prozent-Marke, nur wenn man die USPD mit ihren beachtlichen 17,8 Prozent hinzurechnet, gab es für die Demokratie in Deutschland noch ein ausreichendes Votum in der Bevölkerung. Bis zum Ende Weimars sollten die Parteien, die zur Republik standen, keine Mehrheit mehr für sich gewinnen können. Innerhalb weniger Monate hatten die Politiker und die Wähler die Chance verspielt, die Zukunft ihres Staates und damit letztlich auch die Zukunft Europas auf eine politisch stabile Basis zu stellen. Der Verfall der Republik dauerte 14 Jahre, dann standen die Deutschen wieder da, wo sie 1914 schon einmal waren. Diesmal allerdings erreichte ihr Wahn ein unvorstellbares Vernichtungsausmaß.

Vieles hat dazu beigetragen. Die Historiker haben das alles akribisch zusammengetragen: der »Versailler Vertrag«, die Kurzsichtigkeit der Siegermächte, die bolschewistische Gefahr, das Unvermögen und die Kompromißunfähigkeit der demokratischen Parteien, Inflation und Weltwirtschaftskrise, der Untergang von Mittelstand und Kleinbürgertum, der »Modernisierungsschock«, der schon das Bürgertum im Kaiserreich irritiert und in eine Identitätskrise gestürzt hatte, die Schwächen der Verfassung, die erfolgreiche Agitation der Monarchisten, Deutschnationalen und Völkischen, und schließlich glauben auch manche, den Untergang der Republik mit der Kritik der Weimarer Linksintellektuellen erklären zu können. Das alles sind Teilwahrheiten oder sehr vordergründige Entlastungsthesen, den Kern treffen sie nicht, selbst wenn in der Summierung dieser Begründungen das Drama der Republik sichtbar wird.

Entscheidend blieb, daß die Deutschen sich weigerten, aus den Fehlentwicklungen ihrer jüngeren Geschichte Konsequenzen zu ziehen. Hitler, das Ergebnis des Scheiterns der Republik, war nicht in Frankreich oder Großbritannien, nicht in den Vereinigten Staaten und selbst nicht in Mussolinis Italien möglich. Verheerende ökonomische Krisen mit hoher Arbeitslosigkeit und Inflation durchlebten auch die anderen großen Industriestaaten, ohne daß ihr demokratisches System ernsthaft in Gefahr geraten wäre. Unausgewogene Verfassungen, die zuwenig für die innere Kräftebalance zwischen den politischen Gewalten Sorge trugen, fanden sich auch andernorts. Der Faschismus wurde schon in den zwanziger Jahren zu einer europäischen Zeiterscheinung, aber in den westlichen Demokratien fand er trotz eines beträchtlichen Zulaufs nie eine machtentscheidende Mehrheit, Italien blieb eine Ausnahme.

Es gab erdrückendere Friedensverträge in der Geschichte der europäischen Staatenwelt als den in Versailles unterzeichneten. Nach dem Deutsch-Französischen Krieg von 1870/71 etwa raubte der Sieger Elsaß-Lothringen und belegte den Geschlagenen ebenfalls mit hohen Reparationen. Frankreich erlebte zwar innenpolitische Zerreißproben, aber es verweigerte den antidemokratischen Kräften in jahrelangen, zähen Kämpfen die endgültige Machtübernahme im Staat. In Brest-Litowsk erzwangen die Deutschen gegenüber dem sowjetischen Unterhändler Trotzki einen Annexionsfrieden, gegen den die territorialen Verluste, die Versailles den Deutschen auferlegte, geradezu bescheiden anmuten. Wäre das Reich im Weltkrieg Sieger geblieben, hätte zumindest auf Frankreich und Belgien ein Friedensdiktat gewartet, dessen machtpolitische Rücksichtslosigkeit die Deutschen bis kurz vor Torschluß öffentlich propagierten.

Allein in Rußland und später in einigen Balkanländern gründeten sich terroristische Diktaturen, die in der jahrhundertelangen autoritären Tradition ihrer Staaten standen. Spanien folgte erst in den dreißiger Jahren. Daß die deutsche Republik gerade auch mit der international weitgehend isolierten jungen Sowjetunion die Zusammenarbeit suchte, allen voran die Reichswehr, die in der Heimat im Namen des Antibolschewismus blutige Feldzüge führte, wirft ein bezeichnendes Licht auf die ungebrochene Machtbesessenheit, die über allen ideologischen Scheinkämpfen lag.

Die Republik ist nicht an den objektiven Schwierigkeiten zerbrochen, die die Zeit, die verängstigten und egoistischen Nachbarn oder der verlorene Krieg ihr auferlegten, sondern an den politisch-gesellschaftlichen Kontinuitäten, die die intolerante, demokratiefeindliche Grundmentalität der Mehrheit der Deutschen herausgebildet hatten. Das 19. Jahrhundert endete für die Eliten des Reiches nicht im November 1918. »Sowenig wie einen gesellschaftlichen Bruch hat es 1918/19 einen moralischen Bruch mit dem Kaiserreich gegeben«, schreibt Heinrich August Winkler. »Eine Chance hierfür bestand durchaus: Die historische Wahrheit über die Auslösung des Ersten Weltkrieges lag bereits im Frühjahr 1919 weitgehend offen zutage.«[1]

So blieben die Wahrheitsverleugner an den entscheidenden Hebeln der Macht, unbelehrbar und ohne Einsicht, wohin ihr Denken und Handeln das Land geführt hatten. Viele von ihnen waren nicht nur Gegner des Parlamentarismus, sondern sie fanden dann im Dritten Reich ihre eigentliche geistige und politische Heimat. Militär und Justiz, Beamtenschaft und Großindustrie, Professoren und Studenten, Literaten und Journalisten, Bischöfe und Junker und schließlich auch ein beachtlicher Teil der Arbeiterschaft erlagen trotz des unverhohlen diktatorischen Anspruchs Hitlers und seiner Terrorpläne und -taten gern und willig diesem Regime. Nichts hatte er in den Jahren der Republik verborgen, sondern allenfalls gelegentlich taktisch gelogen, um sozusagen augenzwinkernd vielen seiner gleichgesinnten Landsleute die Skrupel zu nehmen.

»Mein Kampf« erschien 1925/26, und es enthält alles, was sein Verfasser dann in die Tat umsetzte. Seine Reden vor 1933 ließen keine Zweifel aufkommen, was Deutschland zu erwarten hatte, wenn es ihm die Macht übergab. Haß und Morddrohungen gegen die jüdischen Mitbürger und alle Andersdenkenden wurden direkt ausgesprochen. Seine SA-Schlägerbanden gaben bereits in den Republikjahren ihre Visitenkarte als Mordbrenner ab. Was die führenden Akteure aus wichtigen, den Staat tragenden gesellschaftlichen Bereichen allenfalls eine gewisse Zeitspanne zögern ließ, war der Umstand, daß sie die Macht im Lande lieber allein unter sich aufgeteilt hätten. Die Ideen Hitlers waren ihnen weder fremd, noch lehnten sie sie ab. Auschwitz haben sie nicht gewollt, aber es war die Konsequenz ihres Handelns. Den Krieg haben sie niemals ausgeschlossen, daß er dann so kam, wie Hitler ihn inszenierte, machte sie zwar ängstlich, aber sie unterstützten ihn bis zum letzten Augenblick. Der Führer hatte wahrscheinlich nur an den wenigen, scheinbar triumphalen Eckpunkten seiner Verbrecherkarriere die Mehrheit der Deutschen hinter sich. Die alte wilhelminische Oberschicht und ein viel zu großer Teil der neuen Generation aber standen zumindest bis zur Niederlage in Stalingrad auch aus Überzeugung hinter ihm. Ein wenig angeekelt vom »Ordinären« der nationalsozialistischen Bewegung waren sie, etwas feiner in Auftreten und Sprache gaben sie sich, Hitlers Methoden der Machterhaltung stießen viele von ihnen ab. Aber das war Erziehung und Maske, mehr nicht. Sie waren lange einverstanden mit dem politischen Emporkömmling und marschierten zwischen Begeisterung und Respekt schwankend mit. Und ihr Beispiel machte Schule, schließlich auch bei vielen, die bis 1933 eine Abwehrhaltung eingenommen hatten. Schon im Januar 1932 schrieb Peter Panter alias Kurt Tucholsky: »Kerle wie Mussolini oder der Gefreite Hitler leben nicht so sehr von ihrer eignen Stärke wie von der Charakterlosigkeit ihrer Gegner. Um mich herum verspüre ich ein leises Wandern. Sie rüsten zur Reise ins Dritte Reich.«[2]

Es gab Widerstand. Neben dem sozialdemokratischen, kommunistischen oder christlichen und dem stillen Alltagsheldenmut Einzelner auch den, der sich aus Angehörigen der Wehrmacht oder des preußischen Adels zusammensetzte. Aber das war eine tapfere, unbestechliche und im breiten Strom der Jasager, Helfer und Angepaßten unendlich kleine Minderheit. Es bleibt ein Schandmal der Deutschen, daß sie den Diktator nicht aus eigener Kraft gestoppt haben, bevor das europäische Judentum den entsetzlichen Weg in die Vernichtungslager gehen mußte, bevor die Erschießungskommandos der SS und der

Wehrmacht in Polen und Rußland ihre Mordtaten ausführten, bevor Frankreich und Holland, Dänemark und Norwegen, Jugoslawien und Griechenland zum Opfer des deutschen Weltmachtanspruchs wurden. Riesige Armeen und ein fast sechsjähriger Krieg mit furchtbaren Menschenverlusten und gewaltigen Zerstörungen waren notwendig, um Hitlers Karriere zu beenden und dem Volk, das ihm folgte, die Augen zu öffnen.

Das Scheitern der Weimarer Republik wird in seinem ganzen Ausmaß erst erkennbar, wenn es vom Ende her betrachtet wird. Denn all das, was nach ihrer politischen Selbstentleibung aufbrach, entwickelte sich schon in ihren frühesten Anfängen. Die Kräfte, die den Ersten Weltkrieg auf deutscher Seite ausgelöst hatten, begannen unmittelbar nach der Niederlage ihre neuerliche Totengräberarbeit. Als die Deutschen für eine kurze Zeit dem schönen Irrglauben anhingen, eine neue Zeit werde anbrechen, griffen die alten Kräfte schon wieder zur Macht. Wiederum nicht Schicksal und feindliche Intrigen aus dem Ausland wirkten an der Zerstörung des ersten ernsthaften deutschen Demokratieversuchs, sondern die, für die eine republikanisch verfaßte Gesellschaft schon immer eine Machtbedrohung gewesen war. Der Bochumer Historiker Hans Mommsen gab seiner vor einigen Jahren erschienenen Studie über die Weimarer Jahre den Titel »Die verspielte Freiheit«.[3] Er trifft die Wahrheit sehr genau. Und Erich Kästner schrieb 1958 im Rückblick immerhin: »Die Ereignisse von 1933 bis 1945 hätten spätestens 1928 bekämpft werden müssen. Später war es zu spät. Man darf nicht warten, bis der Freiheitskampf Landesverrat genannt wird.«[4]

Die organisierte Arbeiterbewegung, die schon in den letzten Friedensjahren des Kaiserreiches im Reichstag die stärkste Fraktion stellte, sah im November 1918 ihre Stunde gekommen. Die Sozialdemokratie, seit 1916 in zwei parteipolitische Lager zerfallen, war auch entgegen manchen späteren Urteilen machtbewußt. Entscheidend geschwächt wurde sie durch die sich vertiefende Spaltung zwischen Mehrheitssozialdemokratie und

Unabhängigen Sozialdemokraten, aus deren Reihen sich bald die Kommunistische Partei formieren sollte. Die Arbeiterbewegung hat dies nie mehr überwinden können. Der SPD-Führung gelang es zudem schon in den ersten Tagen der Revolution nicht, die Stimmung der breiten Massen in Deutschland richtig zu deuten und zu nutzen. Bereits beim Berliner Munitionsarbeiterstreik im Januar 1918 erkannten Gewerkschaften und SPD nicht, welch spontaner Ausbruch sich in dieser Streikbewegung äußerte, wie wenig sie mit revolutionären Bestrebungen zu tun hatte, wie sehr neben der aktuellen Frage der Lebensmittelversorgung die Sehnsucht nach Frieden und politischen Reformen den Protest der Arbeiter trug. Die SPD-Spitze glaubte, das Land wie eine Partei führen zu können. Formale Fragen, interne Richtungskämpfe und ein statisches Demokratieverständnis machten sie in den Revolutionstagen weitgehend unfähig, das Wollen einer großen Mehrzahl ihrer Wähler zu erkennen.

Friedrich Ebert, der innerhalb der Mehrheitssozialdemokratie eine Schlüsselrolle einnahm, fürchtete die Revolution wie der Teufel das Weihwasser. Im Herzen konservativ und patriotischer Monarchist, vertraute er den alten Kräften in Verwaltung und Wehrmacht mehr als seinen Anhängern. Nicht der Chef der Obersten Heeresleitung Paul von Hindenburg und sein Generalquartiermeister Wilhelm Groener, nach dem Rücktritt Ludendorffs die beiden Symbolfiguren des Versuchs, die Revolution zu ersticken, wurden bekämpft, sondern die Soldaten- und Arbeiterräte oder die politischen Rivalen auf der linken Seite, die USPD.

Ein folgenreicher Irrtum der Sozialdemokratie blieb der Glaube, die bolschewistischen Kräfte besäßen in der USPD und in den spontan gebildeten Räten ein die angestrebte Demokratie ernsthaft gefährdendes Übergewicht. Ganz in der autoritären Tradition des Wilhelminismus stehend, fürchtete die rechte SPD jede »Unordnung«, jede Aktion, die von der Partei nicht gebilligt und kontrolliert wurde. Sie verwechselte den Willen der

Mehrheit in ihrer Anhängerschaft, die parlamentarische Demokratie vor der politischen Reaktion zu schützen, mit revolutionären Bestrebungen, eine leninistische Diktatur zu errichten.
Auch die überwiegende Zahl der Mitglieder der USPD wollte eine parlamentarische, allerdings sozialistisch ausgerichtete Demokratie. Ebert aber isolierte ihre Vertreter in der »Regierung«, dem Rat der Volksbeauftragten, indem er sie in allen wichtigen Entscheidungen überging und ohne ihre Zustimmung, häufig auch ohne ihr Wissen, mit der Obersten Heeresleitung verhandelte. Er manövrierte seinen »Koalitionspartner« in eine unhaltbare Situation. Das Ergebnis war die Stärkung der linksradikalen Kräfte in der USPD und schließlich zur Jahreswende die Abspaltung der Kommunisten unter Karl Liebknecht und Rosa Luxemburg. Als der chancenlose Aufstand der Spartakus-Gruppe im Januar 1919 dann auf Befehl der sozialdemokratischen Regierung von Groeners Freikorps-Soldateska brutal niedergeschlagen wurde, wich allmählich in der Arbeiterschaft, im liberalen Bürgertum und bei den linksliberalen Intellektuellen die teilweise euphorische Hoffnung auf eine einschneidende Wende. Die Ermordung von Karl Liebknecht und Rosa Luxemburg – gegen beide hatte der »Vorwärts« in den Januartagen in einer Form Stellung bezogen, die von einer indirekten Mordaufforderung nicht allzu weit entfernt war – zeigte, mit welchen Kräften sich Ebert und die rechte Sozialdemokratie eingelassen hatten. Noch schlimmer: Dokumente belegen, daß Gustav Noske den Doppelmord stillschweigend duldete. Nie mehr sollte sich die SPD von den Folgen dieses Teufelspaktes befreien können.
Die unmittelbar auf das Ende der blutigen Kämpfe im Berliner Zeitungsviertel folgenden Wahlen machten den Stimmungswandel in der demokratischen Wählerschaft noch nicht sichtbar. Als dann aber nach dem durch einen Generalstreik verhinderten Diktaturversuch der Kapp-Putschisten keiner der Verantwortlichen zur Rechenschaft gezogen wurde, Reichs-

wehrchef General von Seeckt der Regierung in dieser Krise sogar die Loyalität verweigern konnte, ohne von dem zunächst in die Flucht geschlagenen Kabinett dafür belangt zu werden, landete die SPD bei den Wahlen vom 6. Juni 1920 bei 21,7 Prozent, was eine Halbierung bedeutete. Die USPD konnte dagegen ihren Anteil mit 17,8 Prozent kräftig steigern. Auch wenn beide Flügel sich dann bald wieder vereinigten, die in diesen Wahlen noch bedeutungslosen, bald moskauhörigen Kommunisten sollten die politische Spaltung der deutschen Arbeiterbewegung unumkehrbar machen.

Sicher, Ebert und die Sozialdemokratie standen in den Revolutionstagen vor gewaltigen Aufgaben. Die Rückführung des Heeres, die Waffenstillstandsverhandlungen, die prekäre Ernährungslage, das Machtvakuum in der innenpolitischen Arena, die Organisation eines demokratischen Systems – das erforderte die Anspannung aller Kräfte, und niemand wird den Männern an der Spitze den Respekt verweigern können, sich diesem Sisyphoskampf gestellt zu haben. Denn im Grunde waren sie darauf nicht vorbereitet. Jahrzehntelang in der Opposition, fehlte ihnen jede Regierungspraxis. »Den Weg zu einer umfassenden und attraktiven Arbeitnehmer- und Volkspartei versperrte sich die SPD in der Frühzeit der Republik gar nicht so sehr durch den ideologischen Ballast proletarischer Klassenkampftradition, sondern mehr durch den Mangel an Energie, Entschlossenheit und Härte in ihrer Regierungspolitik.«[5]

Allein in Preußen konnte die sozialdemokratisch geführte Regierung unter Otto Braun in den Republikjahren den Beweis erbringen, daß eine konsequente und entschlossene SPD sehr wohl regierungsfähig war. Weil dies nicht in der Reichsregierung gelang, blieben die parteipolitisch organisierten demokratischen Kräfte Weimars bis zum Ende zu schwach und zu machtlos, um der wachsenden Flut von Nationalismus und Rechtskonservatismus erfolgreich widerstehen zu können.

Ebert und die Kräfte, die hinter seiner Politik standen, haben nicht mit der notwendigen Schärfe erkannt, daß Wehrmacht,

Verwaltung und Justiz es mit ihrer antidemokratischen Haltung bitter ernst meinten und der Demokratie ohne Demokraten in den entscheidenden Machtpositionen des Staates das notwendige stabile Fundament fehlte. Sie überhörten die Forderungen einer beachtlichen Volksmehrheit, die sehr viel klarer die Rolle der alten Kräfte beurteilte. Sie unterminierten alle Pläne zur Aufstellung eines Volksheeres, das den Einfluß der kaiserlichen Armeespitze brechen sollte. Sie wurden von einer Bolschewistenfurcht umgetrieben, die objektiv ohne Grundlage war und die sie bewußt schürten, um die politische Konkurrenz auf der linken Seite zu diffamieren. Selbst in der Spartakusführung, die sich auf lediglich einige tausend Anhänger berufen konnte, gab es Stimmen – etwa die von Rosa Luxemburg – , die eine Herrschaft des Proletariats ohne demokratische Strukturen ablehnten. Die Mehrheitssozialdemokraten nahmen die blutigen Rachefeldzüge der von der Obersten Heeresleitung eingesetzten oder doch geduldeten Freikorps in Berlin, in Bayern, im Ruhrgebiet und andernorts hin. Sie ließen die Reichswehr zum Staat im Staate werden, wehrten sich nur halbherzig und damit wirkungslos gegen die Fememorde, die milden Urteile gegen rechtsextreme Attentäter und die Härte der Justiz gegen linke Aufständler.

Gustav Landauer, Kurt Eisner, Matthias Erzberger, Walther Rathenau – die Liste der politischen Attentate wurde rasch lang und länger. Ebert war bei der Nachricht über all diese Morde an prominenten Vertretern der Republik stets und ehrlich erschüttert. Bezeichnenderweise hatte er jedoch nach den Morden an Liebknecht und Luxemburg die Einsetzung eines Zivilgerichts zur Aburteilung der Täter abgelehnt. Er hatte sich die Kräfte, die hinter den Pistolenschützen standen und wirkten, vom ersten Tag an die Seite geholt, und er ließ seinem Leiter des Militärressorts im Rat der Volksbeauftragten, Gustav Noske, freie Hand bei der unverhältnismäßig brutalen Niederschlagung aller linksoppositionellen Aktionen. Das Vorgehen der »Weißen Garden« zeigte, daß die Gegenrevolution bei ihrem

Aufmarsch keine Gewaltmittel scheute. Ebert sah im Bürgerkrieg die größte Gefahr für die Etablierung der Republik. Da der Sozialdemokrat sich mit Wehrmacht und Verwaltung verbündete, sie sogar mehrfach zu einem autoritären Auftreten ermunterte, trug das Vorgehen seiner Regierung jedoch dazu bei, daß er schließlich Wirklichkeit wurde. »Was sich in Berlin ereignete und in vielen Großstädten Deutschlands in den folgenden Monaten wiederholte«, so das Fazit von Hans Mommsen, »wurde von der sozialistisch eingestellten Arbeiterschaft als Rückfall in die Verhältnisse des Ersten Weltkrieges begriffen. Ausnahmezustand und Militärherrschaft schienen sich in den gleichen Formen und mit den gleichen Mitteln zu wiederholen. Der Kampf der Arbeiterschaft für Frieden und sozialistische Demokratie mußte als gescheitert gelten.«[6]

Es kann dabei nicht übersehen werden, daß sich für Ebert und die Mehrheitssozialdemokratie in diesen Monaten eine Tragödie abspielte, von deren Ausmaß sie wohl keine Vorstellungen besaßen. Sie wollten die deutsche Republik, und sie glaubten in der Revolution anarchistische und bolschewistische Strömungen in einer Dimension zu entdecken, die das Ziel gefährdeten. Auch deswegen unterließen sie den Versuch, die staatstragenden Gruppierungen des Wilhelminismus aus dem künftigen Machtspiel auszuschalten, sahen in ihnen Partner und erkannten lange nicht, daß sie nur auf eine neue Chance lauerten, die gehaßte Republik zu zerschlagen. Ein historischer Fehler, wie sich zeigen sollte, denn schon bald triumphierten diese Generäle, Richter und Bürokraten erneut, und sie dankten weder Ebert noch der Sozialdemokratie, daß sie ihre Entmachtung verhindert hatten, als das von der Mehrheit der Deutschen gewollt wurde. Eberts Vorgehen läßt sich aus vielen Einzelereignissen erklären, aber das nimmt ihm und seiner Partei, die nun einmal im politischen Vakuum, das die Kriegsniederlage erzeugt hatte, die entscheidende Kraft waren, nicht die Verantwortung, die Chancen eines stabilen, auf dem Mehrheitswillen beruhenden demokratischen Beginns verspielt zu haben.

So machte sich nach den politischen Stürmen der Anfangsphase Resignation breit. Immer mehr Wähler wandten sich von der Republik ab und folgten den alten Lockrufen der Nationalisten, Militaristen und Antisemiten. Deutschnationale und die sich in der Deutschen Volkspartei sammelnden ehemaligen Nationalliberalen, die nach Stresemanns Tod wieder in das rechte Lager abwanderten, Völkische und Kommunisten, am Ende auch das Zentrum, machten keinen Hehl aus ihrer Verachtung gegenüber der Republik. Schon nach der Ermordung seines Außenministers Walter Rathenau hatte der damalige Reichskanzler Joseph Wirth am 25. Juni 1922 im Reichstag konstatiert: »Der Feind steht rechts!« So war es, und das deutsche Bürgertum hatte sich in dieser politischen Ecke bald wieder gesammelt. Allein die Sozialdemokratie stand schließlich noch für die Republik ein. Von den jahrelangen Kämpfen und Niederlagen zermürbt, ohne Kraft und den Willen zum energischen Widerstand, verfolgte sie untätig ihr Siechtum. Die Linie des Verfalls läßt sich am höchsten politischen Amt im Staat anschaulich festmachen: Auf den Reichspräsidenten Ebert folgte des Kaisers oberster Krieger Hindenburg, und dann kam Hitler.

Nur wenn die hier skizzierten Entwicklungen, vor allem die Politik der Mehrheitssozialdemokratie in den ersten Monaten der Republik, mit der notwendigen Akzentuierung gesehen werden, läßt sich die Haltung der linksintellektuellen Schriftsteller und Journalisten erfassen, zu denen in den Weimarer Jahren an prominenter Stelle auch Carl von Ossietzky gehört. Sie waren in ihrer großen Mehrheit nicht, wie viele spätere Betrachter der Geschichte Weimars auffällig oberflächlich und ideologisch urteilten, Illusionisten und Träumer, Kommunisten und Zertrümmerer der Republik. In grundsätzlichen Fragen sahen sie die Entwicklungen sehr viel genauer als die Matadoren in der parteipolitischen Arena. Ihre rigorose Kritik war, wie sich sehr bald erweisen sollte, leider nur allzu berechtigt. Ihre Bitterkeit, die sich dann auch in ihren gelegentlich sarkastischen und verzweifelt spöttischen Texten widerspiegelte, erwuchs aus der Enttäuschung, die sie angesichts der Rückkehr des Landes zu Militarismus und autoritärer Staatsführung erfaßte. Sie wollten eine freie und soziale Republik, und sie mußten erkennen, daß sich die Weimarer Parteien davon immer mehr entfernten.

Viele von ihnen hatten in der Vorkriegszeit die Politik mit Hochmut als das Geschäft der Spießbürger und Kasinostrategen empfunden. Der Geist ignorierte die Macht, bis er ihr Opfer wurde. In den Kriegsjahren erkannten sie, daß durch ihre unpolitische Haltung das Land einer kleinen, unverantwortlich handelnden Schicht überlassen worden war. Dieses Gefühl des Versagens ließ sie nicht mehr los, wurde für nicht wenige in den Revolutionsmonaten zum Antrieb, sich öffentlich und leidenschaftlich in die Politik einzumischen. Wenn sie – überwiegend dem Bürgertum entstammend – jetzt links standen, dann hat das natürlich in erster Linie mit dem Scheitern des Wilhelminismus zu tun, aber wohl auch mit der Tatsache, daß sie aus der Isolation gegenüber der Masse des Volkes ausbrechen wollten, die sie so lange gepriesen hatten, aber jetzt als Makel empfanden. Nicht mehr Elite wollten sie sein, sondern aufgehen im Ganzen. Der Komponist Paul Hindemith hat im Textbuch seiner Künstleroper »Mathis der Maler« zwanzig Jahre nach der Revolution, als Hitler schon auf den Krieg zumarschierte, eine Szene festgehalten, die dieses Dilemma des Intellektuellen sehr anschaulich beschreibt. Der Maler Matthias Grünewald wirft einem der aufständischen Bauernführer vor, ihn könne ein Gemälde nicht beeindrucken, »wie machten dir auch die Künste Sorgen? Sie leben näher bei Gott und gehorchen eigenen Gesetzen.« Die lapidare Antwort des Bauern: »Deshalb haben sie keinen Sinn für den gemeinen Mann.«[7]

Dabei verkannte mancher, daß die Kluft zwischen den Klassen, vor allem zwischen der Arbeiterschaft und den Intellektuellen, nicht schon durch verbale Radikalität zu überwinden war. Es gehört zweifellos zu den Legenden über Weimar, von der konservativen Geschichtsschreibung gern und breit dargestellt, wenn in den Aktionen und Betrachtungen der Intellektuellen ein Zerstörungsmoment der Republik ausgemacht wird. Da wirkt die Propaganda der damaligen Rechten noch heute nach, die sich in den Haßtiraden über die »Novemberverbrecher«, über die »bolschewistische-ostjüdische-fremdstämmige Boheme« niederschlug.

Die bayerische Revolution beispielsweise sah zahlreiche bedeutende Journalisten und Schriftsteller an ihrer Spitze. Kurt Eisner, Gustav Landauer, Erich Mühsam und Ernst Toller kämpften aktiv mit und übernahmen die entscheidenden Regierungs- und Militärfunktionen. Die in München lebenden Autoren Heinrich Mann, Lion Feuchtwanger und Bruno Frank sympathisierten nicht nur mit der Sozialistischen Republik, sondern waren auch Mitbegründer des »Politischen Rates geistiger Arbeiter«. Eisner wurde ermordet, als er auf dem Weg zum Landtag war, um nach verlorenen Wahlen seinen Rücktritt zu erklären. Der große Shakespeare-Kenner und utopische Sozialist Landauer wurde von einem Freikorpstrupp nach seiner Verhaftung erschlagen, Toller und Mühsam zu langer Festungshaft verurteilt.

Demokraten waren sie alle, aber sie erwarteten von der Revolution mehr als die Etablierung der nur leicht retuschierten alten Zeiten. Bis heute werden auch sie vielfach als politikunfähige Phantasten oder gar als »Geiselmörder« diffamiert. Über die Mordorgien der auf Befehl der Ebert-Regierung einmarschierenden Freikorps hat die Geschichtsschreibung lange den Mantel des Schweigens oder der Rechtfertigung gelegt. Wenige nur sind den Revolutionären gerecht geworden. Einer von ihnen ist Sebastian Haffner, der in seinem Buch über diese Monate schreibt: »Die Revolution in Bayern … hatte eine Führung und einen Führer: Kurt Eisner – einen Mann, der, mit keiner Organisation hinter sich, drei Monate lang die Situation in seinem Land souverän beherrschte, dank einer einzigartigen Mischung von Einfallsreichtum und Tatkraft, Idealismus und listenreicher Wendigkeit, witterndem Feingefühl und Härte im Nehmen.«[8] Arthur Rosenberg formuliert in seiner »Geschichte der Weimarer Republik« sogar euphorisch: »In der Person Eisners verloren die deutsche Revolution und vor allem die deutsche sozialistische Arbeiterschaft den einzigen schöpferischen Staatsmann, der seit dem November 1918 hervorgetreten war.«[9] Kurt Tucholsky schrieb schon unmittelbar nach der Ermordung Eisners in der »Weltbühne«: »Da war ein Mann, der noch an Ideale glaubte und tatkräftig war. In Deutschland ist das tödlich.«[10]

Das bayerische Beispiel weist auch auf einen weiteren wichtigen Punkt hin, der die Situation der Intellektuellen von Weimar kennzeichnet. Unter den führenden Münchner Revolutionären waren auffallend viele deutsche Juden. Jüdische Künstler und Intellektuelle spielten generell in der Weimarer Kultur- und Zeitungszene eine herausragende Rolle, etwa auch in Ossietzkys »Weltbühne«. Sehr viele von ihnen standen in besonderem Maße in der literarisch-philosophischen Tradition ihres Heimatlandes, sahen in den Idealen der deutschen Klassik die Ziele ihrer auf Fortschritt und Vernunft beruhenden gesellschaftlichen Visionen.

Die Emanzipationsbewegung der deutschen Juden im 19. Jahrhundert war von dem Bemühen getragen, sich mit dem Land ihrer Geburt und ihres Wirkens zu identifizieren. Georg L. Mosse trifft diesen Punkt in seiner Studie über jüdische Intellektuelle in Deutschland sehr gut: »In den leeren Raum zwischen christlicher Tradition und Judentum als Offenbarungsreligion trat das Bildungsideal, an das sich das deutsche Bürgertum während der jüdischen Emanzipation hielt. Dieses Ideal erwies sich als bedeutungsvolles Erbe für einige der herausragendsten deutsch-jüdischen Intellektuellen.«[11] Ein Erbe, das vom nichtjüdischen Bürgertum und der großen Mehrheit des konservativen Judentums allerdings längst nicht mehr in dem Umfang wahrgenommen wurde wie im Jahrhundert, in dem

Goethe starb und Richard Wagner den germanischen Mythos als geistvoll erscheinen ließ oder Gustav Freytag seine heldischen »Ahnen« erfolgreich unters Volk brachte. Mosse weist darauf hin, daß »viele Juden« sich weigerten, den Nationalismus, »diese enge Sichtweise«, die das deutsche Bürgertum an die Stelle alter Bildungsideale setzte, »zu übernehmen«.[12]
Aufklärung und Französische Revolution ebneten auch den deutsch-jüdischen Bürgern den Weg zur gesellschaftlichen Gleichberechtigung und eröffneten ihnen damit bisher verschlossene Aufstiegschancen. Die Aufklärung aber geht von einem Menschenbild aus, das von Optimismus und Fortschrittsglauben getragen ist. Rousseaus großartige Utopie, der Mensch sei erziehbar, fand nicht nur, aber besonders bei den deutsch-jüdischen Intellektuellen einen starken Widerhall. So ist verständlich, daß gerade sie Gleichheit und Freiheit, die großen Forderungen auch der Revolution von 1918/19, als ein Postulat der Erziehung der Gesellschaft empfanden. Mosse spricht mit Blick auf die Mitarbeiter der »Weltbühne« von den »kantianischen Sozialisten«. Was so abwegig nicht ist, denn in ihren leidenschaftlichen, häufig polemischen Appellen an Vernunft und politische Rationalität entsteht in der Tat der Eindruck, daß sie gelegentlich darüber den grauen Entscheidungsalltag der politischen Arbeit unterschätzten.
Die Weimarer Kultur jedenfalls ist ohne ihre deutsch-jüdischen Akteure undenkbar. Wenige Namen belegen dies eindrucksvoll: Die Schriftsteller Alfred Döblin, Arnold Zweig, Lion Feuchtwanger, Ernst Toller, Anna Seghers, Else Lasker-Schüler, Walter Benjamin, Walter Hasenclever, die Österreicher Stefan Zweig, Joseph Roth, Arthur Schnitzler, die »Prager« Autoren Franz Kafka, Franz Werfel, Max Brod, Ernst Weiss, Leo Perutz. Die Kritiker Alfred Kerr und Alfred Polgar. Die Journalisten Theodor Wolff, Maximilian Harden, Georg Bernhard, Siegfried Jacobsohn, Kurt Tucholsky, Walter Mehring, Ernst Feder, Egon Erwin Kisch, Arthur Koestler. Die Theatermacher Max Reinhardt und Leopold Jessner. Die Kom-

ponisten Arnold Schönberg und Franz Schreker. Zahllose Verlagslektoren, Schauspieler, Orchestermitglieder und Konzertvirtuosen. Die Berliner Zeitungshäuser Ullstein und Mosse wurden von deutsch-jüdischen Besitzern geleitet. Ebenso große Konzert- und Theateragenturen, Kabaretts und Varietés. Eine endlose Liste wäre zu erstellen.

Weil sie an so prominenter Stelle im kulturellen Bereich standen, traf sie bald der blanke Haß der Antisemiten, die ihnen geistig weit unterlegen waren. Und sie wehrten sich heftig, polemisch, witzig, satirisch, nicht selten mit hoher politischer Intelligenz und im Namen einer Humanität, die ihren Gegnern zutiefst fremd blieb. Jedenfalls solange eine solche Gegenposition in Deutschland noch möglich war. Manche Überspitzung in ihren Deutungen der deutschen Politik und Gesellschaft werden erst durch die wachsende Bedrohung erklärbar, die sie noch stärker und persönlicher traf und die sie daher früher verspürten als viele ihrer gleichgesinnten nichtjüdischen Mitstreiter. »Wir Negativen«, hielt Kurt Tucholsky, Mitarbeiter der »Weltbühne« und einer der brillantesten Autorenjournalisten in den Weimarer Jahren, den Kritikern in der rechten und der bürgerlichen Presse trotzig entgegen, als diese immer wieder die angeblich nur destruktive Haltung der Linksintellektuellen anprangerten.

Patrioten waren die meisten von ihnen, aber keine Nationalisten. »Deutschland ist ein gespaltenes Land. Ein Teil von ihm sind wir«, schreibt Tucholsky 1924. »Und in allen Gegensätzen steht – unerschütterlich, ohne Fahne, ohne Leierkasten, ohne Sentimentalität und ohne gezücktes Schwert – die stille Liebe zu unserer Heimat.«[13] Der Herausgeber der »Weltbühne«, Siegfried Jacobsohn, spöttelt: »Ach, warum gibt es nicht dieses herrliche Land ohne seine Bewohner?«[14] An Tucholsky schreibt er 1925 nach Hindenburgs Wahl zum Reichspräsidenten, als sein Lieblingsautor von Paris aus diesem Ereignis eine vernichtende Kritik in der »Weltbühne« widmen will, allerdings auch: »Du jedenfalls hütest Deine Zunge nach Möglichkeit.

Ich habe nicht die geringste Lust, mich für dieses hoffnungslose Mistvolk zu exponieren oder gar zum Märtyrer machen zu lassen.«[15]

Wie viele andere sah auch Tucholsky die Niederlage der Demokratie schon sehr frühzeitig, und seine Angriffe auf Deutschland und die politischen Zustände erreichen in den letzten Jahren, bevor er sich endgültig zurückzieht und schweigt, eine Härte, die erschüttert. Ein Land von »Knechtsnaturen« ist Deutschland für ihn geworden, eine »alte Unteroffiziersnation«. Seinem bösesten Buch – »Deutschland, Deutschland über alles« – stellt er einen Hölderlin-Text voran, mit dem er sich identifiziert: »Es ist ein hartes Wort und dennoch sag ich's, weil es Wahrheit ist: ich kann kein Volk mir denken, das zerrissener wäre, wie die Deutschen. Handwerker siehst du, aber keine Menschen, Denker, aber keine Menschen, Priester, aber keine Menschen, Herren und Knechte, Jungen und gesetzte Leute, aber keine Menschen …«[16]

Als sie dann vertrieben, verhaftet oder ermordet werden und ihre Bücher und Schriften im Namen der deutschen Kultur auf Scheiterhaufen brennen, triumphiert Joseph Goebbels vor einer johlenden Menge: »Das Zeitalter eines überspitzten jüdischen Intellektualismus ist nun zu Ende.«[17] Allzu viele im Land werden ihm damals zugestimmt haben, und es ist nicht auszuschließen, daß die perfide Hetze der Nationalsozialisten auch die heutige Beurteilung der Werke und des Wollens der Linksintellektuellen aus der Weimarer Zeit zumindest unbewußt beeinflußt. Als Vorbilder für Zivilcourage, gesellschaftliches Engagement und brillante Stilistik erscheinen sie jedenfalls viel zuwenig in unseren Parlamentsdebatten, Schulbüchern und Universitätsseminaren. Der Antisemitismus ist ein Krebsgeschwür der europäischen Geschichte gewesen, in Deutschland erfuhr er seine schrecklichste Übersteigerung. Wer will übersehen, welche Lücken in der Literatur, in den Medien, in den Künsten und auch in der Politik die Vernichtung des deutschen Judentums hinterlassen hat.

Heinrich Mann war kein Jude, auch Carl von Ossietzky und viele andere nicht, die sich in Büchern oder Zeitungen für die Republik einsetzten, ihre restaurativen Tendenzen angriffen, für ihren Erhalt mit ihrer Waffe, der Kraft des Wortes, kämpften. Es waren also nicht nur deutsch-jüdische Linksintellektuelle, die für einen humanen Sozialismus und eine demokratische Entwicklung plädierten. Sie sitzt allerdings tief, die simple Weimarer Gleichung, der »zersetzende« Intellektuelle müsse als »Außenseiter« automatisch ein Jude sein. Nicht nur die Nazipropaganda bemühte sich erfolgreich, Ossietzky und andere Kritiker des Nationalsozialismus mit diesem primitiven, antisemitischen Feindbild als »Juden« abzustempeln. Ist es wirklich nur ein zufälliger Lapsus, wenn noch in einem Lexikon aus dem Jahre 1993 Carl von Ossietzky als »deutscher Publizist, Pazifist, jüdischer Abstammung« vorgestellt wird?[18]

Sie alle, gleichgültig ob Juden oder Nichtjuden, ahnten trotz ihrer wiederholten pessimistischen Warnungen letztlich nicht, welchen Gewalten sie gegenüberstanden, wie mörderisch die Gefahr für sie, auch für das Land, in dem sie lebten und schrieben, wirklich war. Es klingt mit Blick auf das Kommende beinahe rührend, wenn Lion Feuchtwanger in seinem 1930 erschienenen, die frühen Jahre der Hitler-Bewegung so weitsichtig beschreibenden Roman »Erfolg« einen Schriftsteller sagen läßt: »Ich glaube an gut beschriebenes Papier mehr als an Maschinengewehre.«[19] Welcher Satz könnte treffender den Fortschritts- und Vernunftsglauben der jüdischen und nichtjüdischen Republikaner charakterisieren?

Gemeinsam war ihnen allen die Gewißheit, daß der Feind der Republik rechts stand. Reichswehr und Justiz, Antisemiten und Radikalnationalisten wurden daher vorrangige Zielscheibe ihrer vielen, sich mit dem Zustand der Republik auseinandersetzenden Artikel und Bücher. Und sie schlugen mit aller Macht zurück, immer wieder auch das Mittel des nackten Terrors einsetzend: mit Landesverratsanklagen, Unrechtsurteilen, maßloser Verhetzung, »Nestbeschmutzer«-Beschimpfungen oder

Mordanschlägen. Verbündete fanden die Linksintellektuellen in den ersten Jahren im liberalen, fortschrittlichen Bürgertum, das sich in der Deutschen Demokratischen Partei gesammelt hatte. Die Journalisten Theodor Wolff und Georg Bernhard, der Nationalökonom Alfred Weber, der Ex-Offizier und Pazifist Hellmut von Gerlach und der sehr national eingestellte Friedrich Naumann gehörten zu den Gründungsmitgliedern der DDP. Aber bald driftete diese Partei nach rechts, verlor sich in internen Kämpfen und konturlosen Programmen, wurde bedeutungslos.

Viele der Linksintellektuellen, auch Carl von Ossietzky, fühlten sich der USPD nahe, sahen im abgespaltenen, linksdemokratischen Flügel der Sozialdemokratie die Kräfte gebündelt, die ihren Vorstellungen am nächsten kamen. Die Mehrheit in der USPD lehnte eine Einparteiendiktatur im Leninschen Sinn strikt ab, forderte eine sozialistische, aber parlamentarische Demokratie, setzte sich für die Erhaltung der Soldaten- und Arbeiterräte ein und plädierte für ein Volksheer sowie die Entmachtung der Reichswehrführung. Mit dem Zusammenschluß der beiden sozialdemokratischen Parteien im Dezember 1920, der viele USPD-Mitglieder zum Eintritt in die Kommunistische Partei veranlaßte, war den linksintellektuellen Sympathisanten der parteipolitische Partner genommen. Aber zu diesem Zeitpunkt hatten sie angesichts des aus ihrer Sicht weitgehend selbstverschuldeten Machtverlusts der Arbeiterbewegung und der linksliberalen DDP schon ein gut Stück resigniert. »Diese Regierung regiert nur«, schrieb Tucholsky bereits 1920, »weil die Leute zu müde sind, sie davonzujagen.«[20] Und Mitte der zwanziger Jahre – er ist schon Korrespondent in Paris – konstatiert er: »Wir stehen da, wo wir im Jahre 1900 gestanden haben. Zwischen zwei Kriegen.«[21]

Einige schlossen sich in den zwanziger Jahren den Kommunisten an. Johannes R. Becher tat es und Erich Weinert, Friedrich Wolf und Gustav Regler, Anna Seghers und Arthur Koestler. Brecht und andere sympathisierten mit ihnen, und die Kapitalismuskritik war weit über die Kommunistische Partei hinaus verbreitet. Carl von Ossietzky hatte, wenn auch sehr voreilig, im Februar 1919 geschrieben: »Zusammengebrochen ist nicht nur ein Staat, der sich unbesiegbar wähnte, zusammengebrochen ist nicht nur eine Wirtschaftsordnung, die von ihren Nutznießern für bombensicher gehalten wurde, zusammengebrochen ist vor allem der bürgerlich-kapitalistische Geist, der seit 100 Jahren die Köpfe beherrschte und auch große Teile der sozialistischen Arbeiterschaft weit mehr im Banne hatte, als sie es gern wahr haben möchte.«[22]

Manchem der kommunistischen Intellektuellen nahmen dann in den dreißiger Jahren die Stalinistischen Prozesse »die Scherben von den Augen« (Manès Sperber), und sie verließen wie Koestler oder Sperber die Partei, andere erlitten Denunziation und Terror im sowjetischen Exil und kehrten – sofern sie den »Säuberungswellen« entkommen waren – in das östliche Deutschland zurück, wo sie Macht und Ehren fanden, um sie zu mißbrauchen.

Für den Kreis der »Weltbühnen«-Autoren aber traf dies in den zwanziger Jahren nicht zu. Für die ziegelroten Heftchen schrieben gelegentlich Kommunisten, dennoch traf die Kritik den Dogmatismus und die republikfeindliche Haltung der KPD keinen Hauch weniger als die rechtsreaktionären Parteien und Gruppierungen. Die Leser konnten eine Vielzahl von Artikeln finden, in denen die Verfasser die Moskauhörigkeit der deutschen Kommunisten bzw. die sich immer stärker abzeichnenden Terrormethoden der russischen Bolschewisten herausstellten und verurteilten. Schriftsteller wie Heinrich Mann, Arnold Zweig oder Lion Feuchtwanger, die sich in den dreißiger Jahren angesichts der nationalsozialistischen Herrschaft in Deutschland und der faschistischen Weltbedrohung dem Marxismus und der Sowjetunion ideologisch näherten, haben damals ihre Ablehnung und Skepsis in vielen ihrer Romane, Essays oder in aktuellen Artikeln formuliert. So schreibt Zweig 1930 in der »Weltbühne«: »Ich bete Rußland nicht an, ich weiß zu genau, wie wenig anbetungswürdig die Zustände sind, die sich dort entwickelt haben, und ich bekämpfe die Methoden, mit denen sich eine herrschende Schicht am Ruder hält ... Die Diktatur des Proletariats ist mir verhaßt wie jede Diktatur ...«[23] In einem Essay über »Kaiserreich und Republik« von 1919 spricht Heinrich Mann von dem »Zaren Lenin«, und dem »Ideal« der russischen Bolschewisten hält er entgegen: »Überraschend viele derselben Personen wirken heute für das Äußerste an Bürgerhaß, wie einst als Alldeutsche, für das Äußerste an Völkerhaß ... Alldeutsche rechts nützen den Vorwand, den Alldeutsche links ihnen schaffen, um die unfertige sozialistische Republik frischweg zu militärisieren ... Wen aber würde es wundern, wenn er eine große Kriegsfurie der imperialistischen Weltherrschaft als Führer eines Heeres der bolschewistischen Weltrevolution wiedersähe?«[24] Und im Programm des »Rates geistiger Arbeiter« vom November 1918, das die »Weltbühne« abdruckte, heißt es: »Leitstern aller künftigen Politik muß die Unantastbarkeit des Lebens sein.« Der Rat »begrüßt alle Methoden der Umwälzung, die nicht zur Anarchie, das heißt: zur Vernichtung der Kulturgüter und zur Blutherrschaft einer Minderheit führen«.[25]

Auch die Artikel Carl von Ossietzkys in den zwanziger Jahren lassen es in dieser Frage nicht an Deutlichkeit fehlen. Bereits im Oktober 1920 schreibt er in der »Berliner Volks-Zeitung«: »Man hat den Moskauer Kommunismus eine *Religion* genannt. Wenn das wahr ist, so ist er eine Religion des *Blutes*. Und deshalb wird er niemals Bleibendes schaffen, wird er zwar Menschen fanatisieren, aber niemals glücklich machen können.«[26] 1927, als Stalins Terrorkampagne Trotzki und seine Anhänger entmachtet, unterläuft Ossietzky zwar ein gewaltiger historischer Irrtum, wenn er wünscht, »Stalin möchte sich behaupten«, aber er sieht das System doch sehr realistisch: »Trotzki verkörpert die revolutionäre Romantik. Stalin die nüchterne und keineswegs schöne Realität. Der Kontrast ist da, und daß er so böse Formen annimmt, liegt großenteils daran, daß in

Rotrußlands Vokabularium das Wort Freiheit nicht gelitten ist. Die Tscheka, die sich bisher nur mit wirklicher oder angeblicher Konterrevolution befaßte, rückt jetzt den Gurgeln der verstoßenen Oberpriester bedenklich nahe.«[27]

Es gehört also zu den Legenden vieler Darstellungen über die Weimarer Jahre, wenn ihre Linksintellektuellen pauschal als geistige Handlanger des Kommunismus diffamiert werden. Sie äußerten sich auch in dieser Frage sehr differenziert, sie waren nicht vom Antikommunismus-Effekt blockiert, den das deutsche Bürgertum bis in die Jahre der Bundesrepublik propagierte, und zugleich kompromißlos in ihrer Verurteilung des demokratiefeindlichen Vorgehens dieses Flügels im Lager der Republikgegner. Weil sie den verderblichen Schlingerkurs der demokratischen Weimarer Parteien nur zu deutlich erkannten, verloren einige den Blick für die Grenzziehung zu den Kommunisten. »Ja, warum sollen eigentlich die Kommunisten in Deutschland anders sein als die Demokraten und die Sozialdemokraten?« zürnt einmal der grundliberale Briefschreiber Siegfried Jacobsohn. »In erster Linie sind das doch alles Deutsche, also ununterscheidbar verwaschen.«[28]

Entscheidend blieb für sie der Kampf für die Erhaltung und den Ausbau des Weimarer Staates, seine Verteidigung gegen die Fanatiker rechts und links und die Lauheit der Sozialdemokratie. »Was tut eigentlich die Republik für die Republik?« fragte Tucholsky nach dem Mord an Außenminister Walther Rathenau.[29] Und 1924 formulierte Carl von Ossietzky seine in der Überlieferung vielleicht berühmtesten Sätze: »Man spricht häufig von der Republik ohne Republikaner. Es liegt leider umgekehrt: die Republikaner sind ohne Republik.«[30] Was ihre Gegner herzlich wenig bekümmerte.

Richtig ist sicher, daß vielen Linksintellektuellen ihr sympathischer Kulturidealismus gelegentlich den Blick für die Realitäten des parlamentarischen Entscheidungsalltags trübte. In der Analyse der politischen Fakten waren sie sehr oft hellsichtiger als in ihrer ungeduldigen Beurteilung des Lavierens der demokratischen Reichstagsparteien. »Wir glauben, daß das Wesentliche auf der Welt hinter den Dingen sitzt«, schreibt Tucholsky in diesen Jahren, »und daß eine anständige Gesinnung mit jeder, auch mit der schlechtesten, Vorschrift fertig wird und sie gut handhabt. Ohne sie aber ist nichts getan. Was wir brauchen, ist diese anständige Gesinnung.«[31] Er drückt mit solchen Gedanken aus, was viele seiner gleichgesinnten Weggefährten empfanden. Der sanfte, nach der Revolution jahrelang inhaftierte und dann von den Nazis im KZ totgeschlagene Erich Mühsam formulierte ähnlich: »Wer den Glauben an die Zukunft der Freiheit hat, wird ihn sich durch die Einwendungen der handfest praktischen Gegenwart nicht rauben lassen.«[32] Was Georg L. Mosse in bezug auf die deutsch-jüdischen Intellektuellen konstatiert, gilt allgemein: Sie »waren weitgehend überzeugt, daß die Kultur die Politik bestimme«[33].

Dies zu erkennen und daraus einen politischen Zerstörungsbeitrag von Männern wie Tucholsky, Mühsam, Heinrich Mann, Carl von Ossietzky oder anderen, die ihre Denkungsart teilten, zu konstruieren stellt die Wahrheit allerdings auf den Kopf. Die Totengräber der deutschen Demokratie saßen auf der anderen Seite. Am 17. Januar 1925 schreibt Ossietzky im »Tage-Buch«: »Und, seid ehrlich, wer von euch hat in diesen Jahren Deutschland geliebt? Ihr Sozialdemokraten habt Ludendorff verwünscht, ihr Deutschnationalen die Sozialdemokraten, Juden und Franzosen, ihr Kommunisten allen und jeden, ihr Volksparteiler habt für den Geldsack gezittert. Keiner von euch hat Deutschland geliebt, keiner von euch hat Deutschland geliebt, keiner, keiner. Der Haß war alleiniger Bewußtseinsinhalt geworden.«[34] Solche Formulierungen sind zweifellos Ausdruck der zornigen Enttäuschung über das Verhalten der Weimarer Parteien, und sie mögen mit Blick auf die Sozialdemokraten, die DDP oder das Zentrum der ersten Jahre oder den Stresemann-Flügel der Deutschen Volkspartei ungerecht klingen. Aber sie treffen doch im Kern die Psyche der politischen Klasse in der Republik. Von Wahl zu Wahl ratloser, im

Reichstag kompromiß- und damit koalitionsunfähig, stellten auch die Demokraten das eigene Abstimmungsglück vor das Gesamtwohl des Landes. Kanzler und Kabinette wurden immer wieder leichtfertig gestürzt, weil einer der Regierungspartner sich wegen untergeordneter Streitpunkte oder ideologischer Emotionen verweigerte.

Der linke Flügel der SPD sah beispielsweise in der Verwirklichung des Sozialismus häufig einen höheren Wert als in der Verwirklichung der Demokratie, oder die sozialdemokratischen Wähler mußten erleben, daß SPD-Minister als Abgeordnete ablehnten, was sie als Kabinettsmitglieder kurz vorher mitbeschlossen hatten. »Ein modernes Verständnis von der Funktionsweise eines parlamentarischen Regierungssystems lag im größten Teil der Weimarer SPD nicht vor.«[35]

Ein anderer Partner in der Weimarer Koalition, das katholische Zentrum, verbiß sich in der Schulpolitik und stand im Herzen dem Vatikan näher als der Republik. Folgerichtig erscheint da nur, wenn der Vorsitzende Ludwig Kaas schließlich auf dem Freiburger Katholikentag im August 1929 verkündet: »Niemals ist der Ruf nach einem Führertum großen Stils lebendiger und ungeduldiger durch die deutsche Volksseele gegangen als in den Tagen, wo die vaterländische und kulturelle Not uns allen die Seele bedrückt.«[36]

Gustav Stresemann, der »Vernunftsrepublikaner«, wiederum mußte seine kurze Kanzlerschaft und dann seine ausgleichende Locarnopolitik in der eigenen, störrischen Volkspartei heftiger verteidigen als bei den Koalitionspartnern. Schon nach seinem Sturz als Kanzler schreibt er im September 1923 verbittert: »Die Auffassung, daß Mitglieder der Fraktion gegen mich eine ganz schmähliche Politik des Erdolchens getrieben haben, ist nicht nur in der volksparteilichen Wählerschaft, sondern in allen Fraktionen vorhanden.« Und knapp zwei Jahre später heißt es: »Als Reichskanzler habe ich unter niemandem mehr gelitten als unter meiner eigenen Fraktion.«[37] Die Volkspartei drängte über Jahre darauf, die republikfeindlichen

Deutschnationalen in die Koalition aufzunehmen, was ihr dann auch gelang.

Die radikalen linken und rechten Republikfeinde wußten dieses verderbliche Manövrieren der demokratischen Parteien für ihre Zwecke zu nutzen. In der Wählerschaft, die in so breiter Mehrheit bei den allerersten Anfängen hinter dem republikanischen Aufbruch des Reiches gestanden hatte, machte sich Apathie breit, die Politik bot ihr mehr und mehr das Bild zänkischer Parteien und konturenloser Parteiführungen. So fiel es ihr zunehmend schwer, sich mit dieser Republik zu identifizieren, die von ihren politischen Vertretern ganz offensichtlich auch nicht allzusehr geliebt wurde. Ossietzky und die linksliberale Presse sahen dies, und sie schrieben dagegen an.

Wobei in der Beurteilung ihres Wirkens sehr leicht übersehen wird, daß ihr Einfluß trotz aller spektakulären Berichte, Prozesse und Angriffe oder des persönlichen »Ruhms« einzelner Autoren begrenzt blieb. Die Zeitungen, in denen Ossietzky seit Beginn der zwanziger Jahre seine Artikel veröffentlichte oder andere Radikaldemokraten ein Forum fanden, hatten keine allzu großen Auflagen. Die »Berliner Volks-Zeitung« lag bei 150 000 Exemplaren, »Das Tage-Buch« erreichte 8 000 und »Die Weltbühne« in ihrer besten Zeit zwischen 12 000 und 15 000. Die großen liberalen Blätter von Ullstein und Mosse, die Parteiorgane »Vorwärts«, »Rote Fahne« und später der »Völkische Beobachter« oder in der Summe die vielen kleinen, bald meist sehr konservativen Regionalzeitungen beeinflußten die Meinung der Bürger erheblich stärker als die Blätter der Linksintellektuellen.

Diese haben sich vielfach in ihren politischen Bewertungen geirrt, ihre hohe journalistische Begabung verführte die Besten unter ihnen nicht selten dazu, sich auf Kosten der Erkenntnis von ihrer Sprachkraft hinreißen zu lassen. Gemessen an einem modernen Demokratiebegriff, waren ihre Ansprüche an Weimar nicht überhöht. Vielleicht forderten sie gelegentlich zuviel von Politikern und Parteien, die noch vom autoritären Ordnungsstaatsdenken der wilhelminischen Jahre geprägt waren. Aber sie waren Republikaner, und sie haben um Weimars Rettung länger gekämpft als die meisten ihrer Kritiker. Zerstört haben die Republik andere. Und bis heute gilt: Über die demokratischen Fundamente eines Staates muß jeden Tag neu diskutiert werden. Unabhängige, die Dinge bei ihrem Namen nennende Kritik bleibt für jede Demokratie, die diesen Namen verdient, die entscheidende Essenz gesellschaftlicher Gefahrenabwehr. Es trifft wohl für alle Epochen zu, was Albert Camus in seiner Tagebuchnotiz vom August 1954 festhält: »Es fällt den Intellektuellen leichter, nein zu sagen, als ja.«[38] Skepsis ist eine Wurzel der Aufklärung, sie dient der politischen Wahrheit, auch wenn sie sie nicht immer findet.

Sechs Jahre bevor Ossietzky seine oben zitierten zornigen Zeilen über die egoistische Haltung der Parteien veröffentlicht, ist er nach Hamburg zurückgekehrt. Er hofft, sein altes Leben wiederaufnehmen zu können, die durch den Krieg unterbrochene journalistische Karriere soll nun ihre Fortsetzung finden. Die Niederlage bestätigt seine Kritik an der wilhelminischen Politik, die Revolution, die sich nach dem Aufstand der Kieler Matrosen Anfang November 1918 innerhalb weniger Tage wie ein Flächenbrand über ganz Deutschland verbreitet, erfüllt ihn mit Begeisterung. Schon Anfang Oktober hat er festgehalten: »Mit rohem Gebrüll, alle Pforten einstampfend, so brach der Krieg in das alte Erdenhaus ein. Schüchtern durch die Hintertür tritt die Menschlichkeit wieder ein.«[39] Nicht ohne Pathos begleitet er zunächst die wirren ersten Wochen, als Deutschland um politische und ökonomische Stabilität ringt: »Aber augenblicklich scheint in Deutschland nur das Chaos zu sein. Der deutsche Mensch, seit Anbeginn seiner Geschichte ein Unsteter, ein wenig Faust, ein wenig Ahasver, auch ein wenig ungläubiger Thomas, ist nun zum Berserker geworden – er pocht nicht mehr an die Pforten, er sprengt die Riegel. Der Geist des römischen Sklavenführers scheint über Nacht

in ihn gefahren zu sein ... Deutschland, du darfst nicht mit Trauern in jüngste Vergangenheit blicken und einem Zustande schmerzlich nachwinken, der nichts war als gleißende und geschminkte Lüge.«[40]
Wie sehr ihn die Politik der Mehrheitssozialdemokratie irritiert, verschweigt er dabei nicht: »Kein Kompromisseln; wir sehen ja mit Schaudern, wohin uns die ›Realpolitiker‹ mit ihrer ach so wunderbar praktischen Politik, die immer nur das kleine ›Mögliche‹ im Auge hatten und die große Gesinnungslumperei im hohlen Schädel, geführt haben.«[41] Auch wenn Ossietzky »das arme Deutschland! Das ärmste Land unter der Sonne« in seinem wirtschaftlich und territorial bedrohten Zustand bedauert, er ist in den ersten Monaten von großem Optimismus erfüllt. Denn es sei »doch das reichste Land. Das reichste an Hoffnungen und günstigen Möglichkeiten.«[42]
Ebenso früh aber macht er auch die Richtung aus, aus der jenseits aller parteipolitischen Auseinandersetzungen die Gefahr lauert. Der »Herr Durchschnittsmensch« bleibt in den Weimarer Jahren sein Thema: »Er geht mit süßsaurem Lächeln einher und wundert sich im Grunde seines Herzens, daß er noch nicht umgebracht ist; aber er läßt es sich nicht merken. Das Ganze ist für ihn ein bedauerliches Intermezzo, das hoffentlich bald zu Ende sein wird, denn stille Ahnung sagt ihm, daß er der wahre Sieger ist. Denn sein Typ ist in der Tat unsterblich. Er hat alle Erschütterungen der Weltgeschichte überlebt, ist immer Gaffender gewesen, niemals Erlebender, immer Zeuge, niemals Blutzeuge. Er hat während des Bastillensturmes im Keller gehockt und kam erst hervor, als er sah, daß es ihm nicht an den Kragen ging. Er hat nacheinander König, Königin, Girondisten und Jakobiner zum Guillotinenplatz begleitet, öffentlich die Carmagnole gesungen und heimlich Getreide geschoben. Er hat sich bei *Marats* Tode im stillen Kämmerlein ins Fäustchen gelacht und hat *Bonapartes* Staatsstreich auf offenem Markte zugejubelt. Mit guter Gesundheit und gefüllten Taschen ist er übers Directoire ins Empire gekommen. Ob er

noch lebt? Geht nur ins Wirtshaus, ihr werdet ihn die grause Zeit verfluchen und das ewig Gestrige preisen hören. Oder seht ihn in der Trambahn, wie er mit der Miene des Mannes, der die Welt nicht mehr versteht, die Zeitung in die Tasche schiebt. Ob er auch diesmal der Lachende bleibt?«[43]

Diese Zeilen finden sich im ersten grundsätzlichen Artikel, den Ossietzky nach dem Kriegsende veröffentlicht. Über Brüssel ist er mit der 6. Armee nach Deutschland zurückgekehrt. Wie Millionen andere steht er vor dem Nichts. Aber der Weg ist vorgezeichnet, wenn auch noch zunächst in einem recht wirkungslosen Umfeld, jedenfalls wenn es gemessen wird an den Debatten in den großen Zeitungen und Zeitschriften, Parteiblättern und sonstigen Veröffentlichungen über die brisanten Fragen, mit denen die Revolution konfrontiert wird. Er wird in den Vorstand der Hamburger Monisten gewählt, hält im Rahmen der Veranstaltungen dieser Gruppe mehrere Vorträge, tritt in eine Freimaurerloge ein und ist beim großen Friedenskongreß in Berlin Schriftführer dieser Tagung.

Sein Pazifismus ist in diesen Monaten noch stark ethisch geprägt, die Sprache ist nicht frei von etwas zu großartigen Formulierungen. »Uns umweht noch nicht die Gottesluft der neuen Freiheit«, heißt es da etwa im November 1919, »wir leben noch inmitten von Zusammenbrüchen und Katastrophen«.[44] Deutlich wird allerdings auch, daß er von den Pazifisten in diesen Zeiten ein aktives Handeln fordert, sich schon bald auf die Seite derjenigen in der Friedensgesellschaft stellt, die politische Einmischung als eine zentrale Aufgabe ihres Wirkens ansehen. »Zu sehr ist die Stimmung gegen uns und zu wenig unsere Lage dazu geeignet, es auf neue Geduldsproben ankommen zu lassen. Es ist vielmehr unsere höchste Pflicht, uns mit aller Kraft für die Durchdringung Deutschlands mit pazifistischem und demokratischem Geist einzusetzen.«[45]

Auf der Kasseler Generalversammlung der Friedensgesellschaft im Oktober 1919 brechen die alten Zwistigkeiten unter den deutschen Pazifisten erneut auf. Sie werden während der Wei-

marer Jahre anhalten, und sie führen dazu, daß sich Ossietzky bald mehr und mehr vom organisierten Pazifismus entfernt. In Kassel hat er die Funktion, den Geschäftsbericht zu erläutern, und er wird der Verfasser einer Kompromißresolution sein, die den Streit für kurze Zeit überdeckt. Er entzündet sich an den Grenzziehungen des Pazifismus. Die Gruppe um Ludwig Quidde, der Ossietzky wenige Wochen vorher nach Berlin geholt hatte, schließt den »Verteidigungskrieg« nicht aus, lehnt die Alleinverantwortung des Reichs für den Kriegsausbruch ab und fordert eine Revision der Friedensverträge. Ihnen stehen die Radikalpazifisten gegenüber, die die Wehrpflicht aufheben wollen und für die Aussöhnung mit Frankreich als Hauptaufgabe der deutschen Außenpolitik plädieren.
Nachdem der Antrag für eine Revision der Friedensverträge keine Zustimmung findet, erhält Ossietzkys Vorschlag eine große Mehrheit. »Die Deutsche Friedensgesellschaft weiß sich in der Verurteilung wesentlicher Bestandteile der Friedensschlüsse von 1919 eins mit den Pazifisten aller Länder«, heißt es da pragmatisch. Aber die entscheidende Passage, die ganz im Gegensatz zur allgemeinen Stimmung im Land und zur Auffassung des Quidde-Flügels steht, folgt unmittelbar: »Eine Revision scheint ihr nicht mit leeren Protesten zu erreichen zu sein, sondern nur im Rahmen des Völkerbundes und in engster Zusammenarbeit mit den ausländischen Gesinnungsfreunden.«[46]
Der Krieg bleibt für Ossietzky ein Feind, der mit allen politischen Mitteln bekämpft werden muß. Gemeinsam mit Kurt Tucholsky, Emil Julius Gumbel, Berthold Jacob, Georg Friedrich Nicolai und anderen gründet er die »Nie wieder Krieg«-Bewegung, der auch Helene Stöcker, Albert Einstein, Hellmut von Gerlach und Kurt Hiller angehören. In den nächsten Jahren wird diese Vereinigung in Berlin, wo Ossietzky seit Juli 1919 lebt und arbeitet, mehrere Veranstaltungen durchführen, die großen Zulauf finden. Maud von Ossietzky ist aktive Teilnehmerin, verteilt gemeinsam mit dem Ehepaar Einstein pazifistische Flugblätter. Verfasser solcher aufrüttelnden, den Krieg ver-

dammenden Aufrufe ist auch ihr Ehemann. In dem vom April 1921 ist zu lesen: »Gleichgültig, ob ein Europäer einen Farbigen niederschießt oder umgekehrt. Rasse, Kultur, Sprache, Religion, das alles scheidet das Erdenvolk in viele, viele Teile. Der blaßhäutige Bürger Europas, der mit dem Fieberthermometer unterm Arm auf dem Spitalbett liegt und unter wüsten Träumen in die ewige Nacht sinkt, und der braune Wüstenbewohner, der mit der Kugel im Leibe sich in den weißen Mantel hüllt und schweigend den Tod erwartet ... sie gehen durch einerlei Leid in das eine unabänderliche Schicksal ... Der Krieg hat nicht so abschreckend gewirkt, wie wir einst im Felde vielleicht annahmen. Eher hat der Wahn zugenommen, der Maschinengewehre und Bajonette für geeignet hält, gordische Knoten zu lösen.«[47]

Ludwig Quidde und seine Anhänger propagieren den Grundsatz »Friede durch Recht«, setzen auf den »wahren Völkerbund«, was im Grundsatz in der Friedensgesellschaft nicht umstritten ist, denn auch die radikalen Pazifisten wie Kurt Hiller oder Helene Stöcker sehen in der Schaffung internationaler Rechtsorganisationen ein Mittel zur Kriegsverhinderung. Aber Quidde verliert sich in Menschheitsbeschwörungen, in seinen visionären Deutungen des Pazifismus vermissen viele die notwendigen konkreten Ansätze für ihre Arbeit. »Der Pazifismus will aber eine neue Welt aufbauen«, schwärmt Quidde 1922, »erfüllt von der Idee des Rechtes, getragen von den solidarischen Interessen der Menschheit. Das ist etwas viel Größeres, viel Weitergehendes als die Verhinderung des Krieges durch Heeresdienstverweigerung. Wer den Pazifismus in dieser Forderung aufgehen läßt, verengert seinen Gesichtskreis und macht ihn ärmer.«[48]

1924, als Ossietzky sich schon von der Friedensgesellschaft gelöst hat, wird er diese internen und akademischen Streitigkeiten in der Pazifistenbewegung mit Spott kommentieren: »Alljährlich im Herbst findet ein deutscher Pazifistenkongreß statt. Diese Veranstaltung dient vornehmlich der körperlichen Ertüchtigung der Teilnehmer. Es ist halt schwierig, ein ganzes Jahr hindurch ununterbrochen Friedensmensch zu sein.« Diese Kongresse, so mokiert sich der einstige Sekretär der Friedensgesellschaft, seien »ein ungeheures Blutbad, eine massenweise Absäbelung von Führerköpfen. Ein Sperrfeuer von Anklagen, Bezichtigungen, Mißtrauensvoten.«[49] Diese Sätze spiegeln die Frustration wider, die er bei den Versammlungen und Kongressen 1919/20 offensichtlich verspürt hat. Empfindungen, die auch der Besucher vergleichbarer heutiger Veranstaltungen gelegentlich nachvollziehen kann. Und doch ist Ossietzkys Schärfe hier ungerecht, denn die Friedensbewegung war und ist notwendig.

Der Neubeginn in Hamburg ist für Ossietzky auch Befreiung. Am 2. Januar 1919 kündigt er beim Hamburger Amtsgericht. Diesmal endgültig. »Sehr gerne hätte ich meinen Dienst wieder angetreten«, flunkert er höflich und übertreibt: »Jedoch finde ich für meine schriftstellerische Tätigkeit ein so reiches Gebiet, daß ich mich für das eine oder andere entscheiden muß.«[50] Von einem »reichen« Arbeitsfeld kann natürlich keine Rede sein. Ein Bekannter, Carl Thinius, gründet den Pfadweiser-Verlag, und Ossietzky wird sein Lektor. Große Pläne hegen die beiden Enthusiasten. Im Programm des Verlages liest der, der es überhaupt liest: »Unsere Absicht ist, denen, die wirklich ernsthaft an der kulturellen Erneuerung unseres Vaterlandes mitarbeiten wollen, Richtlinien zu bieten, um aus dem ethischen und politischen Chaos der Gegenwart herauszufinden.«[51] »Aufrütteln« wollen sie, »in Streitschriften scharf und schonungslos Stellung nehmen zu den Übeln der Zeit«. Eine Zeitschrift ist geplant, Ossietzky soll sie herausgeben, der Name ist schön symbolisch: »Die Laterne«. Ein hübscher Umschlag wird entworfen, am Konzept gefeilt, wahrscheinlich nächtelang diskutiert. Das war es. Eine erste Nummer erschien nie, und nur Ossietzkys Broschüre »Der Anmarsch der neuen Reformation« ist geblieben von den hochfliegenden Plänen.

Hamburg ist eng geworden. In Berlin sind die großen Zeitungshäuser und Verlage, hier wird Meinung gemacht, hier tobt der Kampf um die Zukunft der Revolution, auch wenn die wuchtigsten Ausschläge bald in Bayern, Sachsen und Thüringen oder im Ruhrgebiet zu spüren sind. In Berlin aber sitzt die Regierung, in der Hauptstadt kann man etwas werden, als Journalist allemal – oder auch nicht. Ein Glücksfall: Es wird ihm die Geschäftsführung in der Deutschen Friedensgesellschaft angeboten. Verknüpft ist diese Tätigkeit mit der redaktionellen Leitung des »Völker-Friede«, eines Organs der Gruppe. Die neue Tätigkeit schafft dem Ehepaar Ossietzky eine schmale materielle Grundlage und vor allem: sie führt nach Berlin, wo er sich im August 1919 niederläßt.

Am 21. Dezember 1919 wird Ossietzkys Tochter Rosalinda geboren. Eine Woche später notiert er im »Erinnerungsbuch«: »Wir sind jetzt *drei*. Aus unser beider Leben ist ein neues geworden. ... Aber eines wollen wir uns geloben: zur Liebe zu dem lieben, kleinen Wesen soll sich Güte gesellen und Nachsicht. Wir müssen versuchen, ihm unsere Kämpfe zu ersparen.«[52] Maud von Ossietzky berichtet recht eindrucksvoll von der ersten Zeit nach der Übersiedlung und von der finanziellen Misere der Eheleute: »Eines Abends, nach einem Vortrag in der Friedensgesellschaft, hatte Carl Frau Dr. Helene Stöcker getroffen, die Begründerin des deutschen Bundes für Mutterschutz; zugleich war sie Vorsitzende eines Heimes für Mutter und Kind in der Uhlandstraße. Sie erkundigte sich nach meinem Ergehen. Auf ihre mitfühlende Frage, woran es wohl hauptsächlich läge, daß ich mich so elend fühle, sagte Carl in seiner bescheidenen Art nur knapp: ›Eigentlich haben wir nicht genug zu essen.‹ Frau Stöcker ... bot Carl an, mich sogleich in ihrem Heim in der Uhlandstraße aufzunehmen, wo ich ein regelmäßiges und nahrhaftes Essen bekäme. Einige Tage später traf ich mit meinem Koffer dort ein.« Im Dezember 1920 wird Ossietzky über die ersten Berliner Monate schreiben: »Was für eine freudlose und bange Zeit war das vor einem Jahr.«[53]

Spätere Berichte der Tochter und Bemerkungen in seinen Briefen an Maud weisen aber darauf hin, daß Ossietzky in seiner Ehe dennoch einen Ruhepunkt findet. Viel Zeit für das Familienleben bleibt in den kommenden Berliner Jahren nicht. Die Anforderungen des Berufes, die öffentlichen Auseinandersetzungen, die seine Artikel auslösen, steigern seine Nervosität, er zieht sich häufig in sich selbst zurück. Die finanziellen Sorgen, das Untermieterdasein bleiben ständige Lebensbegleiter, enden auch dann nicht, als er beim »Tage-Buch« oder beim »Montag Morgen« nicht nur Autor ist, sondern leitende Funktionen innehat. Siegfried Jacobsohn schreibt im Dezember 1924, als er bereits um Ossietzkys Mitarbeit in der »Weltbühne« wirbt, etwas verwundert über die schlechte Bezahlung an Tucholsky: »Übrigens ist unglaubhaft, daß er für ›TB‹ und ›MM‹ zusammen 325 Mark kriegt.«[54] Wer weiß, ob es nicht doch so war. Jedenfalls wird Ossietzkys Unzufriedenheit mit seiner Arbeit für die Herausgeber Stefan Großmann und Leopold Schwarzschild möglicherweise neben den inhaltlichen Streitpunkten auch finanzielle Hintergründe haben.

Das private Leben bleibt weiterhin ein Provisorium, keine bürgerliche Familienidylle, viele Umzüge prägen die Berliner Jahre, und Mauds Alkoholismus bleibt unbesiegt. Rosalinda von Ossietzky schreibt viele Jahre danach über ihre Mutter: »Sie wollte immer arbeiten, etwas ausrichten im Leben, und sie bewunderte die arbeitende und kämpfende Frau. Einmal erklärte sie mir, daß alles anders gewesen wäre, wenn sie gearbeitet hätte.«[55] Gezwungenermaßen mußte sie in dieser Ehe in den Hintergrund treten. »Aus ihrer Begegnung mit Carl wuchs ihre große, einzige Liebe«, berichtet Rosalinde in ihrem sehr sensiblen Porträt der elterlichen Ehe. »Sie hatte den Lebenskameraden gefunden, mit dem sie alle Schwierigkeiten im Leben gemeinsam tragen wollte. Und sie hoffte, daß ihr das helfen würde, ihr Alkoholproblem zu lösen. Carl und Maud brauchten beide Schutz, Liebe und Wärme. Sie waren äußerst empfindliche Menschen, doch entwickelten sich beide – nicht nur er – zu starken Persönlichkeiten, die alles ertrugen, was ein

Mensch zu ertragen vermag. Sie mit ihrem ständigen Kampf gegen ihren Alkoholismus, gegen ihre Krankheit, die sie wieder und wieder vergeblich zu überwinden versuchte.«[56] Politisch besteht zwischen beiden ein großer Gleichklang. Sie bewundert seine Arbeit, ist Teilnehmerin der »Nie wieder Krieg«-Demonstrationen, auf denen Ossietzky als Redner und Flugblattschreiber auftritt. In der ersten schweren Berliner Zeit trägt sie wiederum mit Sprachunterricht zum Familienunterhalt bei. Und auch nach der Machtübernahme Hitlers steht sie tapfer, hilfreich und mitleidend an Ossietzkys Seite. Unüberwindbar bleibt das Mann-Frau-Rollenspiel der bürgerlichen Gesellschaft, das vom Beginn an diese Ehe mitprägte. »Sie war eine selbstbewußte Frau und wollte sich ihm nicht unterordnen, wie er es erwartet hatte«, urteilt die Tochter.[57]

In der Geburtsurkunde seiner Tochter nennt sich der Vater »Schriftsteller«, und auch Maud von Ossietzky schreibt nicht ohne stolzen Unterton einmal in ihren Erinnerungen, »jetzt wurde er Schriftsteller«. Was jedoch nur bedingt zutrifft. Ossietzky hat außer der schmalen Broschüre im Pfadweiser-Verlag nie einen Buchtext vorgelegt. Sein berufliches Leben findet – neben dem kläglich gescheiterten Versuch, durch eine Parteigründung politisch aktiv zu werden, und einigen öffentlichen Aktionen der linken Republikaner – einzig und allein in der Welt des Journalismus statt. Er wird in Berlin bald ein herausragender Leitartikler, vor allem dann in der »Weltbühne«. Die Zeit, ein Buch zu schreiben, war ihm nicht gegeben. In der Reichshauptstadt beginnt er unter wachsendem Produktionsdruck seine fast ausschließlich der Aktualität gewidmeten Artikel zu verfassen oder sich mit rein redaktionellen Arbeiten zu beschäftigen. Der Kampf um das Überleben der Republik, die politischen Tagesereignisse sind es, die ihn voll beanspruchen. Mancher seiner großen Kollegen hat neben der journalistischen Tagesarbeit auch Bücher hinterlassen, die grundsätzlicher zur Zeit und ihren Wirren Stellung bezogen. Etwa

Theodor Wolff oder Maximilian Harden. Ossietzky bleibt ausschließlich Journalist. Es ist ihm auch nicht vergönnt, ein Alter zu erreichen, in dem Lebenserfahrung und Ruhe häufig dazu beitragen, sich größeren Werken zuzuwenden. Angesichts seines großen Wissens, seiner zwar autodidaktischen, aber hohen Bildung und seines brillanten politischen Gespürs kann dies nur bedauert werden.

Am 30. Juni 1920 gibt Ossietzky seine Arbeit als Generalsekretär der Deutschen Friedensgesellschaft auf. Die internen Konflikte und der Wunsch, sich mehr und unabhängiger der journalistischen Tätigkeit widmen zu können, dürften neben der finanziellen Frage dafür entscheidend gewesen sein. Bis Ende Dezember ist er verantwortlicher Redakteur der Zeitschrift »Völker-Friede«, dann wird er Mitglied der Redaktion der »Berliner Volks-Zeitung«, für die er schon einige Artikel geschrieben hat. Seine außerjournalistischen, politischen Aktivitäten allerdings behält er bei. Neben seiner Mitarbeit in der »Nie wieder Krieg«-Bewegung wird er Anfang 1921 in den Hauptausschuß des Friedensbundes der Kriegsteilnehmer gewählt, 1922 schließt er sich der Deutschen Liga für Menschenrechte an, und 1923 beginnt er ernsthaft, wenn auch illusorisch an dem Plan einer Parteineugründung mitzuarbeiten. Alle diese Tätigkeiten, mit vielen Reisen in verschiedene Regionen Deutschlands verbunden, in denen er die Entwicklungen der Republik außerhalb der Hauptstadt beobachten kann, zeigen eine Grundintention: den Kampf gegen eine Wiedererstarkung des deutschen Militarismus. Ossietzky wird in seinen Artikeln zu zahlreichen Fragen und Diskussionen in den Weimarer Jahren Position beziehen, aber sein Pazifismus, seine Sorge über die heimliche Aufrüstung der Reichswehr und die schleichende Durchsetzung der Politik mit dem Gedankengut der Revanchisten bleiben seine immer wiederholten Themen.

Die Medienlandschaft, in der Ossietzky nun mit höchster Aktivität lebt, verändert sich in den Weimarer Jahren. Das Radio beginnt seinen Triumphzug, die staatliche Bevormundung jedoch war unübersehbar. Seine entscheidende politische Bedeutung wird es allerdings erst gewinnen, wenn die nationalsozialistische Propaganda seine Wirkung entdeckt und skrupellos nutzt. Das Fernsehen steckt noch in seinen allerersten Entwicklungen, und nur wenige ahnen, daß es 40 Jahre später zum Massenmedium der Postmoderne werden wird. Die wichtigen politischen und kulturellen Medienschlachten werden in den zwanziger und frühen dreißiger Jahren noch in den Printmedien geschlagen.

Hatte das 19. Jahrhundert den Aufstieg des Zeitungswesens erlebt, der weniger durch redaktionelle Beiträge als durch die Entdeckung des lukrativen Inseratengeschäfts provoziert wurde, so erreichte es mit dem Wegfall der Zensurbestimmungen nach 1918 eine neue Vielfalt und politische Dimension. Die revolutionären Ausbrüche spiegelten sich nun auch in einer – im Vergleich zur Kaiserzeit – von staatlicher Bevormundung weitgehend freien Publizistik wider. In der neuen Reichsverfassung wird in Artikel 118 jedem Deutschen das Recht eingeräumt, »innerhalb der Schranken der allgemeinen Gesetze seine Meinung durch Wort, Schrift, Druck, Bild oder in sonstiger Weise frei zu äußern. … Eine Zensur findet nicht statt.«

Natürlich gab es auch in der Republik starke Zensurbestrebungen, Verleumdungs- und Beleidigungsklagen gehörten sehr bald zum Alltag der Herausgeber und verantwortlichen Redakteure. Vor allem aber wurde die politische Ideologie zu einem Markenzeichen journalistischer Arbeit. Die Politik erkannte sehr rasch, welch wirksames Instrument der Massenbeeinflussung die Medien im demokratischen Zeitalter sein konnten. Es waren nicht nur die Zeitungen oder »Kampfblätter« der großen Parteien, die zum Diener der jeweiligen Ideologie wurden, auch die Konzerne Ullstein, Mosse oder Scherl ließen sich einspannen. Was besonders fatale Auswirkungen haben sollte, nachdem Alfred Hugenberg die Chefposition im Scherl-Verlag übernommen hatte, den er schon seit 1916 kontrollierte. Der spätere Vorsitzende der Deutschnationalen Par-

tei setzte die Blätter des Konzerns rücksichtslos für seinen Kampf gegen die Republik ein. In den Inflationsjahren erweiterte er sein Presseimperium auch in der Provinz. Bei den schwierigen Auseinandersetzungen, vor denen Deutschland angesichts der politischen und ökonomischen Situation permanent stand, hetzten Hugenbergs Zeitungen gegen Versöhnungspolitik und Entmilitarisierung, Parlamentarismus und eine rechtsstaatliche Justiz. Hugenbergs Einfluß reichte durch den Aufbau einer eigenen Nachrichtenagentur und einen umfangreichen Materndienst, der viele regionale Zeitungen belieferte, weit über das eigene Unternehmen hinaus. Daß der Pressezar der Republik am Ende zum Steigbügelhalter Hitlers und kurzfristig Minister seines ersten Kabinetts wurde, illustriert anschaulich, wessen Geistes Kind einen wichtigen Teil der Weimarer Medienwelt beherrschte.
Ullstein und Mosse versuchten, ihre Zeitungen, Illustrierten und Buchproduktionen auf liberalem Kurs zu halten. Die »Vossische Zeitung« (als »Berlinische privilegirte Zeitung« seit Mitte des 18. Jahrhunderts auf dem Markt, und immerhin, im Mitarbeiterverzeichnis der Frühzeit ist auch der Name Gotthold Ephraim Lessing aufgeführt) und das 1871 gegründete »Berliner Tageblatt« waren ihre Flaggschiffe. Viele Blätter ihrer Häuser hatten jedoch Boulevardcharakter, schwammen im harten Konkurrenzkampf auf politisch unverbindlicher Welle, die Sensation mehr liebend als die Erkenntnis. Nachdem der nationalistische Sturm auf die Republik mit dem Aufstieg Hitlers und den Präsidialregierungen unter Brüning, Papen und Schleicher zum Orkan anstieg, versuchten auch die Ullstein- und Mosseverleger sich anzupassen. Die Redaktionen gerieten unter Druck, und jüdische Mitarbeiter wurden von den jüdischen Konzernherren zunehmend ungern gesehen oder gar entlassen. Georg Bernhard, ehemaliger Chefredakteur der »Vossischen Zeitung«, schreibt im Exil: »Diese immer sichtbarer werdende Haltung der bürgerlichen Zeitungen hat dazu beigetragen, den inneren Auflösungsprozeß der republikani-

schen Parteien noch zu beschleunigen. ... Diese Schuld wird dadurch nicht vermindert, daß sie, ohne es zu wollen, schließlich ihre eigenen Totengräber geworden sind.«[58] Georg M. Mosse bilanziert später kaum weniger zurückhaltend: »Ein endgültiges Urteil ist naturgemäß nicht möglich, aber man muß zumindesten die Frage aufwerfen, ob es nicht würdiger gewesen wäre, wenn die großen demokratischen Meinungszeitungen ... für die Republik und den Liberalismus kämpfend ›gefallen‹ wären, anstatt den ... inneren Zersetzungsprozeß durchzumachen, um sich schließlich dem Feinde elend und würdelos zu ergeben.«[59] Der Versuch der Verleger, die bedeutenden bürgerlichen Blätter nach den ersten großen Wahlerfolgen Hitlers politisch neutral, also unpolitisch agieren zu lassen, empörte auch Kurt Tucholsky, der für Zeitungen von Ullstein und Mosse gearbeitet hatte und schon frühzeitig von der Nazipresse bösartig attackiert worden war. Im Februar 1932 reimte er sarkastisch: »Aber denkt denn der Druckereibesitzer von solchem Blatt, / daß der Adolf Hitler so ein kurzes Gedächtnis hat?«[60]

Auch der spätere Leiter der »Weltbühne« weist mehrfach auf den »Zitterkurs« der bürgerlichen Zeitungen hin. Im Januar 1932 beispielsweise meint Ossietzky, der auch in den frühen zwanziger Jahren für Mosse-Zeitungen geschrieben hatte, mit herbem Spott: »Die Zeitungsverleger starren fasciniert auf die Erfolge der rüden, schlecht gemachten rechtsradikalen Gassenjournale mit ihren kreischenden Schlagzeilen, das hat vielen von ihnen gründlich den Kopf verdreht, und sie möchten jetzt auch so etwas ähnliches haben. Bei Ullsteins heißt das Ideal: ein ›Völkischer Beobachter‹ mit der Genehmigung des Rabbinats, von Brüning ebenso geschätzt wie von Braun und auch von den Kommunisten gern auf der Straße gekauft; ein Bastard von Goebbels und der Tante Voß [d. i. die »Vossische Zeitung« – d. V.]. Da sich dieses bizarre Verlagsideal nicht leicht verwirklichen läßt, behilft man sich einstweilen mit einem reichlich chimärischen ›innern Gleichgewicht‹; man dämpft, man retuschiert, man untersagt der ›Voß‹ etwa den Gebrauch des

Wortes ›Nazi‹, um die Leute ›nicht unnütz zu reizen‹.«[61] Und Ossietzky warnt am Beispiel des Hauses Ullstein vor den Folgen: »So drohend der düstere Engel der Staatszensur im Hintergrund wacht, noch größer ist die Gefahr, daß eingeschüchterte oder willfährige Verleger von sich aus die Arbeit der Zensur vorwegnehmen und Wahrheiten unterdrücken, die den herrschenden Gewalten von heute oder morgen unbequem sein können.«[62] Sätze, die nicht nur die Wirklichkeit bürgerlicher Medienunternehmen in der späten Weimarer Phase beschreiben, sondern auch heute noch von höchster Aktualität sind. Geholfen hat ihr Verhalten den »Druckereibesitzern« damals jedenfalls nicht. Die nationalsozialistische Gleichschaltung der Presse führte zum Ende des traditionsreichen Hauses Ullstein, Hitler hatte in der Tat ein langes Gedächtnis. Der Mosse-Konzern war schon kurz vor der Machtübernahme in finanzielle Turbulenzen geraten.

Bewegten sich die Blätter dieser Verlagshäuser in den zwanziger Jahren in der politischen Mitte, so hatte der Wechsel zu einem demokratischen System auch eine Vielfalt von Tages-, Wochen- oder Monatsperiodika hervorgebracht, die zur lauttönenden, häufig ideologischen Stimmenvielfalt der Weimarer Medien beitrugen. Manche hatten ihre große Zeit schon hinter sich wie Hardens »Zukunft« oder Karl Kraus' »Fackel«. Die von Herwarth Walden geprägte Wochenschrift »Der Sturm« oder die von Franz Blei und dann von René Schickele herausgegebenen und schon bald wieder eingestellten »Weißen Blätter« blieben weitgehend auf der literarischen und kunstästhetischen Bühne, die sie schon in der Kaiserzeit bevorzugt hatten. Die Zeitschrift »Die Tat« dagegen wurde in den späten Jahren der Republik zu einem einflußreichen Organ der »konservativen Revolution«, die unter ihrem Herausgeber Hans Zehrer einen antirepublikanischen Kurs einschlug. Gottfried Bermann Fischer hat in seiner Autobiographie auf die rechtsextremen Tendenzen des »Tatkreises« nachdrücklich hingewiesen: »In dieser Zeit waren es vor allem die Beiträge der von Hans Zehrer redigierten, bei Eugen Diederichs erscheinenden Zeitschrift ›Die Tat‹, die mit ihrer antidemokratischen, nationalistischen Tendenz einen unheilvollen Einfluß auf die akademische Jugend ausübten.«[63] Daß »Die Tat« im Trend der spätweimarer Jahre lag, zeigt auch die Auflagensteigerung: Waren es 1929 noch 3 000 Exemplare, so erreichte sie 1931 schon 28 000 Käufer.[64] Bei den großen liberalen Blättern von Mosse und Ullstein zeigten die Auflagenentwicklungen in diesen Jahren einen gegenläufigen Trend, durch die sich verschlechternde Wirtschaftslage verloren sie Leser und Inserenten. Ossietzky urteilte im übrigen kurz vor dem Ende der Republik, als Zehrer und der »Tatkreis« den wirren »Sozialismus« des Reichswehrgenerals und letzten Vor-Hitler-Kanzlers Kurt von Schleicher ideologisch fütterten, in ähnlicher Weise wie später der Verleger des Fischer-Verlages: »Die Quintessenz ihrer Staatsidee ist eine Art nationalistischer Kollektivismus: die Armee dominiert, ihr Interesse steht obenan, und zu ihrer besseren Versorgung gehen ein paar Industrien in die öffentliche Hand über. Ein Militärstaat, eine Mameluckenstaat; der ganze Staat ein einziges Kriegsarsenal.«[65]

Kontinuitäten deutscher Pressegeschichte: Hans Zehrer wurde später in der Bundesrepublik Chefredakteur von Springers Tageszeitung »Die Welt«. Harry Pross wird Anfang der neunziger Jahre bitter resümieren: »Wenn die Oberländer, Seebohm und Merkatz Bundesminister werden konnten und Adenauer ein offenes Ohr für Globke, den Kommentator von Hitlers Rassegesetzen, hatte, warum sollten dann die Zehrer, Wirsing und Sieburg zu Hause bleiben?«[66]

Neben den konservativen »Preussischen Jahrbüchern« fand das rechte und nationalistische Lager in den Weimarer Jahren in den »Süddeutschen Monatsheften« und im »Türmer« ein Forum, von den Naziblättern, dem »Völkischen Beobachter« und Josef Goebbels' Gründung »Der Angriff«, deren Auflage Anfang der dreißiger Jahre rasant stieg, einmal ganz abgesehen. Wirkungsvoll waren lange die populären Massenblätter, vor allem die vom Ullstein-Verlag hergestellte »Berliner Illustrirte Zeitung«, die insbesondere durch ihre Fotoreportagen einen neuen Zeitschriftentyp darstellte. 1931 hatte sie eine Auflage von zwei Millionen Exemplaren erreicht. »Das Fundament des Ullstein-Hauses ist die Propaganda der Banalität«, so ein späteres harsches Urteil.[67]

Willi Münzenberg hatte die einzige Pressemacht auf der parteipolitisch linken Seite aufbauen können. Seine »Arbeiter-Illustrierte-Zeitung«, seit 1926 auf dem Markt, kam Anfang der dreißiger Jahre auf 500 000 Exemplare, und ebenso wie andere Publikationen aus seinem Machtbereich stand dies Massenblatt nicht nur für eine prosowjetische Politik der Republik, sondern war auch zeitweise das meistgelesene Organ des weit links stehenden Teils der Arbeiterschaft. Münzenberg, der 1940 von Stalins Schergen ermordet wurde, als er sich vom Sowjetkommunismus zu lösen versuchte, war der einzige wirklich erfolgreiche kommunistische Verleger in den Weimarer Jahren. In den Blättern seiner Zeitungsgruppe schrieben gelegentlich auch bekannte linksdemokratische Autoren, die in deutlicher Distanz zur KPD standen. Heinrich Mann gehörte dazu, Lion Feuchtwanger, Arnold Zweig und Alfred Döblin. Ossietzky, der häufig mit den kommunistischen Zeitungen Münzenbergs in heftiger Fehde liegt, sieht in diesen Ansätzen zu einer bescheidenen Meinungsöffnung Anfang der dreißiger Jahre eine kleine Chance für die Sammlung der linken Kräfte. »Selbst die Kommunisten, denen noch niemand überströmende Duldsamkeit nachsagen kann,« schreibt er im September 1931, »suchen in den von Münzenberg geschaffenen Organisationen sogenannte Sympathisierende zu sammeln. Und wenn die dort Zugelassenen auch oft genug über eine wechselvolle Behandlung zu klagen haben, wenn ihnen der Eine noch gönnerhaft den Kopf kraut, während sie der Andre schon in den Hintern tritt, so liegt doch in dieser Heranziehung von Bürgerlichen die deutliche Anerkennung der Tatsache, daß es eine Außenwelt gibt, daß der Parteikral nicht alles ist.«[68] Wie fest der Münzenberg-

Konzern letztlich doch an den Fäden Moskaus hing, haben Ossietzky und die linken »Sympathisanten« wohl angesichts der Bedrohung durch Hitler und seine deutschnationalen Helfer nicht mehr sehen wollen.

Auch wenn beispielsweise Frankfurt und Leipzig oder die süddeutschen Metropolen beachtliche Blätter wie die nationalliberale »Frankfurter Zeitung« oder die »Leipziger Neuesten Nachrichten« beheimaten: Berlin, wo 1928 147 Tages- und Wochenzeitungen erscheinen,[69] ist das unangefochtene Zentrum der Medienwelt, und hier erlebt Ossietzky seinen beruflichen Aufstieg. Neben den verschiedenen pazifistischen und monistischen Blättern, in denen er vor allem in seiner Anfangszeit geschrieben hat, verfaßt er einige wenige Beiträge für ausländische Zeitungen. In den nächsten Jahren sind es aber praktisch nur vier Zeitungen bzw. Wochenschriften, für die er arbeitet: Die »Berliner Volks-Zeitung« (1919–1924), »Montag Morgen« (1924–1926), »Das Tage-Buch« (1924–1926) und schließlich – der Höhepunkt seiner journalistischen Karriere – »Die Weltbühne« (1926–1933). So unterschiedlich diese Produkte auch im Detail sind, eines ist ihnen gemeinsam: in ihren Spalten wird bedingungslos für den Erhalt und den Ausbau der deutschen Demokratie eingetreten. Die Hauptgegner sind die reaktionären Gruppierungen im Lager der Deutschnationalen und der Reichswehr, später dann die Nationalsozialisten. Die Tendenz ist linksliberal, der Sozialismus eine Forderung, die der grundsätzlich antimarxistischen Haltung dieser Schriften keineswegs widerspricht. Die KPD und der sowjetische Bolschewismus werden in unterschiedlicher Tonlage angegriffen, aber der Grundtenor ist eindeutig ablehnend. Die Sozialdemokratie erfährt im »Tage-Buch« und in der »Weltbühne« herbe Kritik, ihr häufig anpasserischer Schlingerkurs bleibt während all dieser Jahre ein herausragendes Thema. Das Zentrum ist für die meisten Autoren eine klerikale Partei, deren Schul- und Kirchenpolitik ihrem liberalen und freigeistigen Staatsdenken entschieden entgegensteht.

Der Widerspruch zeichnet diese Wochenschriften ebenso aus wie ihre große Offenheit. Autorenfehden finden nicht nur in der Auseinandersetzung mit der publizistischen Konkurrenz statt, sondern auch häufig und heftig im eigenen Blatt. Die zwanziger Jahre sind polemikbesessen, was sich nicht selten im fruchtlosen l'art pour l'art-Getöse erschöpft und einen Jahrmarkt der intellektuellen Eitelkeiten eröffnet, aber auch den Reiz der Besten unter den vielen Zeitungen und Zeitschriften ausmacht. Die Blätter, für die Ossietzky arbeitet, gehören zweifellos dazu, und etwas wehmütig blicken wir Heutigen auf das Niveau vieler Medien unserer Tage, wenn wir in Artikeln von Ossietzky oder Tucholsky, Leopold Schwarzschild oder Alfred Polgar, Siegfried Jacobsohn oder Berthold Jacob, Kurt Hiller oder Walter Mehring, Rudolf Arnheim oder Erich Kästner blättern.
Nicht Nostalgie soll damit gefeiert werden. Es gab auch in den Weimarer Jahren die überwiegend sensationsheischende, oberflächliche und opportunistische Presse oder den muffigen Provinzjournalismus, der die Welt so schieläugig preist, wie es die Politik oder die Stammtische (nicht nur in der Provinz) mit ihren satten Spießbürgern seit Urzeiten lieben. »Es gibt ein spezifisch deutsches Laster«, schreibt Ossietzky im Juli 1925 über die Weimarer Presse und ihre Leser, »das ist: daß man die Unwissenheit in allen politischen Dingen zu einem Vorzug umschwindelt. Anstatt dem dummen Michel die Schlafmütze um die Löffel zu hauen, bekränzt man seine Denkfaulheit mit Eichenlaubsalat ... Es wäre alles nicht so schlimm, wenn das Publikum kritischer wäre. Aber der Deutsche liest nur ein Blatt und hat zu diesem Blatt keine Distanz.«[70] Und daß »51 Prozent« dieser journalistischen Produkte »das Gehirn ihrer Leser täglich verkleben und verschmieren«, spottet der »Tage-Buch«-Autor, habe auch damit zu tun, daß die Medienkonsumenten politische Informationen als etwas »Gottoffenbartes« hinnehmen. »Wenn die Zeitung im Titelkopf sich als ›parteilos‹ geriert, er nimmt es als bare Münze hin und freut sich hoch,

hoch über allem parteipolitischen Tumult zu stehen in erhabener Abgeklärtheit. Natürlich ist er ›national‹, aber das ist die Zeitung auch, schlechtweg ›national‹. Lieber Himmel, das hat doch nichts mit Politik zu tun?«[71]

Auch in den zwanziger Jahren ging es im übrigen in den Medienunternehmen vorrangig um Geld und Macht. »Überall in der bürgerlichen Presse«, hält Ossietzky schon vor gut einem halben Jahrhundert fest, »versinkt heute der alte Zustand, daß der Verleger, der Herr der Produktionsmittel, im Rahmen weitgehaltener politischer Direktiven den Redakteuren die Meinungsfreiheit und individuelle Betätigung gewährt. Es geht hart auf hart. Kann ein kapitalistischer Unternehmer in seinem Namen antikapitalistische Politik machen lassen?«[72] Die Frage ist inzwischen ziemlich eindeutig beantwortet, und im wiedervereinigten Deutschland, in dem die Medienmacht einiger weniger Konzerne und ihre Querverbindungen zur Politik einen Alfred Hugenberg im Rückblick als Papiertiger erscheinen lassen, wertet mancher Politiker es schon beinahe als staatsgefährdenden Fehltritt, solche »kommunistischen« Fragezeichen überhaupt noch zu setzen. Auch diese Ossietzky-Sätze klingen sehr aktuell: »Die Mehrzahl unsrer Verleger ahnt nicht, was für eine Macht sie repräsentiert. Bei einem Konflikt zwischen ihren Redakteuren und einer Behörde, und namentlich einer militärischen, siegt ihre Servilität, und der Skalp des Redakteurs wird still verhandelt.«[73]

Also noch einmal, Nostalgie ist nicht am Platze. Aber sprachlichen Glanz, Lust an einer die Dinge offenlegenden Polemik, die notwendige Unerbittlichkeit in der Kritik an einer vorrangig nur die eigene Macht bewahrenden Partei- und Regierungspolitik, die geistige Unabhängigkeit vieler Autoren, diese Markenzeichen von Publikationen wie »Das Tage-Buch« oder »Die Weltbühne«, findet der heutige Konsument in der Überfülle eines schillernden Medienangebots nur noch selten. Was Fritz Raddatz mit Blick auf Ossietzky sehr schön schreibt, gilt auch für manchen anderen seiner journalistischen Zeitgenossen: »Ein furchtlos treffsicherer Formulierer, dem das Gemüsemarkt-Wort ›ausgewogen‹ glücklicherweise noch fremd war und der sich nicht scheut, Hugenberg einen ›größenwahnsinnigen Industriedespoten‹ zu nennen, den Nationalsozialismus ›eine reich dotierte Improvisation der Schwerindustrie‹ und ›Deutschland das Land, wo die großen Nieten immer wieder kommen‹ – ach, was gäbe man darum heute, da selbst leitartikelnde Romanciers uns und sich mit ihrer Musik aus Bodensee-Vergnügungsdampfern zur Melodie ›Ich erwarte überhaupt nicht, daß jemand sein Gewissen veröffentliche‹ einlullen wollen, daß jemand heute uns ein Gewissen machte mit so schneidenden Formulierungen wie ›Wir haben nur ein kleines Heer, aber einen großen Militarismus‹ oder ›Herr Breitscheid ist eine Bettschönheit, er verliert, wenn er aufsteht‹. Ossietzky war aber kein Verbal-Clown und seine *Weltbühne* kein Zirkus mit Feuerschluckern. Er war eine Fackel.«[74]

Es geht dabei nicht nur um die Frage, ob es unserer Republik möglicherweise an den vergleichbaren journalistischen Talenten mangelt, sondern viel mehr um Stichworte wie »Zivilcourage«, »Streitkultur« oder »demokratische Ethik«. Autoren vom Format eines Ossietzky oder Tucholsky könnten da Vorbild für heutige und künftige Journalistengenerationen sein. Und es würde manchem Verleger oder Intendanten des Medienzeitalters zweifellos zur Zierde gereichen, wenn sie gelegentlich die Bilanzbücher zuklappten und vor ihren Gesprächen mit einem Minister, Oberbürgermeister oder ihren Aktionären einmal nachlesen würden, welchem verlegerischen Selbstanspruch Siegfried Jacobsohn oder Leopold Schwarzschild folgten. Keine Heiligen waren sie, aber leidenschaftliche Zeitungsmenschen, die etwas davon ahnten, wohin eine Gesellschaft treibt, wenn sie nicht informiert ist und der ideologische Nebel nicht bekämpft wird, der unser imperialistisches, faschistisches, kommunistisches und kapitalistisches Zeitalter so opferreich überlagert.

Ossietzky formuliert im April 1921 einen bitteren Satz: »Die

Menschheit krankt an der Gewalt.«[75] Er hat auch am Ende unseres Jahrhunderts seine Gültigkeit nicht verloren. Vietnam, Afghanistan, Ruanda, Bosnien, der Kaukasus und das türkische Kurdistan oder rechtsradikale Gewalt gegen Ausländer, Morddrohungen gegen Salman Rushdie. Hinrichtungen von Intellektuellen nicht nur in Iran, Ägypten, Algerien und Nigeria, Menschenrechtsverletzungen und Folterungen in den Polizeibüros und Gefangenenlagern unzähliger Staaten dieser Erde – nichts hat sich geändert. Der Mensch kann sich nicht von den Irrtümern befreien, denen er im Dickicht von Vorurteilen, falsch gesteuerten Emotionen und aggressiver Machtgläubigkeit erliegt. Die Medienbesitzer und -macher, gewinnsüchtig und sich politisch mißbrauchen lassend, liefern dazu häufig die düstere Begleitmusik, werden zu Mitschuldigen an den Schrekkensszenarien der Gewalt. Auch deswegen bleibt es so wichtig, daß Verleger und Journalisten wie Jacobsohn und Schwarzschild, Ossietzky und Tucholsky und ihre heutigen Nachfolger nicht übersehen oder diffamiert werden.

Mit der Kündigung der ihn materiell immerhin einigermaßen sichernden Sekretärsstellung bei der Deutschen Friedensgesellschaft löst sich Ossietzky ein gut Stück von den internen Querelen der organisierten Pazifisten. Für diesen Schritt war auch der Wunsch maßgeblich, sich nun endgültig dem Journalismus zuzuwenden. Politisch hatten zu diesem Zeitpunkt die Reichstagswahlen deutlich signalisiert, daß die demokratischen Parteien die Mehrheit der Wähler verloren hatten, die nationalistischen, republikfeindlichen Kräfte nur 20 Monate nach der Revolution wieder im Vormarsch waren. Auch dies dürfte für den engagierten Demokraten Ossietzky ein Anstoß gewesen sein, aus dem engen Kreis der Friedensgesellschaft auszubrechen, sich ein publizistisches Forum zu schaffen, das seiner Stimme erheblich mehr Gehör verschaffte. Im Juni 1920 wird er Mitglied der Redaktion der »Berliner Volks-Zeitung«, in der er schon seit November 1919 als freier Mitarbeiter einige Artikel veröffentlicht hatte. Bis 1924 wird er dort als außenpolitischer Redakteur arbeiten. Eine herausragende Position in dem Blatt, denn bis zur Stabilisierungsphase der Republik – angesichts der permanenten 14jährigen Krisensituation ist das allerdings eine sehr relative politische Zustandsbeschreibung –, die mit der Überwindung der Inflation, dem Ende des Ruhrkampfes und Stresemanns Außenpolitik begann, bestimmen die Auseinandersetzungen um die Folgen des Versailler Vertrages auch die Innenpolitik. Ossietzkys Biographin Elke Suhr schreibt zu Recht, daß seine Leitartikel »bis 1924 das Gesicht der Zeitung prägen«[76]. Der Marxist Bruno Frei weiß das in der ideologischen Sprache des einstigen »real existierenden Sozialismus« sehr viel schwammiger so zu formulieren: »Die Artikel in der ›Berliner Volks-Zeitung‹ halten sich im Rahmen der bürgerlich-demokratischen Illusionen des jungen Ossietzky.«[77]

Mit einem Artikel vom Mai 1922 beendet er seine Mitarbeit bei den »Monistischen Monatsheften«, für die er seit 1919 unter dem Pseudonym Thomas Murner in einer eigenen Kolumne – »Von der deutschen Republik« – zur aktuellen politischen Lage Stellung bezogen hatte. Die Oldenburger Ausgabe seiner Schriften weist vom 9. Mai 1922 bis zum 12. April 1924 mit einer Ausnahme ausschließlich Beiträge für die »Berliner Volks-Zeitung« aus. Sie ist für knapp zwei Jahre seine journalistische Heimat geworden.

Ein etwas kurioses und undurchsichtiges Zwischenspiel gibt es allerdings doch noch: Im August 1922 taucht sein Name im Impressum der »Welt am Abend« auf, eines Blattes, das innerhalb weniger Monate finanziell scheitert. Der im Oktober dann als »Schriftleiter« genannte Ossietzky hat nach Mitteilungen seiner Frau nie ein Gehalt gesehen, und Artikel aus seiner Feder für diese Zeitung sind nicht überliefert.

Die »Berliner Volks-Zeitung«, das »Blatt der Schuhmacher und Schneider«, wurde 1904 vom Mosse-Verlag übernommen. Der Konzern erhoffte mit ihrer linksliberalen Haltung Leserschichten zu gewinnen, für die das im gleichen Hause erscheinende »Berliner Tageblatt« zu bürgerlich war. Während das von Theodor Wolff geleitete BT weit über die Grenzen Deutschlands hinaus bekannt war, nannten Spötter den kleineren Ableger das »Hinterhausorgan« des Mosse-Verlages. Die »Volks-Zeitung« zählte sicher nicht zu den bedeutenden Tageszeitungen der Republik, im Lager der Pazifisten und des linksliberalen Berliner Publikums fand sie jedoch Beachtung. Die Auflage war nicht überdurchschnittlich, aber das Blatt trug sich, bis dann die Inflation Anfang der dreißiger Jahre auch diese Zeitung im finanziellen Zusammenbruch des Mosse-Verlages untergehen ließ. Chefredakteur war Otto Nuschke, Mitglied der Deutschen Demokratischen Partei und von 1921 bis 1933 Abgeordneter im Preußischen Landtag. Nuschke kannte Ossietzky durch dessen Arbeit in der Friedensgesellschaft, der er ebenfalls angehörte und auf deren Kasseler Versammlung er sich heftig gegen die Kritik zur Wehr setzen mußte, die Demokratische Partei habe im Herbst 1918 für eine Fortsetzung des Krieges plädiert.

Der Mosse-Verlag war in den ersten Jahren der Republik ein Zentrum der liberalen, republikbejahenden Deutschen Demokratischen Partei. Nicht nur Theodor Wolff, sondern auch Otto Nuschke gehörten zu ihren Gründern. Die »Berliner Volks-Zeitung« stand den programmatischen politischen Ideen der DDP nahe, aber sie »war nicht als Organ der Demokratischen Partei zu bezeichnen«[78]. Allerdings spielte die Parteipolitik dann doch im Hintergrund eine nicht zu übersehende Rolle. Als Ossietzky Jahre später selbst als Parteineugründer auftritt, führt dies zur Trennung. Da der Chefredakteur durch seine parteipolitischen und parlamentarischen Aktivitäten stark gebunden ist, kümmert er sich wenig um sein Blatt. Bald schon haben die jüngeren Redakteure aus der Zeitung »ein linksbürgerliches, kämpferisches Organ« gemacht.[79] Unter den Redaktionskollegen ist auch Berthold Jacob, Spezialist für Wehrfragen, der unter Ossietzkys Leitung für die »Weltbühne« arbeiten und dort erneut wütende Attacken der Reichswehr auslösen wird. Karl Vetter, Maurermeistersohn, ist Nuschkes Stellvertreter und der kreative Kopf der BVZ. Er verläßt sie wegen der im Mosse-Haus kritisierten Parteineugründung gemeinsam mit Ossietzky und spielt später als Goebbels-Mitarbeiter eine dubiose Rolle.

Die alten Verbindungen bricht Ossietzky in diesen Jahren nicht ab. Die »Nie wieder Krieg«-Bewegung, an der er führend beteiligt ist, wird in den nächsten Monaten ihre wirkungsvollste Agitationsperiode erreichen. Gemeinsam mit dem ehemaligen Reichskanzler Bauer, Theodor Heuß, Max Liebermann, Reichstagspräsident Löbe, »Vorwärts«-Chefredakteur Friedrich Stampfer, Gustav Radbruch, dem Strafrechtsreformer und Justizminister, Preußens Innenminister Carl Severing und Kurt Tucholsky gründet er den »Republikanischen Reichsbund«. Dabei ist auch Ludwig Quidde, mit dem gerade unangenehme Auseinandersetzungen durchzufechten sind, die Ossietzky die Arbeit in der Friedensgesellschaft verleidet haben. »Allen denen, die heute im Kampf gegen die Republik stehen«, heißt es im Aufruf des Reichsbunds vom März 1921, »muß die geschlossene *Front aller Republikaner* gegenüber gestellt werden.« Aufklärungs- und Erziehungsarbeit soll gegen die Agitation der Republikfeinde gestellt werden. »Schart euch um das *schwarzrotgoldene Banner*«, fordern die Reichsbundgründer. Dieser überparteiliche Versuch einer Sammlung der Weimarer Demokraten bleibt jedoch ohne große Wirkung. Bald wird das sozialdemokratische »Reichsbanner« mit erheblich stärkerem Zulauf diese Aufgabe übernehmen.

Im Dezember 1921 wird die »Liga junge Republik« aus der Taufe gehoben, wieder viel guter Wille und wenig Ausstrahlung. Ossietzky ist natürlich dabei, referiert auf einigen Tagungen, dann hört man nicht mehr allzuviel davon. Er ist auch Mitglied der Deutschen Liga für Menschenrechte, in deren Vorstand Hellmut von Gerlach, Graf Harry Kessler und Helene Stöcker sitzen. Vor allem wird hier gegen die politische Strafjustiz angekämpft, die in den Weimarer Jahren einen ersten rechtsstaatlichen Tiefpunkt erreicht. Die Liga setzt sich auch für eine Forderung ein, die Ossietzky immer wieder thematisiert: die Demokratisierung der Reichswehr. Aber seltsam, so erfolgreich er seine journalistische Karriere in diesen und den nächsten Jahren gestaltet, alle Unternehmungen, in denen er mitwirkt, um nicht nur die politische Lage zu *beschreiben*, sondern aktiv durch eine organisatorische Kräftebündelung *mitzuhandeln*, sind mehr oder weniger zum Scheitern verurteilt.

Am tiefsten trifft ihn zweifellos die Niederlage, die er bei dem Versuch erfährt, mit einer neuen Partei in das parlamentarische Geschehen einzugreifen. Im Februar 1924 wird ein »Aufruf« veröffentlicht, im April findet der erste Parteitag statt, bei den Juniwahlen gibt es ein Desaster. Knapp 50 000 Stimmen kann Ossietzkys Republikanische Partei für sich gewinnen. Ein kurzer, schmerzlicher Ausflug in die rauhe Welt der Realpolitik, der im politischen Abseits endet.

Die Parteigründer sind im Umfeld der »Volks-Zeitung« zu finden. »Die gesamte Redaktion der ›Berliner Volkszeitung‹ und die meisten ihrer Mitarbeiter waren bereit,« so erinnert sich Kurt R. Grossmann, »ein so hoffnungsvolles Unternehmen zu unterstützen.«[80] Die junge Truppe um Karl Vetter und den damals 35jährigen Ossietzky ist von der Politik der DDP und der Sozialdemokratie enttäuscht. Die Entwicklungen, die die Republik nimmt, empfinden sie als demokratiegefährdend. Für Ossietzky reift der Gedanke einer Parteigründung im turbulenten politischen Herbst 1923.

Anfang des Jahres hatten französische Truppen das Ruhrgebiet besetzt. Der »Ruhrkampf« der Regierung Cuno trieb die Inflation in astronomische Höhen. Im September eskalieren die Unruhen in Bayern, Thüringen und Sachsen, im Reich wird der Ausnahmezustand ausgerufen. Im Oktober versucht die Schwarze Reichswehr in Küstrin einen Putsch, im November folgt Hitler in München. Eine Woche nach der Ausgabe der Rentenmark, die die Inflation stoppt, wird Reichskanzler Gustav Stresemann Ende November gestürzt. Die demokratischen Parteien wirken in diesen Monaten hilflos, Stresemann, auch Vorsitzender der immer nach rechts schielenden Deutschen Volkspartei, zeigt unverständliche Geduld gegenüber den rechten bayerischen Separatisten des Generalstaatskommissars von Kahr und dem dortigen Mann an der Spitze der Reichswehr, General von Lossow, der sich weigert, die Befehle der Reichsregierung auszuführen. Gleichzeitig aber verhängt das Kabinett die Reichsexekution über Thüringen und Sachsen, wo sich SPD/KPD-Koalitionen gebildet haben. Chaos droht, und die Republikaner geraten in die Defensive. Denn im Kabinett Stresemann, das die beiden SPD/KPD-Landesregierungen gestürzt und die bayerischen Rechten mit Samthandschuhen angefaßt hat, sitzen auch sozialdemokratische Minister. Die SPD schließlich läßt wegen Stresemanns lascher Politik gegenüber den bayerischen Verfassungsbrechern zwar die Große Koalition platzen, um sich für die nächsten fünf Jahre mit den harten Sitzen auf den Oppositionsbänken zu begnügen, aber für viele ihrer Anhänger hatte sie viel zu langmütig das einseitige Agieren der Reichsregierung zugelassen. Es blieb auch kein Geheimnis, daß Reichswehrchef von Seeckt, der den Sturz Stresemanns betrieb, dem Kanzler der Republik in diesen den Bestand des Reiches gefährdenden Wochen kühl mitteilte: »Herr Reichskanzler … Sie haben das Vertrauen der Truppe nicht.«[81] Später werden Karl Dietrich Erdmann und Martin Vogt mit Erstaunen darauf verweisen, zu welchen Schritten inzwischen auch die Weimarer Demokraten in der Lage waren: »Rätselhaft bleibt, wieso Ebert ausgerechnet Seeckt …, der sich in der Zielsetzung, wenn auch nicht in den Methoden in Übereinstimmung mit dem bayerischen Generalstaatskommissar v. Kahr wußte, damit beauftragen konnte, bei dem deutschen Botschafter Wiedfeldt in Washington, einem Mann der Industrie, zu sondieren, ob er bereit sei, sich für eine vom Parlament unabhängige Diktatorialregierung zur Verfügung zu stellen.«[82] Kein Wunder also, daß in diesen Monaten für den

Republikaner Carl von Ossietzky der Platz am Redaktionsschreibtisch zu eng geworden war.

Fritz von Unruh, einst kaiserlicher Weltkriegsoffizier und nun Pazifist und Dichter, schreibt einen flammenden Wahlaufruf, und Ossietzky wird Reichstagskandidat in Potsdam. Ein Parteiblättchen – »Die Nation« – wird gedruckt und der Versuch eines Wahlkampfes gestartet. In ihren Wahlreden berufen sie sich auf die Revolutionäre von 1848/49, einen »Volksstaat der Herzen und der Freiheitsidee« streben sie an, vorsichtig sozialistisch und engagiert demokratisch argumentieren sie. Und erliegen auch ein gut Stück dem Zeitgeist. »Wenn *alle* Methoden des politischen Handwerkes erschöpft sind«, heißt es im Wahlaufruf, »wenn der Verfall so weit fortgeschritten ist, daß die nationale Existenz selbst nicht viel mehr bedeutet als eine fromme Einbildung, *dann bleibt nichts mehr übrig, als der Vorstoß in neues Land.*«[83] Und dieses neue Land soll dann »die Vereinigung aller Brüder deutscher Zunge in dem einigen deutschen Reich als Gestaltwerdung der Träume und Hoffnungen der alten deutschen Einigungskämpfe« sein. Die Wahlkämpfer berufen sich nicht nur auf Bismarck, sondern appellieren auch gleich schwungvoll »an den Geist des einen ungeteilten deutschen Volkstums«. Insofern beriefen sie sich in der Tat mit Recht auf die Paulskirchen-Parlamentarier, deren Deutschland ja immerhin an vier Meere grenzen sollte, die also auch noch dem Letzten, der der deutschen Sprache halbwegs mächtig war, das angeblich herrliche Glück, ein Reichsbürger zu sein, bescheren wollten. Kurt Hiller polemisierte heftig gegen diese großdeutschen Parolen der Parteigründer, und Ossietzky dürfte sich in dieser Kontroverse kaum allzu wohl gefühlt haben. Aber die kleine Schar der Wahlkämpfer der »Republikanischen Partei« glaubte vermutlich, um des Erfolges willen müsse man der Stimmung im Lande einen solchen »imperialistischen« Tribut zahlen. Mit der Forderung, die Reichswehr durch eine »Volksmiliz« zu ersetzen, enthält das Parteiprogramm dagegen einen Kernpunkt des Denkens von Ossietzky.

Ein Plakat, das in dem Dokumentenband der Oldenburger Ausgabe abgedruckt ist, trägt den tiefsinnigen Wahlslogan: »Vorwärts für die wahre Republik. Hinein in die RPD.« Auch die graphische Aufbereitung zeugt vom etwas schlichten Agitationsgeschmack, den Parteien offenbar zu allen Zeiten für besonders gelungen halten. Also: Bei allem guten Willen, die »Republikaner« fielen wohl kaum gegenüber der Konkurrenz durch besondere inhaltliche und propagandistische Geistesblitze auf.

Entscheidend für die Niederlage war aber zweifellos die doch sehr amateurhafte Vorstellung, man könne innerhalb weniger Monate die organisatorischen Probleme lösen, vor denen eine Parteigründung und ein unmittelbar darauf folgender Wahlkampf unabweisbar stehen. Hinzu kam, daß auch viele Gleichgesinnte aus dem Lager der Pazifisten und Linksdemokraten in der neuen Partei einen gefährlichen Versuch der Schwächung sahen. Der alte Weggefährte Hellmut von Gerlach schrieb zur großen Enttäuschung Ossietzkys in der »Frankfurter Zeitung«: »Ich würde gegen eine neue Partei sein, selbst wenn ihr Programm pures Gold wäre. Einfach deshalb, weil die Stimmenzersplitterung der Reaktion zugute kommen muß.«[84] Und in einer »Antwort« der »Weltbühne« – diese witzig-polemische und regelmäßig erscheinende Rubrik der Wochenschrift wurde meistens von Siegfried Jacobsohn und gelegentlich von Kurt Tucholsky verfaßt – hieß es kurz und bündig: »Was ich von der Republikanischen Partei halte? Daß sie schlimmer als überflüssig: daß sie schädlich ist.«[85]

Hellmut von Gerlach setzte sich zum Ärger von Ossietzky in diesen Wahlkampfwochen zudem noch für die Sozialdemokratie ein, die er in den Jahren zuvor in seiner Zeitung »Die Welt am Montag« stets attackiert hatte. Auf einen sehr positiven Artikel Gerlachs über Rudolf Breitscheid antwortete Ossietzky im Blatt der Republikanischen Partei mit einer Heftigkeit, die zeigt, wie dünnhäutig er in den Tagen seines parteipolitischen Engagements angesichts der Kritik seiner Freunde reagierte.

»Gerlach fungiert, mit Bewußtsein oder nicht, das ist gleichgültig, als Einpeitscher für einen Mann der nicht wert ist, ihm die Schuhriemen zu lösen«, heißt es in der »Nation«.[86] Und der Mitstreiter früherer Tage, Rudolf Breitscheid, darf lesen: »Leider ist Breitscheid völlig zukunftslos. Er ist weder der Mann der Tat, noch der Mann des Gedankens; er ist überhaupt kein Mann, er ist ein Meter achtzig auf Seidenfutter gearbeitet.«[87] Kurt Grossmann, der damals Generalsekretär der Liga für Menschenrechte war, meint später, Ossietzky habe »die Aussichtslosigkeit der Sache wohl früher als die anderen erkannt«[88] Wenn es tatsächlich so gewesen sein sollte, hat es seine Verbitterung über das Scheitern seiner parteipolitischen Ambitionen allerdings kaum gemildert.

Babette Gross hat Jahrzehnte später behauptet, Willi Münzenberg habe der neuen Partei mit einer Dollarspende unter die Arme gegriffen. »Von den beiden Parteigründern war Ossietzky ein entschiedener Gegner der Kommunisten«, heißt es bei ihr, »sein Partner [gemeint ist Karl Vetter – d. V.] hingegen einem geheimen Zusammenspiel mit den Russen nicht abgeneigt«.[89] Wie immer es auch war, geholfen haben auch die angeblichen Münzenberg-Dollars nicht.

Eine folgenreiche Reaktion ist allerdings doch zu verbuchen. In der »Berliner Volks-Zeitung« vom 17. März 1924 erscheint eine kleine Meldung mit folgendem Wortlaut: »*Die Herren Karl Vetter und Carl v. Ossietzky* scheiden im gütlichen Einvernehmen mit dem Verlage und der Chefredaktion am heutigen Tage aus der Redaktion der ›Berliner Volks-Zeitung‹ aus.«[90] Von »gütlich« kann natürlich keine Rede sein. Rausgeschmissen wurden die beiden Parteigründer, die die Mosse-Politiker in der Deutschen Demokratischen Partei nun als Konkurrenten im Wahlkampf empfanden. Die Postkarte, die »Exhumorist« Walter Mehring daraufhin an den »Herrn Exredakteur v. Ossietzky« schreibt, kann da nur wenig trösten: »Seht Ihr, Ihr bösen Leute? Ich habs immer prophezeit, daß dem Wolff mal die Lammsgeduld ausgeht!«[91]

Mehrings Bemerkung über den Chefredakteur des »Berliner Tageblatts« gibt nebenbei einen Hinweis darauf, daß Theodor Wolff die Linkstendenzen der »Volks-Zeitungs«-Leute im eigenen Haus schon seit längerem mit Magengrimmen beobachtet hatte. Das Aufziehen des Konkurrenzunternehmens innerhalb des demokratischen Parteienspektrums hat bei dem engagierten DDP-Mann da wohl nur das Faß zum Überlaufen gebracht. Allerdings hat Ossietzky später öffentlich darauf hingewiesen, daß Wolff im Hause Mosse versucht hatte, die Auseinandersetzung durch eine friedliche Lösung des Konflikts zu beenden. Der BT-Chefredakteur trat übrigens 1926 aus der DDP aus, und in den letzten Jahren der Republik kämpfte er energisch gegen die redaktionellen und politischen Eingriffe der neuen Mosse-Leitung, die dem »Berliner Tageblatt« nicht nur finanzielle Mittel entzog, sondern auch ihren liberalen Kurs zu unterlaufen versuchte.
Einige Jahre später wird Theodor Wolff selbst zu einer Neusammlung aller demokratischen Kräfte aufrufen. Seine alte Partei hatte bei den Reichstagswahlen vom 20. Mai 1928 eine Wahlkatastrophe erlebt und blieb unter fünf Prozent der abgegebenen Stimmen. »Es ist heute«, schreibt er im August 1928 im »Berliner Tageblatt«, »wo höchstens naive Gänschen und Maßkrugspießer noch an eine Änderung der Staatsform glauben, eine große, eine wahrhaft nationale Aufgabe, überall den gleichen Staatsgeist hindringen zu lassen und so die geistige Einheit, die nur eine Einheit in republikanischem Geiste sein kann, herzustellen.«[92]
Ossietzky wird ihn zwei Monate, bevor diese Zeilen erscheinen, an das Jahr 1924 und den Streit um die Republikanische Partei erinnern. Seine Worte spiegeln die Enttäuschung wider, die er mit Blick auf seine Niederlage als Parteigründer immer noch verspürt. Seine Skepsis demonstriert zudem, wie illusionslos er der Zeit seiner Parteiaktivtät nun gegenübersteht. Der umfangreiche Artikel in der »Weltbühne« ist direkt an Wolff gerichtet: »Sehr geehrter Herr Theodor Wolff-! Seit Sie unter

dem Eindruck der demokratischen Wahlniederlage den Gedanken der großen republikanischen Partei zur Erörterung gestellt haben, will mich die Erinnerung an den Winter 1924 nicht verlassen, wo zwei Redakteure der ›Berliner Volkszeitung‹, Karl Vetter und ich, das Palais Mosse verlassen mußten, weil sie sich an der Gründung der kleinen republikanischen Partei beteiligt hatten … Ich möchte keine Parallele wagen zwischen unserm bald zerschellten Unternehmen und Ihren Plänen. Wir hatten kein großes, machtvolles Gebilde im Auge; jeder von uns fühlte sich als Vorposten, als enfant perdu. Die schweren Parteikolonnen der Linken ließen die Republik in den Händen ihrer Gegner … Heute herrscht überall wieder Ruhe und Ordnung. Aber ob eine große oder kleine Partei gegründet werden soll, die Frage ist doch, an wen sie sich zu wenden hat. Hier sehe ich sehr dunkel. Denn wo, wo sind im deutschen Bürgertum die Massen für eine demokratisch-republikanische Partei, die nicht sozialistisch ist, aber gegen den Sozialismus doch mehr und besseres verteidigt als Tresorinteressen – wo sind sie?«[93]

In den journalistischen Jahren seiner Arbeit für die »Berliner Volks-Zeitung« sind es vor allem die Kriegsschuldfrage und das Verhältnis zum französischen Nachbarn, die die deutschen Gemüter bewegen, das gesellschaftliche Klima im Land eisig werden lassen, zu einer selbstzerstörerischen »Geschichtsbewältigung« führen. Die Republikfeinde verfälschen die historischen Hintergründe der deutschen Niederlage, hetzen gegen die »Novemberverbrecher«, die den militärischen Sieg durch einen »Dolchstoß« in den Rücken des kaiserlichen Heeres verhindert und den »Versailler Schandvertrag« unterschrieben hätten. Wobei die Sozialdemokraten, das offenbar unüberwindbare Trauma der »Vaterlandsverräter« aus den wilhelminischen Tagen in die neue Zeit mitschleppend, zögernd und halbherzig Gegenkurs halten. Auch Friedrich Ebert ruft den heimkehrenden Truppen den fatalen Satz entgegen: »Im Felde unbesiegt.« Und der erste verfassungsmäßige Regierungschef der Republik, der Sozialdemokrat Philipp Scheidemann, tritt nach der Unterzeichnung des Friedensvertrages zurück. Er weist mit diesem Schritt die Richtung, die die Weimarer SPD in den kommenden Jahren allzu häufig einschlagen sollte: das Verweigern der Verantwortung. Sie verläßt Regierungen und lehnt häufig sinnvolle Koalitionen ab, weil sie sich an zweitrangigen Fragen festbeißt, ihre internen Auseinandersetzungen sie entscheidungsunfähig werden ließen. Damit räumt sie den rechten Parteigruppierungen das Feld und bietet den Kommunisten ein agitatorisches Forum, das diese gegenüber der wachsenden Enttäuschung der SPD-Anhänger erfolgreich zu nutzen wissen.

Schon zu Beginn seiner Arbeit für die »Volks-Zeitung« veröffentlicht Ossietzky einen Artikel, der die Entwicklungen in der deutschen Gesellschaft sehr pessimistisch analysiert. »In Verwaltung, in Armee, in Schule und Kirche, überall bleibt der Republikaner eine isolierte Erscheinung«, schreibt er am 9. November 1922. »Er ist jeder Schikane, jeder Benachteiligung, jeder Verfolgung ausgesetzt. Er weiß keine Staatsgewalt hinter sich.«[94] Obwohl er in diesen Jahren von der deutschen Außenpolitik einen Versöhnungskurs gegenüber Frankreich fordert, geißelt er die Folgen des Versailler Vertrages nicht weniger emotional als die meisten Deutschen: »Die Revolution ist zu Ende. Sie ist nicht zugrunde gegangen an inneren Widerständen, nicht dem Kugelregen der Noske-Truppen erlegen. Der konterrevolutionäre Akt der modernen Geschichte, der Versailler Friede, hat sie zerschlagen.«[95]

Poincarés Vabanquespiel, das Anfang 1923 mit der Ruhrbesetzung seinen Höhepunkt findet, wird von Ossietzky ebenfalls verurteilt, auch wenn er nicht das hysterische Vokabular der Nationalisten verwendet. »Die offenbaren Mängel der deutschen Reparationspolitik sollen nicht verteidigt werden«, schreibt er im Januar. »Aber an sich gewann der Erfüllungsgedanke immer mehr Terrain. Wenn er heute fast illusorisch geworden ist, so geht das auf das Konto der französischen Politik.«[96] Sehr klar sieht er im übrigen, wie sich nach dem Krieg die Mächtekonstellation verändert hat: »England ist durch den Friedensvertrag saturiert ... Amerika gefällt sich in der Rolle des Goldonkels ... *Die einzigen wirklich Besiegten des Weltkrieges bleiben Deutschland und Frankreich.*«[97]

Der von der Regierung Cuno proklamierte passive Widerstand an der Ruhr beginnt schon nach wenigen Wochen das Reich in ein ökonomisches Chaos zu stürzen, denn er ist nur mit Hilfe einer wahnwitzigen Erhöhung des Geldumlaufs durchzuhalten. Die deutsche Außenpolitik setzt auf Englands Vermittlung, in dem Irrglauben, die Entente-Mächte seien durch Poincarés Husarenpolitik zu spalten. Ossietzky warnt schon bald vor solchen Schlußfolgerungen. »Unsere Außenpolitik hat wie fasziniert nach England gestarrt und darüber die Möglichkeit einer *direkten Verständigung mit Frankreich* nicht einmal in Betracht gezogen«, schreibt er im August 1923.[98] Er fordert einen »ehrenvollen Frieden«, der aber nur verwirklicht werden könne, wenn »Deutschland sich wieder in *verhandlungsfähigen Zustand* bringt«.[99] Er ist angesichts der sich abzeichnenden Entwicklung in Deutschland sehr bald ernüchtert: »Wir haben das Herz der deutschen Wirtschaft von einem lähmenden Druck zu befreien und deutsches Land von einer fremden Militärherrschaft zu erlösen. *Darauf kommt es an.* Nicht auf eine Prestigepolitik, die sich auf dem Papier heroischer ausnimmt als in der Wirklichkeit.«[100] Wenig später bilanziert er die sich abzeichnende Niederlage an der Ruhr: »Der passive Widerstand, der nach seiner ganzen Art nur Mittel zum Zweck sein konnte, nur Unterstreichung einer deutlich umrissenen politischen Methode, wurde Selbstzweck.«[101]

Ossietzkys Analysen während der Monate der Ruhrbesetzung zeigen, daß er die patriotische Empörung im Lande zunächst teilt, aber im Gegensatz zur Mehrheit schnell erkennt, daß die Krise nur durch Verhandlungen mit Paris, durch den ernsthaften Versuch eines friedlichen Ausgleichs zu beenden ist. Er nimmt damit voraus, was das kurzlebige Kabinett Stresemann vollzieht und der Außenminister Stresemann in den kommenden Jahren unter dem Stichwort Locarnopolitik gemeinsam mit seinem französischen Partner Aristide Briand gegen den erbitterten Widerstand der Nationalisten in beiden Ländern durchsetzt.

Ossietzky bleibt auch in anderen außenpolitischen Fragen der Republik ein sehr realistischer Beobachter. Im territorialen Streit mit Polen um Oberschlesien, in der Neuorientierung gegenüber der jungen Sowjetunion, die Rathenau mit dem Vertrag von Rapallo einzuleiten versucht – immer sieht er Fehler und Aggressionen der anderen Seite, aber auch die Versäumnisse der deutschen Politik, die falschen emotionalen Akzente, die die öffentliche Diskussion so folgenreich bestimmen. »Es ist die eigenartige Tragik des deutschen Volkes«, formuliert er im September 1923, »daß es nach seinen allergrößten Kraftanstrengungen immer wieder erkennen muß, daß es nicht nur gegen einen übermächtigen Feind, sondern gegen die *Logik* der *Tatsachen* selbst gekämpft hat.«[102]

In seinen Urteilen über die handelnden Personen ist er von Irrtümern nicht frei, entwirft aber auch bemerkenswerte Charakterstudien. Stresemann greift er über Jahre hinweg und heftig an, sieht weniger den mutigen und kämpferischen Politiker als den einstigen »Siegfrieden«-Apologeten und Monarchisten oder den Vorsitzenden einer schwankenden Partei, deren Sehnsucht, sich mit den Deutschnationalen zu verbünden, den inneren Frieden der verschiedenen Koalitionen empfindlich stört. Erst spät wird Ossietzky Stresemanns Leistung anerkennen. Zunächst konstatiert er in dessen Wirken nur den »irrelaufenden Tatendrange«[103], und er beschreibt seine Außenpolitik nach den ersten Wochen mit sarkastischen Worten: »Es ist nämlich eine Fiktion …, daß wir wie alle anderen Staaten auf Gottes weiter Erde eine Außenpolitik haben. Wir haben einen Außenminister mit dem dazugehörenden amtlichen Betrieb. Wir hören auch gelegentlich die Räder der großen Mühle in der Wilhelmstraße klappern. Aber es bleibt beim Klappern. Resultat? – Fehlanzeige.«[104] In seinem Artikel zum Tode Stresemanns wird Ossietzky das Wirken dieses Politikers dann erheblich gerechter und abgewogener würdigen: »Stresemanns Bedeutung war, daß er eine in Deutschland einzigartige politische Begabung hatte.«[105] Er habe »uneingeschüchtert« seinen Weg verfolgt, und doch bleibt Ossietzkys Nachruf allen Lobhudeleien fern. Er hat Werk und Person Stresemanns meisterhaft porträtiert: »Er liebte in Schwarzrotgold die alte Burschenschaftsfahne und Schwarzweißrot die alte Bismarckfahne, und dabei kam die Republik zu kurz, die er übrigens selbst in seinen erregtesten rhetorischen Augenblicken nicht unnütz im Munde führte. Die Republik war ihm möglichst treue Anknüpfung an die politischen und sozialen Verhältnisse des Kaiserreichs, nicht zu reaktionär und nicht zu links, die gutgetroffene Mitte, wo der Tüchtige schon durchkommen und sein Geschäft machen kann ... Er mag es als bittere Tragik empfunden haben, daß seine europäische Verständigungspolitik der letzten Jahre, die er gern Politik der nationalen Befreiung nannte und die er mit der Erreichung der vorzeitigen Rheinlandräumung zu einem selten glücklichen Erfolg führte, von niemandem dümmer, giftiger und infamer befehdet wurde als grade von den Wortführern des guten Bürgertums.«[106]

Stresemann war im übrigen ein nicht weniger streitbarer Mann als seine Zeitungskritiker. Er wußte sich nicht nur verbal, sondern – wenn es sein mußte – auch durch Strafanträge zu wehren. So verklagte er im Januar 1925 den »Montag Morgen«-Redakteur Carl von Ossietzky vor dem Berliner Landgericht, weil er sich durch einen Artikel des Blattes »beleidigt« fühlte. Die Zeitung nahm schließlich den Vorwurf, der Außenminister habe auf einer Stahlhelmveranstaltung in Magdeburg eine Erklärung gegen Reichspräsident Ebert mitformuliert, öffentlich zurück, und es kam zu keinem Prozeß.

Umgekehrt zum Fall Stresemann ist Ossietzky zunächst ein kräftiger Lobredner und in den späteren Jahren ein harter Kritiker des aus Baden stammenden Zentrum-Kanzlers Joseph

Wirth, dessen Kabinett unter den Haßgesängen der Rechten das Londoner Reparationsultimatum akzeptiert hatte und der im Rahmen der Erfüllungspolitik die deutsche Entwaffnung voranzutreiben versuchte. In Wirths Regierungszeit erreichte der Kampf um Oberschlesien seinen Höhepunkt, ein Völkerbund-Gutachten schlug eine Teilung vor, was die Siegermächte dann auch forderten. »In Deutschland war die Erbitterung über dieses unerwartete Diktat groß«, beschreibt Ingrid Schulze-Bidlingmaier die explosive Lage, »niemand mochte sich mehr daran erinnern, daß die Siegermächte noch 1919 ganz Oberschlesien hatten abtrennen wollen, während jetzt immerhin ein Teil beim Reich verblieb.«[107] Die Weigerung seiner eigenen Parteifreunde und des Koalitionspartners DDP, »sich herzhaft auf den Boden der Tatsachen zu stellen« (Wirth), führte schließlich zur ersten Demission des Kanzlers. Wirth bastelte eine neue Koalition, in der Zentrums-Minister und Sozialdemokraten saßen, während die DDP schmollend jegliche Mitarbeit verweigerte. Immerhin, Rathenau, der zum Kreis der Demokratischen Partei zählte, wurde Außenminister. Seine Ermordung am 24. Juni 1922 – es war nur die Beschleunigung der Gewaltspirale – stürzte die Republik in eine neue Krise, die Mark verfiel, das Reich wurde gegenüber den Siegermächten praktisch zahlungsunfähig. Es half der Regierung Wirth nicht mehr, daß sich die gespaltene Sozialdemokratie angesichts der Bedrohung durch die Republikfeinde wieder vereinigte und damit den parlamentarischen Rückhalt des Kabinetts zahlenmäßig stärkte. Wirth gelang es noch, Stresemanns Deutsche Volkspartei für die Annahme des Republikschutzgesetzes zu gewinnen, aber dann war er am Ende. Auch die »gemäßigte« Rechte verweigerte ihm die Gefolgschaft. Zur allgemeinen Überraschung entschied sich Reichspräsident Ebert dann für den parteilosen Wilhelm Cuno. Ein hilfloses, überfordertes »Geschäftsministerium« wurde gebildet, das im Ruhrkampf kläglich unterging.

Ossietzky sieht in Wirths ersten politischen Schritten, der Unterzeichnung des Londoner Ultimatums, einen Hoffnungsschimmer. Es sei mit dieser Entscheidung »eine gewisse Entspannung eingetreten«, schreibt er und stellt aufatmend fest: »Zum ersten Mal seit dem Kapp-Putsch genießt eine deutsche Regierung im Auslande wieder Respekt.«[108] In der Oberschlesienfrage unterstützt er ebenfalls die Politik des Zentrum-Kanzlers und warnt dessen Gegner: »Zu verwundern ist natürlich nicht, daß die Hasardpolitiker jetzt die Köpfe heben und einen Bruch in der Entente wittern. Das ist die ewige Torheit dieser Menschen, die, seit man ihnen die imperialistischen Krallen wegoperiert hat, nun in ihrer Ohnmacht sich wilden Katastrophenphantasien hingeben ... Aber von einem Auseinanderfallen der Entente zu reden, ist ebenso dumm wie frivol.«[109] Und am 11. Juli 1921 lobt Ossietzky uneingeschränkt: »Von allen Politikern des neuen Deutschland hat er die kraftvollsten und männlichsten Worte für die demokratische Republik gefunden und ist nicht bei den Worten stehen geblieben. Kein sozialdemokratisches Mitglied der früheren Kabinette hat so entschieden einer neuen Gesinnung Ausdruck gegeben wie Dr. Wirth, der Nichtsozialist, der ›Bürgerliche‹.«[110]

Ein Urteil, das er später revidierte. Der eigenwillige Wirth, ein begabter Redner und störrischer Individualist, wurde im Oktober 1931 Innenminister im ersten Kabinett Brüning und konnte beim Leitartikler der »Weltbühne« natürlich keinen Stich mehr machen. Da ist dann nur noch von dem »Herrn Wirth, der sich in seinem Kampfe um die Reinheit der deutschen Seele einen Glorienschein erworben und den trotzdem der Teufel geholt hat«[111], die Rede oder von »Joseph Wirth, der inzwischen still von der Säule gefallene Heilige der schwarzrotgoldenen Demokratie«.[112]

Unzweideutige Gegnerschaft dagegen erfährt vom ersten bis zum letzten Tag seiner Amtsführung Reichswehrminister Otto Geßler, der im März 1920 in der von Hermann Müller geführten Koalition aus SPD, Zentrum und DDP die Nachfolge des Sozialdemokraten Gustav Noske antrat. Bis zum Januar 1928

sollte Geßler diesen auch für die innere Entwicklung der Republik so wichtigen Kabinettsposten behalten. In der Person des ehemaligen Nürnberger Oberbürgermeisters und DDP-Mitglieds erkennt Ossietzky sozusagen exemplarisch die unheilvolle Rolle, die auch Politiker aus den Reihen der demokratischen Parteien in den Weimarer Jahren gespielt haben. Geßler war für General von Seeckt und die Reichswehrspitze der mächtige Komplize beim heimlichen Aufbau der Armee. »... schon der Tatbestand, daß von Seeckt zum Chef der Heeresleitung unter dem der DDP angehörenden, gleichwohl monarchistische Neigungen offen bekennenden Reichswehrminister Otto Geßler ernannt wurde«, schreibt Hans Mommsen in seiner Geschichte Weimars, »verbürgte, daß von einer personellen Säuberung der Armee keine Rede sein konnte.«[113]
Den Pazifisten und Ausgleichsbefürworter Ossietzky mußte ein solcher Politiker zu immer neuen Attacken herausfordern. Geßler deckte die Reichswehr, als unmittelbar nach seinem Amtsantritt die kommunistischen Unruhen im Ruhrgebiet mit ebenso blutiger Härte niedergeschlagen wurden wie ein Jahr später die Aufstände in Hamburg und Mitteldeutschland. In allen Kabinetten, denen er angehörte, vertrat der zuständige Minister die Aufrüstungspläne der Reichswehr mit Nachdruck und ohne Rücksicht auf ihre Legalität. Ossietzky weist bereits beim Antritt des Kabinetts Müller auf die Gefahren hin, die von der Reichswehr nach dem Sieg der Demokraten über die Kapp-Putschisten drohen: »Die Gefahr ist nicht geringer geworden. Kapp ist abgereist, seine anonymen Paladine sind geblieben. Ihre erste Tat war die Beschwörung des bolschewistischen Gespenstes. So unendlich läppisch und durchsichtig auch das Märlein von der roten Gefahr ist, wirkt es gerade aus diesem Grunde sehr überzeugend auf diejenigen, die nicht alle werden. Der Plan der Reaktionäre ist sehr einfach; man will die Reichswehr in der gegenwärtigen oder einer sehr geringfügig veränderten Zusammensetzung erhalten, um der Gegenrevolution auch für die Zukunft dieses so leicht zu handhabende

Instrument zu sichern. Die Stellung der neuen Regierung aber wird davon abhängen, mit welcher Entschiedenheit sie dieses Problem anpackt.«[114]
Geßler war der Mann, der über Jahre hinweg diese »Entschiedenheit« in umgekehrte Richtung lenkte. Im August 1924 spottet Ossietzky noch, wenn er im »Jubeljahr« zum Kriegsausbruch von 1914 den Reichswehrminister ins Visier nimmt: »Etwas problematisch wirkt bei solchen Gelegenheiten immer das Erscheinen der Reichswehr. Man weiß es nie recht: macht sie nun mit oder gegen? Unbewegte Gesichter, von Stahltöpfen überschattet. Schreitet Herr Geßler die Front ab, so spielt eine unsichtbare Kapelle: ›Zu Mantua in Banden‹.«[115] In einem Artikel über »das heimliche Heer« findet der Leser ein knappes Jahr später den Hinweis: »Wenn im Reichstag einer das Thema ›Schwarze Reichswehr‹ anschnitt, empfahl Herr Geßler … mit jovialem Lächeln Kaltwasserbehandlung.«[116] Und dann vergeht Ossietzky jegliche Ironie, als er von einer Reichstagsdebatte über das Verhalten der kaiserlichen Marine in den letzten Kriegstagen berichtet, deren Führung mehrere Matrosen wegen »Meuterei« erschießen ließ: »Die rebellierenden Admirale, die pflichtvergessenen Offiziere, die gewissenlosen Militärjuristen finden glühende Verteidiger in den Herrn Vertretern des Reichswehrministers. Vor eine der schimpflichsten Episoden des kaiserlichen Deutschlands treten schirmend Geßlers Offiziere.«[117]
Geßler versucht 1927, mit der ihm gegebenen staatlichen Macht zurückzuschlagen. Als im März Berthold Jacob in der »Weltbühne« erneut über einen Fememord-Prozeß und die politischen Hintergründe berichtet hat, werden er und der verantwortliche Redaktionsleiter Ossietzky mit einer Beleidigungsklage Geßlers überzogen. Die Reichswehrführung und den zuständigen Minister provozierten ein paar Sätze über den angeklagten Oberleutnant Schulz. Darin heißt es, dieser habe nur erteilte Befehle ausgeführt, so »daß man neben ihn auf der Anklagebank mindestens den Hauptmann Keiner und

den Oberst von Bock, wahrscheinlich aber auch den Oberst von Schleicher und den General von Seeckt setzen müßte«.[118] In der Anklageschrift werden Jacob und Ossietzky als vorbestraft bezeichnet. Daß der Oberstaatsanwalt von Berthold Jacob Salomon spricht, zeigt, wie der Antisemitismus den Geist der Reichsjustiz bereits Jahre vor Hitler verseucht hat. Man pflegt seine sumpfigen Vorurteile schon 1927 schamlos, und ein Kabinettsmitglied ist sich keineswegs zu schade, dabei mitzuspielen. In der Zeugenbefragung, zu der auch der ehemalige Küstriner Putsch-Major Buchdrucker und Reichswehroberst Kurt von Schleicher geladen sind, versucht das Gericht nicht, seine Voreingenommenheit gegen die beiden Angeklagten zu verbergen, lehnt es ab, über die politischen Hintergründe der »Fememorde« Fragen zuzulassen, und verurteilt Jacob zu zwei und Ossietzky zu einem Monat Gefängnis. In dem Berufungsverfahren werden die Haft- in Geldstrafen umgewandelt, dann fallen sie unter das Straffreiheitsgesetz vom Juli 1928.

Zehn Tage bevor Geßler am 19. Januar 1928 als Reichswehrminister den Hut nehmen muß, erreicht den Oberreichsanwalt noch ein Schreiben des Ministeriums, das auf geradezu kabarettistische Weise vom besonderen Geist des Hauses zeugt. Die Behauptung in einem »Weltbühnen«-Artikel, die Marine habe ihre Etatforderungen für ihre »legalen Aufwendungen« um ein mehrfaches überzogen, sei unrichtig. »Im Falle ihrer Wahrheit«, schlußfolgern die Herren über Deutschlands Schicksal, »wäre sie nicht zum Wohle des Reiches oder im Interesse der Landesverteidigung geheim zu halten.«[119]

Es gehört zur Tragödie der Weimarer Republik, daß in all den Jahren ihres Bestehens mit Gustav Noske, Otto Geßler und Wilhelm Groener drei Minister das Reichswehrministerium führten, die unabhängig von ihrer politischen Herkunft letztlich ohne jedes demokratische Gespür waren. Sie wurden mehr oder weniger überzeugt zu Werkzeugen der Freikorpsführer und der Generalität. Sie deckten deren Bluttaten und republikfeindlichen Intrigen. Sie zerrten Journalisten vor Gericht, die das illegale Treiben der Reichswehr enthüllten, sie scheuten nicht die Unwahrheit und trugen am Scheitern der Republik einen hohen Schuldanteil. Das gilt für den Sozialdemokraten in diesem Amt so wie für den ehemaligen DDP-Mann. Bei Ludendorffs Nachfolger dagegen verwundert das weniger. Alle drei wurden für Ossietzky zur publizistischen Zielscheibe, vielfach beschrieb er ihr unheilvolles Wirken. Groener gelang es dann, diesen unnachgiebigen Gegner des Militarismus 1932 ins Gefängnis zu bringen. Auch das hat man in den Lexika, Geschichts- und Lehrbüchern der zweiten deutschen Republik gern übersehen. Im »Brockhaus« des Jahres 1969 ist über Groener hübsch unverfänglich zu lesen: »Das politische Wirken Groeners ist durch den Versuch bestimmt, die Kluft zwischen Heerestradition und demokratischer Republik zu überbrücken.«[120] Dieses populäre Nachschlagwerk würdigt ihn denn auch mit 53 Zeilen, wohlwollend werden politische Taten wie »sein Eintreten für Arbeitsschutzbestimmungen« während der Kriegsjahre aufgeführt. Dem Republikaner und mutigen Publizisten Ossietzky werden ganze 27 Zeilen eingeräumt, die sich jeder Wertung enthalten. Auch so kann Geschichte geschrieben werden.

In Ossietzkys Artikeln für die »Berliner Volks-Zeitung« finden die Leser bereits zahlreiche Hinweise auf eine andere Parteigruppierung, die den Friedensvertrag, die parlamentarische Demokratie und den Weg Deutschlands zu einer Politik des Ausgleichs gegenüber seinen Nachbarn mit einer Polemik attackiert, die erst Jahre später Früchte tragen sollte: die Nationalsozialisten. Der Putschversuch Hitlers im November 1923 war ein Flammenzeichen, das schnell vergessen wurde, aber das keineswegs allein stand. Die »Völkischen«, die sich vor allem um die Partei des zunächst noch völlig unbekannten Weltkriegsgefreiten (andere berufliche Qualifikationen hatte er nicht vorzuweisen) scharten, besaßen exzellente Verbindungen zu den Freikorpsbrigaden und auch zu einigen Männern an der Spitze der Reichswehr. Ihre Hetze gegen die demokratischen Parteien, ihre geschichtsverfälschende Propaganda, ihr Militarismus, ihr Antisemitismus, ihr Streben, den kleinen italienischen »Cäsar« Mussolini mit einem Marsch auf Berlin zu kopieren – dies alles fand in den frühen Weimarer Jahren im Lager des deutschen Konservatismus oder bei den gemäßigten Rechten zwar noch kein wahlpolitisch meßbares Echo, aber der Geist, der aus dieser Flasche entwich, war ihnen keineswegs fremd. Verbal bereits unüberhörbar, kam machtpolitisch ihre Zeit erst, als auch die bürgerlichen Demokraten auf einen erzkonservativen Reichspräsidenten und den Artikel 48 setzten, Deutschnationale, Volksparteiler und Zentrumspolitiker das Heil in Präsidialregierungen sahen, die die gewählten Parlamentarier als lästige Statisten empfanden und ihnen weniger trauten als dem Dolchstoßpropagandisten und ehemaligen General des Kaisers. So kam die Stunde des Trommlers, weil der Boden für seine aggressiven Pläne bereitet war. Nicht eine Wählermehrheit, sondern die politischen und wirtschaftlichen Eliten, die in den letzten Jahren der Republik über Deutschland herrschten, riefen Hitler in die Reichskanzlei.

Ossietzky hat schon in der Frühzeit gewarnt. Später, als er bereits in der »Weltbühne« schreibt, unterschätzt er gelegentlich, welch ein Gewaltpotential sich hinter Hitler zusammenbraut, in welchem Ausmaß es ihm gelingt, die Abwehrhaltung vieler Deutscher gegenüber der ungeliebten Republik für seine Pläne zu instrumentalisieren. So spottet er das eine oder andere Mal zuviel und wechselt dann zu rasch das Thema. Der Weltanschauung, die die Nationalsozialisten aufgreifen und propagieren, hat er dagegen seit den Spätjahren des Wilhelminismus bekämpft. Er bleibt ein kompromißloser Gegner Hitlers.

Im März 1923, als die Agitation der Rechten während des Ruhrkampfes groteske Züge annimmt, tut Ossietzky Hitler zwar ein wenig vorschnell als einen »Mussolini in Duodezformat« ab, aber er weist doch schon in die Richtung, von der die Gefahr droht: »... es kommt nicht wesentlich darauf an, ob die Ideologie des Fascismus zur herrschenden Strömung wird, auch als

Unterströmung, die das Wollen und Handeln der unpolitisch bleibenden Massen beeinflußt, kann sie gefährlich genug werden, weil sie die nun einmal unbestreitbare Neigung des Deutschen zur Katastrophenpolitik bedenklich in die Halme schießen läßt.«[121] Einige Tage später setzt er hinter die politische Eskalation in Bayern und das Vorgehen der preußischen Regierung gegen rechtsradikale Putschisten ein weit vorausschauendes Fragezeichen: »Hitler muß die Dingfestmachung seiner preußischen Complicen sicherlich als schweren Schlag empfinden. In der Tat steht sein Renommee auf dem Spiel, wenn er sich jetzt nicht zu baldigem Losschlagen entschließt. Aber wenn er nach dem Muster Mussolinis zu marschieren beginnt, wer wird mitgehen, und wird überhaupt jemand mitgehen?«[122] Diesmal nur eine kleine Zahl, wie sich dann knapp acht Monate später herausstellen soll. Aber schon im Juni greift er die republikgefährdende Nachsicht der bayerischen Regierung gegenüber dem in München wild agierenden Hitler an: »Wie lange soll dieser Skandal noch andauern, daß Hitlers freches Schlagwort von den ›Novemberverbrechern‹, die Phrase eines elenden Straßendemagogen, von dem Minister, der für die Ordnung im Lande zu sorgen hat, mit breitem Behagen aufgenommen wird? … Die *Methode Ludendorff-Hitler* bedeutet die *Überflutung* des *Reiches* von Bayern aus.«[123]

Die Wirkung der rechten Agitatoren beginnt in den turbulenten Herbsttagen 1923 das Handeln der Reichsregierung auf fahrlässige Weise zu beeinflussen. Ossietzky sieht die drohende »Verdrossenheit an der Republik«, die an Boden gewinnt, weil die Tatenlosigkeit des Kabinetts Stresemann angesichts der bayerischen Verfassungsbrüche immer deutlicher wird. »Während Ehrhardt und Hitler Nordbayern in ein Heerlager verwandeln, muß die Reichswehr damit befaßt werden, die ›proletarischen Hundertschaften‹ der thüringischen Bevölkerung zu entwaffnen, die übrigens einen rein defensiven Charakter hatten und niemals so provozierend in Erscheinung getreten sind wie gelegentlich die sächsischen …

Eiserne Faust für Sachsen und Thüringen, Samtpfötchen für Kahr.«[124]

Zwei Tage nachdem diese Sätze veröffentlicht wurden, marschiert Hitlers Horde durch München, um an der Feldherrnhalle kläglich in die Flucht geschlagen zu werden. An der Spitze dabei Erich Ludendorff, der gut zu dieser Truppe paßt. »Das Gespenst der nationalsozialistischen Aktionen hat seine Drohung verloren«, kommentiert Ossietzky das Scheitern der Putschisten, »und ein unbändiges Gelächter beantwortet allerorten den Komödienakt im Bürgerbräusaal.«[125] Gleichzeitig sieht er keine Veranlassung zu leichtfertigem Optimismus, denn »mag Hitler tausendmal als Vogelscheuche entlarvt sein, die Herren *Kahr* und *Lossow* haben ihn nicht zum Gerümpel geworfen, um der *Republik zu dienen* oder in Bayern verfassungsmäßige Zustände wiederherzustellen.«[126]

Wenn er in diesem Artikel mit Blick auf Hitlers Pläne vom »ärmlichen Popanz« spricht, den Auftritt des Nazi-Chefs im Bürgerbräukeller als »Posse« bezeichnet oder konstatiert, »ohne Kahr kein Hitler«, so drückt er damit zweifellos eine Stimmung aus, die unter den Demokraten nach der raschen Niederschlagung des Putsches weit verbreitet war. Aber solche verharmlosenden Formulierungen lassen sich auch in den späteren Jahren, wenn Hitler bereits an den Pforten der Macht rüttelt, immer wieder in seinen Kommentaren finden. Nicht nur bei ihm, sondern bei vielen linksdemokratischen Autoren wie etwa bei Tucholsky. Sie haben Hitler und seine Bewegung in all diesen Jahren mit ihren kritischen Kommentaren an den Pranger gestellt, aber es lag wohl doch jenseits ihrer Vorstellungskraft, daß die Deutschen einen solchen Mann und einer solchen Politik einmal tatsächlich folgen könnten.

Was Ossietzky in den Novembertagen 1923 über Ludendorff äußert, bestätigt sich dann bald. Hitlers künftige Rolle in der Republik dagegen schätzt er zu diesem Zeitpunkt falsch ein: »Und *Ludendorff* selbst, der Heros, der Übermensch, der sich anmaßte, die Geschicke des deutschen Volkes in seine Hand zu nehmen? Der Götze ist gefallen. Zurück bleibt ein Monomane von sturer Verbissenheit, ohne Weitblick, ohne Hirn, ohne Herz. Der Mann der sich einbildete, Weltgeschichte machen zu können … schließt seine Laufbahn als Spießgeselle eines unfreiwillig komischen Psychopathen, den seine marktschreierische Beredsamkeit geradezu zum Ausrufer beim Oktoberfest prädestiniert. Ludendorff an Hitlers Seite! Es ist, als ob sich ein gealterter Don Juan an der Seite einer längst verblühten Schönheit spreizt; er glaubt Triumphe zu feiern, – aber die Welt lächelt über das verrückte Paar.«[127] Nun, im Falle Hitler ist der Welt das Lachen bald gründlich vergangen.

Allerdings konnte Ossietzky zu diesem Zeitpunkt auch nicht ahnen, wie willfährig die deutsche Justiz beim Prozeß gegen den Münchner Putschisten mit dem Angeklagten und seinen Kumpanen umgehen würde. Als vom 24. Februar bis 1. April 1924 im Münchner Volksgericht verhandelt wird, gelingt es Hitler, seine Auftritte vor den Gerichtsschranken zu einem vielbeachteten agitatorischen Schachzug umzufunktionieren. Weitschweifig lassen ihn die Richter über die Ziele der Nationalsozialisten bramarbasieren. Von »rücksichtsloser Machtpolitik« und der »Zerbrechung des Marxismus« ist die Rede. »Wer zum Diktator geboren ist«, tönt Hitler unter dem Beifall der Zuhörer und einem wohlwollenden Schweigen des Gerichts, »der wird nicht gedrängt, sondern der will, der wird nicht vorgedrängt, sondern drängt selber vor.«[128] Der Angeklagte hat die Rolle des Klägers übernommen: »Ich bekenne mich zwar zur Tat, doch des Hochverrats schuldig bekenne ich mich nicht. Es gibt keinen Hochverrat bei einer Handlung, die sich gegen den Landesverrat von 1918 wendet.«[129] Hitler-Biograph Joachim Fest beschreibt die makabre Szene: »Der Vorsitzende hatte daran kaum etwas zu beanstanden, er rügte keine der Beleidigungen und Kampfansagen gegen die ›Novemberverbrecher‹, nur die allzu stürmischen Beifallsbekundungen des Publikums provozierten milde Verweise.«[130]

Zu fünf Jahren Haft werden die Hauptangeklagten verurteilt,

wobei das von Hitler beeindruckte Gericht sofort auf die Möglichkeit einer vorzeitigen Entlassung hinweist. So kommt es auch, nach sechs Monaten »Vorzugshaft« in Landsberg ist der »Hochverräter« wieder frei. In der bequemen Zelle hat er den ersten Teil von »Mein Kampf« diktiert. Ein Vergleich dieses Prozesses und seiner Umstände mit den Verfahren gegen die Verteidiger der bayerischen Räterepublik, die für Erich Mühsam und Ernst Toller mit der Verurteilung zu langer, schwerer Festungshaft und für den führenden Kommunisten Eugen Leviné mit dem Tod durch Erschießen endeten, wirft zum wiederholten Mal ein bezeichnendes Licht auf die innere Lage der Republik.

Kurz vor dem Hitler-Prozeß meldet sich Ossietzky erneut zu Wort, ahnend, wie es bei der Nachbearbeitung des Münchner Putsches wohl aussehen wird: »Ein paar Glückliche, die den Vorzug genossen haben, Herrn Adolf Hitler in großen Versammlungen reden zu hören, berichten, daß dieser Mann durchaus nicht der große Rhetor sei, als den ihn auch seine Gegner sich gewöhnlich vorstellen. Er sage eigentlich immer dasselbe, aber um seinen Worten durch die Geste Nachdruck zu verleihen, schlage er ständig mit Armen und Beinen um sich, so daß nach kurzer Zeit schon sein Kragen durch die Anstrengung völlig durchgeschwitzt sei ... Herrn Hitlers durchgeschwitzter Kragen hat seine Bedeutung. Sein Publikum sieht, wie er sich abmüht fürs Volk. Und in München wirkt so etwas vertrauenerweckend.«[131] Wie sich zeigte, auch bei den Richtern des Münchner Volksgerichts.

Das Urteil selbst kommentiert Ossietzky dann treffend mit der Bemerkung: »Adolf Hitlers Strafe ist eine reine Galanterie-Strafe, ein juristisch getünchter Erholungsurlaub.«[132] Und er erinnert in diesem Artikel an die Häftlinge Toller und Fechenbach, die immer noch im Zuchthaus »gequält« würden, obwohl sie doch große Parteien hinter sich hätten. Für Hitler dagegen trommele nur »ein Bäckerdutzend«, aber die »haben ihre Pflicht getan. Sie haben protestiert, sie seufzen erleichtert auf«. Seinem

Text hat er den bezeichnenden Untertitel gegeben: »Was die deutsche Republik von ihren Gegnern lernen kann ...«

Diese Zeilen veröffentlicht Ossietzky in seinem ersten Artikel für den »Montag Morgen«. Kurz zuvor ist er wegen der bereits geschilderten Gründe aus der Redaktion der »Berliner Volks-Zeitung« ausgeschieden, für die er seinen letzten Kommentar in der Ausgabe vom 11. März 1924 geschrieben hat. Sein neuer Arbeitgeber heißt Leopold Schwarzschild. Auch er zählt zum Kreis der bedeutenden Herausgeber und Journalisten der ersten deutschen Republik. Vor allem seine Wochenschrift »Das Tage-Buch«, in der Ossietzky ab Juli 1924 im Impressum als »alleinverantwortlich« aufgeführt wird, ist ein zwar nicht sehr auflagenstarkes, aber qualitativ hochwertiges Produkt in der damaligen Medienszene. »Diese grünen Hefte lesen sich wie eine grandiose Geschichte der Weimarer Republik«, wird Fritz Raddatz später in einem kleinen Porträt dieser Zeitschrift bewundernd formulieren, »Darstellung, Kommentar und Analyse zugleich; Warnung und Menetekel«.[133]

Das »Tage-Buch« lebte in hartem Konkurrenzkampf mit der »Weltbühne«, beide Wochenperiodika richteten sich an das liberale, aufgeklärte Bürgertum und die Intellektuellenszene. Aber die ziegelroten Hefte Siegfried Jacobsohns standen alles in allem doch weiter links, bezogen in die Attacken auf die Republikfeinde auch Politiker und Parteien ein, die in Schwarzschilds grün eingebundener Publikation eine etwas schonendere Behandlung erfuhren. Hans-Albert Walter charakterisiert das »Tage-Buch« mit den Sätzen: »Es war ein linksliberales Organ, parteipolitisch nicht gebunden, doch entschieden ›republikanisch‹. Geprägt wurde es von der zunächst bevorzugten Behandlung wirtschaftlicher Themen.«[134] Schwarzschild war ein glänzender Analytiker des politischen Geschehens und ein begnadeter Wirtschaftsjournalist. Jacobsohn und viele seiner Autoren kamen dagegen in alter »Schaubühne«-Tradition von der Theaterkritik und einer mehr kulturpolitischen Betrachtungsweise zur »Weltbühne« der allgemeinen Politik. Das

schlug sich in Stil und Themenauswahl der Zeitschriften nieder.
Beide Blätter konnten auf einen hervorragenden Autorenstamm zurückgreifen. Im »Tage-Buch« schrieben Thomas Mann und Alfred Döblin, Herbert Ihering und Luwig Marcuse, Franz Blei und Walter Mehring, Rudolf Olden und in den zwei Jahren seiner Redaktionszugehörigkeit Carl von Ossietzky. Diese kleine Liste zeigt, daß sich die Mitarbeit prominenterer Autoren in der »Weltbühne« und im »Tage-Buch« häufig überschnitt. Die eifersüchtigen Verleger liebten das ganz und gar nicht. Jacobsohn schreibt im Oktober 1925 einmal erbost an Tucholsky: »Persius ist ohne Grund und ohne jede Benachrichtigung Mitarbeiter des ›Tage-Buchs‹ geworden. Wenn er das nicht überzeugend aufklärt, wird es wohl meine Trennung von ihm zur Folge haben.«[135] Und selbst seinem Vertrauten und Lieblingsautor unterstellt er, möglicherweise beim Konkurrenten tätig zu sein. »Ich gratuliere zu Deiner ebenso fleißschen wie heimlichen Mitarbeit am Dagebuch«, heißt es da süffisant und mißtrauisch. »Wie heißt Du dort?«[136]
Die beiden Verleger Schwarzschild und Jacobsohn lieferten sich in den zwanziger Jahren, bis zum frühen Tod des »Weltbühnen«-Leiters, heftige Scharmützel, zu denen sie auch ihre Autoren immer wieder aufriefen. Gelegentlich fanden diese Auseinandersetzungen nicht nur in ihren Blättern statt, sondern wurden unter spektakulärer verbaler Begleitmusik auch vor den Gerichtsschranken ausgefochten. Und doch wird Schwarzschild zum Tode Jacobsohns einen souveränen Nachruf in seiner Zeitschrift veröffentlichen, der nicht zuletzt auch die charakterliche Größe des »Tage-Buch«-Herausgebers unterstreicht: »Der Mann, der in diesen Tagen jung und jäh aus dem Leben gerissen wurde, war den grünen Heften, die diese Abschiedsworte ins Land hinaustragen, nicht grün. Es wäre Heuchelei, das zu verschweigen – zu verschweigen, daß er uns zuweilen mit unfaßbaren Angriffen bedacht, und daß zuweilen tiefe Empörung gegen ihn in unseren Reihen herrschte …

Vorbei! Begraben! Nichts davon in unserem Denkstein! Darauf steht, daß ein tapferer Mann lebte, ein scharfer Intellekt, ein fanatischer Arbeiter – eine der hervorragendsten publizistischen Erscheinungen, die das Deutschland unserer Tage hervorgebracht. Eine Lücke ist gerissen, die schwer ersetzbar sein wird, eine Stimme ist verstummt, die Deutschland brauchte. Um diesen Verlust trauern wir aufrichtig mit.«[137]

Schwarzschild wurde 1891 als Sohn einer jüdischen Kaufmannsfamilie in Frankfurt geboren. Er studierte Geschichte und Nationalökonomie, zwei Wissenschaftsrichtungen, die später seine Artikel prägen sollten. Zeitlebens ist er ein unzweideutiger Antimarxist, aber von seinem Lehrer Franz Oppenheimer beeinflußt, wurde er Anhänger eines liberalen Sozialismus. Im Krieg veröffentlichte er Artikel gegen einen übersteigerten Nationalismus und kritisierte den europäischen Militarismus. Geschliffen in den Formulierungen, von sensiblem Gespür für die Entwicklungen der Zeit, blieb er in seinen Analysen in der Regel gemäßigt und sachorientiert. 1920 gründete er zusammen mit Stefan Großmann, dem Feuilletonchef der »Vossischen Zeitung«, das »Tage-Buch« und 1923 die Wochenzeitung »Montag Morgen«. Schwarzschild war auch noch an einigen weiteren Zeitungsprojekten als Mitgründer oder Autor beteiligt, vor allem im Bereich der Wirtschaftspresse, und er gehörte mehreren republikanischen Gruppierungen an, u. a. der Deutschen Liga für Menschenrechte. Er war zeitlebens ein leidenschaftlicher Verteidiger der deutschen Demokratie. 1933 mußte er das Land verlassen, wurde ausgebürgert und setzte im Exil seine journalistische Arbeit mit dem »Neuen Tage-Buch« fort. In den Kontroversen der deutschen Exilanten mischte er energisch mit, bekämpfte nach anfänglicher Sympathie die »Volksfrontpolitik« des Kreises um Heinrich Mann und Lion Feuchtwanger. 1934 erschien sein Buch »Das Ende der Illusionen«, in dem er die europäische Politik nach dem Ersten Weltkrieg und die Bedrohung der Welt durch Hitler aufrüttelnd thematisierte. Nach dem Ende des Krieges, das er in den USA erlebte, wollte

Schwarzschild nicht mehr nach Deutschland zurückkehren, es rief ihn auch keiner. 1950 starb er, und Fritz J. Raddatz schreibt 30 Jahre später melancholisch: »Nachkriegsdeutschland hat sich an Leopold Schwarzschild nicht erinnert, ihn nicht wahrgenommen, nicht aufgenommen, ihn nicht geehrt. Sein Grab liegt in der Fremde – wie die Gräber von Marx oder Einstein, Heine oder Thomas Mann.«[138]

Ein streitbarer Mann ist dieser hochbegabte Journalist auch als Herausgeber. Von seinem Kompagnon Stefan Großmann trennt er sich 1927 im Konflikt und führt die einst gemeinsam geleiteten Zeitungen in Alleinregie. Ossietzky wird zwei Jahre mit Schwarzschild zusammenarbeiten. Sie sind für ihn beruflich keine glückliche Zeit. Bald leidet er unter den internen Redaktionskämpfen, und es gibt zwischen Schwarzschild und ihm auch Differenzen in der politischen Beurteilung. Der Herausgeber will Herr im Hause bleiben, und der »alleinverantwortliche« Redakteur sitzt am kürzeren Hebel. Immer wieder greift Schwarzschild in die redaktionelle Arbeit ein, und schon bald scheint Ossietzky resigniert zu haben. Inhaltlich ist es vor allem die unterschiedliche Bewertung der Reichswehr, die zu Kontroversen führt. Schwarzschild sieht die Rolle von Reichswehrchef Seeckt in den Tagen des Herbstes 1923, als die Republik von Unruhen und separatistischen Bewegungen erschüttert wird, positiv, will in ihm sogar den »Retter der Republik« erkennen. Ossietzky dagegen betrachtet die Reichswehr als ein Zentrum der antirepublikanischen Kräfte. Womit er zweifellos recht hatte. »Ossietzky fühlte sich seit Sommer 1925 im ›Tage-Buch‹ nicht mehr recht wohl«, beschreibt Kurt Grossmann die Lage.[139] Wahrscheinlich gilt dies für den gesamten Zeitraum seiner Tätigkeit bei Schwarzschild.

Das zeigt sich auch in der Zahl seiner Veröffentlichungen, die im letzten Halbjahr vor seinem Wechsel zur »Weltbühne« im »Tage-Buch« deutlich sinkt, allerdings im »Montag Morgen« konstant bleibt. Da Schwarzschild und Stefan Großmann sich viel in ihren Zeitschriften zu Wort melden, übernehmen sie auch die großen politischen Themen, Ossietzky weicht häufig auf Buchbesprechungen oder kleinere kulturpolitische Glossen aus. Es gibt wohl von Anfang an ein Mißverständnis zwischen dem Verleger und seinem Redakteur. Schwarzschild erwartet von Ossietzky in erster Linie redaktionelle Impulse, seine Arbeit soll auf die interne Organisation der beiden Blätter konzentriert sein. Dies kann den journalistischen Ehrgeiz und das politische Engagement des gerade gescheiterten Parteigründers natürlich nicht befriedigen. So steht diese Partnerschaft von Anbeginn an auf wackligen Füßen.

Die zwei Jahre bei Schwarzschild fallen in den Beginn der mittleren Phase der Weimarer Republik. Die Historiker sprechen von der »Stabilitätsphase«, die bis zum großen amerikanischen Börsenkrach im Herbst 1929 angedauert habe. Tatsächlich war es Stresemann und dann den Kabinetten der Kanzler Marx und Luther gelungen, die ökonomische und politische Krise vom Herbst 1923 zu überwinden. Am 1. März 1924 wurde der Ausnahmezustand im Reich aufgehoben. Am 29. August stimmte der Reichstag dem Dawes-Plan zu, der die Reparationsfrage erstmals auf eine sachliche und für Deutschland wirtschaftlich sinnvolle Basis stellte. Was die rechten Parteien natürlich nicht davon abhielt, gegen die Vereinbarung Sturm zu laufen. Aus Amerika kamen im Zuge dieses Abkommens Kredite, die die deutsche Wirtschaft ankurbeln sollten. Die von Stresemann verfolgte Außenpolitik des Ausgleichs fand mit der Unterzeichnung des Locarnovertrages im Dezember 1925 und der Aufnahme Deutschlands in den Völkerbund ihre Krönung.

Entscheidend zu diesen Entwicklungen trugen die veränderten Machtverhältnisse in Großbritannien und Frankreich bei. In beiden Staaten kamen unter der Führung des Labour-Chefs Ramseay MacDonald und des Radikalsozialisten Edouard Herriot Gruppierungen an die Regierung, die vor allem Poincarés harte Alles-oder-Nichts-Politik gegenüber dem besiegten Deutschland als Gefährdung der Zukunft Europas erkann-

ten. Mit der von MacDonald durchgesetzten diplomatischen Anerkennung der Sowjetunion durch die Londoner Regierung – bald folgten Paris und Rom diesem Schritt – entspannte sich auch die Situation im Osten.
Aber die Warnzeichen, wie labil die Lage der Republik nach wie vor blieb, waren dennoch unverkennbar. Die Spaltung des Landes zwischen lauen Republikanern und lärmend agierenden Republikfeinden blieb und belastete nahezu jede politische Debatten oder Entscheidung. Dem Bürgertum gelang es nicht, sich zu einer wirkungsvollen Sammlungsbewegung zusammenzuschließen, und die Sozialdemokraten übten sich in Regierungsabstinenz. In den beiden Reichstagswahlen des Jahres 1924 kamen die Deutschnationalen auf 18,4 bzw. 20,4 Prozent der Stimmen, den Kommunisten gelang im Mai der Sprung auf 12 Prozent, und bei den Dezemberwahlen landeten sie immerhin noch bei 8,9 Prozent. Stresemanns Deutsche Volkspartei schwankte beständig zwischen Anpassung und den Sirenentönen der Partei Hugenbergs. Hitlers Nationalsozialisten fielen Ende 1924 auf bedeutungslose 2,9 Prozent zurück. Das Zentrum hielt sich um die 13 Prozent und war mit dem bayerischen Anhängsel (Bayerische Volkspartei) geplagt. Die DDP pendelte um die sechs Prozent herum.
Bis zur nächsten Reichstagswahl im Mai 1928 gehörten also gut 30 Prozent der Abgeordneten Parteien an, die die Republik mit aller Entschiedenheit ablehnten. Weitere rund 15 Prozent verhielten sich dem Staat gegenüber ambivalent, dachten »rechts«, auch wenn sie mit Zähneknirschen mancher Entscheidung der von ihnen formal mitgetragenen Regierungen zustimmen mußten. Kein Wunder, daß in diesem Zeitraum eine Regierungskrise der anderen folgte, die lähmenden Schlachten im Reichstag ein vielfältig verstärktes Echo bei den durchs Land vagabundierenden Propagandarednern der Demokratieverneiner auslösten. Die Mehrheit der Deutschen blieb auch in diesen »stabilen« Jahren auf gehörigem Abstand zur Republik, die Sehnsucht nach einer autoritären, starken Führung

war nicht erloschen. Die verschiedenen Bürgerblockkabinette (Zentrum, DDP, Deutsche Volkspartei und Parteilose) hielten sich eigentlich nur über einen so langen Zeitraum, weil die SPD das Gespenst der verstärkten Anwendung des Artikels 48, also die Versuchung, den Reichstag durch autoritäre Eingriffe zu entmachten, fürchtete und sie daher die Regierungen Marx und Luther immer wieder aus der Opposition heraus stützte. Diese kittete wiederum zusammen, daß sie eine Linkskoalition auf jeden Fall verhindern wollten. Im Januar 1927 hatte es die Volkspartei endlich geschafft, daß die Deutschnationalen in die Regierung aufgenommen wurden, was zu einem kräftigen Rechtsruck führte.

Wie es in Wirklichkeit Mitte der zwanziger Jahre um die Republik stand, das zeigten die Reichspräsidentenwahlen von 1925. Friedrich Ebert, von der Rechten gejagt und diffamiert, von der Weimarer Justiz in für ein Staatsoberhaupt beispielloser Weise bloßgestellt, war an einer verschleppten Blinddarmentzündung gestorben. Im Vorfeld der Wahl seines Nachfolgers bewiesen die demokratischen Parteien in erschreckendem Maß ihre Unfähigkeit, die Kräfte gegen rechts zu bündeln. Im ersten Wahlgang zersplitterten sie die bürgerliche und linksliberale Wählerschaft, indem sie mit vier Kandidaten ins Rennen gingen. Die Katastrophe kam beim zweiten Wahlgang. Während SPD, Zentrum und DDP sich auf die Kandidatur des ehemaligen Zentrum-Kanzlers Wilhelm Marx einigten, beging Gustav Stresemann einen historischen Fehler. Er wich vor dem Drängen der eigenen Parteifreunde zurück und ließ es als Vorsitzender zu, daß sich die Deutsche Volkspartei auf die Seite des von den Deutschnationalen aus dem Hut gezauberten Kandidaten Paul von Hindenburg schlug. Dieser Schwenk brachte in einem durchaus offenen Wahlgang die Entscheidung für den Monarchisten und Kriegsheros, der seinen Rivalen Marx mit einem Abstand von drei Prozent schlagen konnte.

Die Kommunisten stellten in beiden Wahlgängen ihren Vorsitzenden Ernst Thälmann auf, der 7 bzw. 6,4 Prozent erreichte.

Auch sie haben mit ihrer Bündnisverweigerung einen wichtigen Beitrag zur Wahl des neuen Reichspräsidenten beigesteuert, die auf einen einschneidenden politischen Richtungswechsel der Republik hinwies. Der »Vorwärts« titelte völlig richtig, wenn er am 27. April mit der Schlagzeile erschien: »Hindenburg von Thälmanns Gnaden!«[140] Folgenreicher für die psychologische Identitätskrise der Republik aber war das Versagen der bürgerlichen Mitte, denn die Kommunisten hatten nie einen Hehl daraus gemacht, daß sie die parlamentarische Demokratie nicht wollten. So war es natürlich pure Heuchelei, wenn die »Rote Fahne« nach der Wahl erklärte: »Die Kommunisten können nicht auf dem Standpunkt stehen, daß für uns die Frage: Monarchie oder bürgerliche Republik, gleichgültig sei. Die Kommunisten sind in dieser Frage nicht gleichgültig, sondern stellen sich an die Spitze des wirklichen Kampfes gegen die monarchistische Gefahr.« Leere Propagandafloskel blieb auch der im gleichen Artikel zu lesende Hinweis »Noske und Ebert gebaren Hindenburg, den Vorläufer der neuen Hohenzollernherrschaft«.[141] Das Gegenteil war richtig. In dieser Frage hatte die Sozialdemokratie mit dem Verzicht, ihren Kandidaten Otto Braun auch in den zweiten Wahlgang zu schicken, äußerst verantwortlich und klug gehandelt.

»Die politische Polarisierung, die sich in der Bildung des Reichsblocks und des Volksblocks ausdrückte«, so interpretiert Hans Mommsen die damalige Lage präzise, »reichte tiefer, als die Zweckbündnisse der Parteien vor dem zweiten Wahlgang erkennen ließen, und offenbarte eine fortgeschrittene Isolierung der parlamentarischen Kräfte.«[142] Schon die Form des Wahlkampfes der Deutschnationalen und ihres »Reichsblocks« zeigte dies an. Der Kriegsheld, der Mythos von Tannenberg, wurde in einer Welle von nationalistischen Großkundgebungen, die stets von einem Meer schwarzweißroter Flaggen geschmückt waren, als »Retter« Deutschlands gepriesen. Die Erhebung Hindenburgs zum nationalen Idol war in den Augen seiner politischen Sponsoren und vieler seiner Wähler gleichzeitig eine vernichtende Kritik an der Republik. Etwas mehr als sechs Jahre hatte es gedauert, bis die Wahl Hindenburgs signalisierte, daß die deutsche Revolution lediglich ein kurzes Zwischenspiel geblieben war. Die alten wilhelminischen Mächte saßen wieder an den entscheidenden politischen Schalthebeln.

Paul von Hindenburg war 78 Jahre alt, als ihn eine Mehrheit zum Staatsoberhaupt wählte. Sein Weltbild wurde in den Bismarckjahren und der wilhelminischen Epoche geformt. Ein erzkonservativer Militarist, dessen soldatische Karriere im Weltkrieg ihren Höhepunkt fand, für den der bereits Pensionierte wieder reaktiviert worden war. Gemeinsam mit Ludendorff regierte er ab 1916 als Chef der Obersten Heeresleitung in einer faktischen Militärdiktatur über Deutschland, trieb das Land in verlustreiche Schlachten, die nicht mehr zu gewinnen waren. Im September 1918 verlangten er und sein Generalquartiermeister Erich Ludendorff, der eigentliche militärische und politische Stratege an der Armeespitze, zum Entsetzen der zivilen und völlig überraschten Reichstagsführung ein sofortiges Waffenstillstandsangebot, da die militärische Niederlage des kaiserlichen Heeres unmittelbar bevorstehe. Nach der Niederlage hat er einen parlamentarischen Untersuchungsausschuß mit der Behauptung belogen, der Krieg sei durch Agitation und Widerstand an der »Heimatfront« verloren worden. Damit schuf er eine Legende, aus der die Republikfeinde mit ihren Hetzreden ein stetig wachsendes politisches Kapital schlagen konnten. Viele Deutsche glaubten dem Sieger von Tannenberg. Sie konnten sich wohl einfach nicht vorstellen, daß ein kaiserlicher General, der am allerliebsten mit Begriffen wie Ehre, Pflicht oder Treue hausieren ging, so feige die eigene Verantwortung verleugnen könnte.

Als Reichspräsident versuchte Hindenburg, sich formal an die Verfassung zu halten. Zumindest in den ersten Jahren. Bald zeigte sich, daß er zwar nicht senil, aber als oberster Repräsentant und starker Machtfaktor eines demokratischen Staates politisch völlig überfordert war. Was eigentlich niemand überraschen konnte. Die Weimarer Verfassung hatte dem Reichspräsidenten eine große Machtfülle zugesprochen. Er ernannte den Kanzler oder berief ihn ab. Mit dem Ausnahmeartikel 48 besaß er ein Instrument, das es ihm ermöglichte, den Reichstag außer Gefecht zu setzen. Auch Ebert hatte diese Möglichkeit häufig genutzt. Unter Hindenburg erlangte der Artikel 48 aber eine überragende Bedeutung.

Ab 1930, als der Zentrumspolitiker Heinrich Brüning auf Geheiß des Reichspräsidenten die Regierung zu führen begann, wurde die Anwendung des Artikels 48 zum entscheidenden Faktor der deutschen Innenpolitik. Mit seiner und Hindenburgs Hilfe glitt die Republik schon vor Hitler in eine autoritäre Phase hinein, die mit demokratischen Prinzipien kaum noch in Übereinstimmung zu bringen war. Brüning war Monarchist, und als Weltkriegsoffizier fühlte er sich nicht der Republik, sondern dem Reichspräsidenten in »soldatischer Treue« ergeben. Was ihm wenig half, denn Hindenburg ließ ihn fallen, als er die Privilegien seines Standes, der ostelbischen Junker, durch die Politik des Kanzlers bedroht sah. Sein nächster Favorit, Franz von Papen, war der Kanzler der Großindustrie, des monarchistischen Adels und des Amtskatholizismus. Das »Kabinett der Barone«, das sechs Monate regierte und dem neben den parteilosen Günstlingen nur noch die Deutschnationalen angehörten, sah sich einem nahezu geschlossen feindlichen Reichstag gegenüber. Die einzige »Leistung«, die es vorzuweisen hatte, war die Entmachtung der preußischen Regierung unter dem Sozialdemokraten Otto Braun, dem letzten Bollwerk der Republik. Dann holte Hindenburg den Mann der Reichswehr, Kurt von Schleicher. Aber da war die Republik praktisch schon verspielt.

Hitler, den Hindenburg zwar widerstrebend, aber aufgrund seines Denkens und Handelns folgerichtig nach dem Sturz Schleichers berief, hatte in den letzten Jahren keinen ernsthaften Gegner mehr gehabt. Er konnte auch deswegen triumphieren. Und weil der Reichspräsident entscheidend dazu beigetragen hatte, daß die demokratischen Institutionen schon Jahre vorher ausgeschaltet wurden, ohne daß sich die bürgerlichen und linken Parteien dagegen mit der notwendigen Energie wehrten. Umgeben von einer kleinen Kamarilla, in der Staatssekretär Meißner und Hindenburgs Sohn Oskar die Rolle der intriganten und politisch unfähigen Schurken spielten, wurde des Kaisers Feldherr zum zweiten Mal in seiner Laufbahn zum Totengräber seines Landes.

Insofern ist die Reichspräsidentenwahl von 1925 also zweifellos das zentrale politische Ereignis in Ossietzkys Jahren bei Leopold Schwarzschild. Es wirft ein bezeichnendes Licht auf seine journalistische Stellung im »Tage-Buch« und beim »Montag Morgen«, daß er im Umfeld dieses die Republik bewegenden Wahlkampfes kaum etwas darüber veröffentlicht. Nur eine Woche nach Hindenburgs Wahl lästert er recht harmlos: »Der Wahlkampf ist zu Ende. Roß und Reisige legen sich erschöpft zur Ruh. Des Krieges Stürme schweigen. Nach rauhen Schlachten besinnt man sich der fast verlernten Künste des Friedens. Man wird wieder manierlich. Die Maskenfreiheit ist zu Ende. Thersites flötet wie der verliebte Achill.«[143] Die »Retter«-Pose, die der greise Wahlkämpfer auf Plakaten und in den Reden seiner Anhänger eingenommen hatte, habe den Erfolg für Hindenburg gebracht, meint Ossietzky, effektvoll besonders »bei einem Volk, das ohnehin durchdrungen ist, daß zivile Fragen sich am besten militärisch fingern lassen«.[144] Der Rest ist in Schwarzschilds Blättern Schweigen, jedenfalls was Ossietzky betrifft. Erst ein Jahr später, in seinem zweiten Artikel für die »Weltbühne«, kommt er dann auf das Thema – und zwar ausführlich – zurück. Jetzt allerdings bilanziert er das erste Amtsjahr des Reichspräsidenten schon erheblich ernster: »Hindenburg: das bedeutet mulmigste Reaktion im Innern, Platzhalterschaft für die Monarchie, Abenteuerpolitik nach außen.«[145] Und er vergleicht nicht allzu schmeichelhaft: »Die Polen haben in Paderewski den musikalischsten, die Tschechen in Masaryk den geistigsten, die Deutschen in Hindenburg den politikfernsten

aller Außenseiter auf den Schild gehoben. Populär, von Instinkt konservativ, unpolitisch und lenksam: dieser empfehlenden Vierheit von Eigenschaften verdankt Hindenburg die Gunst der heimlichen Präsidentenmacher. Um einen Vergleich aus ganz andrer Sphäre zu holen: war Friedrich Ebert der politische Papst, so ist Hindenburg der religiöse.«[146]
Deutlich spürt Ossietzky den atmosphärischen Wandel, der seit Hindenburgs Wahl in Deutschland erkennbar wird. Es seien heute die bürgerlich-republikanischen Blätter, »die ihm Kränze winden. Sie beloben ihn, weil er seinen Eid gar so treu gehalten habe, und ahnen nicht einmal, wie gräßlich geschmacklos solche Hudelei ist, und daß sie sich selbst mehr damit charakterisieren als ihn. Die Republikaner sind schon von Herzen dankbar, wenn man ihnen nichts tut.«[147] Er bleibt mißtrauisch, sieht genau die Hintergründe der inneren Entwicklung, läßt sich nicht von den tatsächlich stabileren äußeren Verhältnissen täuschen: »Es ist richtig. Man respektiert die Republik. Man darf es, weil man sie in der Hand hat. Ohne Gefahr kann man ihren Farben und Formen die ›schuldige Achtung‹ erweisen. Denn man weiß, daß eben Alles nur noch Form und Farbe ist und kein Inhalt mehr. Deshalb kann man sich sogar den Luxus gestatten, die Republik zu schützen.«[148] Das »Hindenburg-Programm« habe die »völkische Strolchokratie« beendet, die durchs Land streunenden Wehrverbände seien an die Zügel gelegt, die Regierung ließe sich nicht mehr »hineinhitlern«, aber man jage diesen Spuk, der die ersten Jahre der Repulik so tiefgreifend erschüttert hatte, nicht auseinander. Denn: »Man hält sie eben in Schach, um durch ihr bloßes Vorhandensein die Republikaner in Schach zu halten.«[149]
Das Fazit in diesem ersten politisch wieder sehr grundsätzlichen Artikel aus seiner Feder ist prophetisch: Erst wenn im Kanzleramt einmal ein anderer als der gegenwärtige, maßvolle Regierungschef Luther säße, »erst dann werden die letzten Möglichkeiten der Präsidentenschaft Hindenburg offenbar werden. Denn wer zu lenken ist, ist auch zu schieben … Lauert

hinter pseudo-parlamentarischem Brimborium die Diktatur?«[150]

Es sollte noch acht Jahre dauern, bis diese düstere Prognose eintraf. Die kommenden knapp vier Jahre dümpelte die Republik mühsam vor sich hin. Der wirtschaftliche Wiederaufstieg stand auf dünnem Eis, die politischen Kämpfe stabilisierten nicht das demokratische Bürgertum und die Arbeiterbewegung, sondern die Radikalen in der rechten Ecke und auch die Feinde von links. Bis 1929 agierten sie weitgehend außerhalb des Reichstags, von vielen übersehen, unterschätzt oder gar belächelt, dann überfluteten sie ihn. Ossietzky aber ist am Beginn dieser historischen Phase an der letzten und bedeutendsten Station seines journalistischen Lebensweges angekommen. Am 1. April 1926 wird er Redakteur der »Weltbühne«.

»Wir gehören keiner Partei an«

Die Weltbühne (1926–1933)

Welch eine Zeitschrift, welch ein Verleger! Blättert der heutige Leser die Reprintausgabe der vollständigen »Weltbühnen«-Jahrgänge vom 4. April 1918 bis zum 7. März 1933 durch, dann wird er rasch erkennen, was Journalismus sein kann: brillanter Stil, glänzende Analyse, beißende Polemik, hinreißende Satire, spielerische Wortakrobatik, demokratische Kompromißlosigkeit, moralische Unbedingtheit, rigorose Humanität, aufklärerische Utopie. Und auch dies: ein unbestechlicher Blick für politische Fehlentwicklungen, das Aufdecken der wuchernden Korruption, die Verteidigung der Schwachen, die Entlarvung von Militarismus, Antisemitismus und einer ideologisch verseuchten Justiz.

Der Tagesjournalismus ist nicht frei von Irrtum, Fehlinterpretation, schlechter Recherche, handwerklicher Schluderei oder gelegentlich ununterdrückbaren Zwängen, schneller, lauter oder gar sensationeller als die Konkurrenz auf dem Markt zu erscheinen. Auch in der »Weltbühne« finden sich solche Negativphänomene. Manches mußte der Herausgeber öffentlich korrigieren, sprachliche Entgleisungen oder ungerechte Urteile über Menschen und Gruppen sind den »Weltbühnen«-Autoren nicht fremd. Aber das kleine, ziegelrote Heft, das Woche für Woche die politischen, ökonomischen, kulturellen und gesellschaftlichen Entwicklungen der Weimarer Jahre berichtend und kommentierend begleitete, ist ein Glanzpunkt deutscher Publizistik.

In dieser Zeitschrift versammelte sich eine intellektuelle Elite der zwanziger und frühen dreißiger Jahre. Es gab auch in anderen Monatsblättern, Wochenschriften oder Tageszeitungen große Namen und bedeutenden Journalismus. Aber wohl kaum ist andernorts eine solche Fülle zu registrieren wie in Siegfried Jacobsohns »Wochenschrift für Politik, Kunst, Wirtschaft«. Zu den Autoren, die mehr oder weniger regelmäßig in der »Weltbühne« veröffentlichten, gehörten Kurt Tucholsky, Alfred Polgar, Julius Bab, Anton Kuh, Kurt Hiller, Walter Hasenclever, Walter Mehring, Harry Kahn, Paul Zech, Rudolf Arnheim, Alfons Goldschmidt, Berthold Jacob, Herbert Ihering, Franz Blei, Bruno Frei, Hellmut von Gerlach, Heinz Pol, Walter Zadek, Arthur Eloesser, Egon Fridell, Herwarth Walden, E. J. Gumbel, Moritz Heimann, Hans Natonek, Walther Karsch, Hans-Erich Kaminski, in den späteren Jahren Erich Kästner und Axel Eggebrecht. Im Namensregister tauchen auch viele damals oder wenig später berühmte Schriftsteller auf: Arnold Zweig, Lion Feuchtwanger, Alfred Döblin, Ernst Töller, Klabund, Otto Flake, Erich Mühsam, Joachim Ringelnatz, Roda Roda, Ludwig Renn, Emil Ludwig, Hermann Kesten, Wolfgang Koeppen, Henri Barbusse, Klaus Mann oder der junge Hans Flieg, der sich später im Exil Stefan Heym nennen wird. Gelegentlich forderten und bekamen auch journalistische »Amateure« einen Platz im Blatt eingeräumt: der Regisseur Erwin Piscator etwa, oder der Historiker Veit Valentin, der häufiger für Jacobsohn schrieb. Eine sehr bunte, nur unvollständige Liste ist es, viele hier nicht aufgeführte Namen sind heute verblaßt, ihre Erwähnung sagt uns nichts mehr. Damals jedoch hatten sie ihren Platz in der deutschen Publizistik, lösten auch ihre Artikel Empörung und Ablehnung, Gelächter und Begeisterung, nicht selten sogar eifrige Initiativen der Justiz aus.

Links war die »Weltbühne« zweifellos. Aber was sagt eine solche Einordnung, die damals und heute unsere amtlichen, parteipolitischen und publizistischen Ideologen so gerne als linksrechts Vorgabe für die Öffentlichkeit nutzen, weil ihr Verstand die Vielfalt des Denkens nun einmal nicht erfassen kann, eigentlich aus? Gar nichts. Schon die wenigen oben angeführten Namen zeigen, daß in der »Weltbühne« Sympathisanten der Sozialdemokratie und der Kommunisten schrieben, Bürgerliche und Liberale, Sozialisten und Kapitalismusanhänger, Räterepublikaner und anarchistische Schwärmer. Auch Friedrich Sieburg, der in den Nazijahren zum kulturellen Handlanger der Diktatur wurde und in seiner bundesrepublikanischen Zeit unverzagt wieder die Demokratie entdeckte. Axel Eggebrecht schreibt später, daß die »Weltbühne« ein »radikal demokratisches«, ja, er meint sogar »linkes Kampfblatt« gewesen sei, »aber nie diente sie einer Partei, schon gar nicht der kommunistischen«.[1] Das Blatt war »vollkommen unabhängig. Selbst böswillige Widersacher konnten nie nachweisen, daß irgendwelche Interessen vertreten wurden. Darauf waren die Mitarbeiter stolz.«[2]

Kaum ein unabhängiges Zeitungsorgan in den Weimarer Jahren – von den Parteiblättern ganz zu schweigen – hat so konsequent und kontinuierlich wie »Die Weltbühne« auf die Krebsschäden der Republik hingewiesen. Schwarze Reichswehr, geheime Aufrüstung, politische Terrorurteile – »Weltbühnen«-Autoren deckten auf, klagten an, warnten vergeblich. Besonders diese Veröffentlichungen führten zu zahlreichen Anklagen gegen das Blatt und seine Herausgeber. Sie gefährdeten schon in den Schlußjahren der Republik die Existenz der Zeitschrift, die zu diesem Zeitpunkt ständig mit einem Verbotserlaß zu rechnen hatte. So war Ossietzkys Verurteilung vor dem Leipziger Reichsgericht im November 1931 ein Exempel, das gegen das verhaßte Blatt und seinen Herausgeber statuiert werden sollte, und ein eklatanter Fall von Rechtsbeugung. Wieder ging es um die Aufrüstung der Reichswehr, wieder konnten weder der Ankläger noch die Richter den Tatbestand, den der Autor Walter Kreiser aufgedeckt hatte, in einem einzigen Punkt widerlegen. Es war für die »Weltbühne« sicher der spektakulärste, aber nicht der einzige Fall, in dem sich ihre Herausgeber und Artikelschreiber mit den Rachefeldzügen der Justiz auseinanderzusetzen hatten.

Zweifellos zeichnete die »Weltbühne« weiterhin aus, daß ihre kulturpolitischen Beiträge – Theaterkritiken, Buchrezensionen, Kunstdebatten – auf hohem Niveau angesiedelt waren. Mit Siegfried Jacobsohn selbst, mit Alfred Polgar, Julius Bab und Herbert Ihering gehörten die einflußreichsten Kritiker der Zeit zum Stamm ihrer Autoren. Eigentlich fehlte in diesem Kreis nur Alfred Kerr, sonst wären alle »Großen« beim roten Heftchen versammelt gewesen, die die aufregende Theaterszene Weimars so vielbeachtet verrissen oder lobten.

Die Wirtschaftartikel erreichten diese Höhe nicht. Obwohl der Verleger den besonderen Stellenwert des modernen Wirtschaftsjournalismus keineswegs unterschätzte, zeigen manche Hinweise in seinen Briefen an den Vertrauten und organisatorischen Mitdenker Kurt Tucholsky, daß er auf diesem Feld weniger Glück bei seiner ansonsten so erfolgreichen Autorensuche hatte. Hier war das »Tage-Buch« seinem Konkurrenten überlegen, hatte es mit Leopold Schwarzschild einen volkswirtschaftlichen Analytiker, dem keiner bei der »Weltbühne« gleichkommen konnte. Auch Alfons Goldschmidt nicht, der immerhin ein Nationalökonom von Rang war.

Materiell schlingerte Verleger Jacobsohn immer dicht am Abgrund entlang. Reich ist er jedenfalls nicht geworden mit seiner »Weltbühne«. Er war Alleinredakteur und seine Autoren »freie Mitarbeiter«, die für ihre einzelnen Artikel bezahlt wurden, einige aus dem engeren Zirkel erhielten Pauschalhonorare. So schrieben sie meist gleichzeitig für mehrere Blätter der Republik. Auch Kurt Tucholsky, der die rechte Hand Jacobsohns geworden war und bis zu seinem Umzug nach Paris häufig Korrekturaufgaben und die Schlußredaktion in der Potsdamer Druckerei übernahm. Die Auflage schwankte stark, lag in den schlechtesten Zeiten bei lediglich 3 000 Stück. In Jacobsohns Briefen findet sich als höchste Angabe einmal die Zahl 12 600. Elke Suhr und Axel Eggebrecht meinen, daß die Zeitschrift »eine Auflage von 15 000 selten überschritt«[3].

Keine Glanzbroschüre erreicht da jede Woche den Leser. Das

moderne Medienzeitalter, in dem die Verpackung nahezu alles und der Inhalt zur Nebensache geraten ist, liegt noch weitgehend in der Zukunft. Kleines Format, enger, platzsparender Druck, bis zu sieben Seiten lange Artikel, die nur sehr maßvoll durch Zwischenzeilen »lesbarer« gemacht werden, aber auch kleine politische Gedichte. Häufig wird ein Thema in mehreren Fortsetzungen abgehandelt. Die Artikelüberschriften erstaunen häufig durch ihre Nüchternheit. So – nur beispielhaft herausgegriffen – in Nummer 5 vom 3. Februar 1925: »Luther und Herriot«, »Realistischer Pazifismus«, »Oesterreichische Köpfe«, »Die deutschen Minderheiten« – da setzt ein Herausgeber nicht auf die Sensationsgier seiner Leser.

Immer wieder gibt es Ideen für neue Rubriken, aber es setzen sich eigentlich nur zwei wirklich durch: »Bemerkungen«, deren Inhalt formal dem harmlosen Titel entspricht und deren Reiz in der lapidaren Kürze liegt. Tucholsky liebt sie, denn Ignaz Wrobel oder Peter Panter gehören zu den häufigsten Verfassern dieser Rubrik. Aber auch der Erfolgsschriftsteller Emil Ludwig ist sich nicht zu schade für eine gelegentliche »Bemerkung«. Und dann gibt es am Ende jeden Heftes die »Antworten«, Jacobsohns journalistisches Revier. Meist ein Feuerwerk des Spottes und des pointierten Witzes. Gefragt hat sich der Verleger in der Regel selbst, und er antwortet in einem unvergleichlichen, nicht zu kopierenden Stil. Gern läßt er sich dabei von Tucholsky inspirieren, bittet ihn, eine »Antwort« vorzuformulieren oder – wenn seine Zeit nicht reicht – den Text gar druckfertig in das Blatt zu setzen. Was ihm unangenehm ist, denn er ermahnt den Vertrauten mehrfach in seinen Briefen, ja nicht in der Öffentlichkeit durchblicken zu lassen, daß es nicht nur einen Autor der »Antworten« gibt.

Der Umfang der Wochenschrift lag zunächst bei knapp 30, erreichte dann aber rund 40 Seiten. Manchmal fiel eine Nummer aus. Inserate waren für viele Hefte Mangelware, was den Verleger verständlicherweise betrübte. Wie gesagt, ein Geschäft war die »Weltbühne« nicht, und der oftmals verschuldete Besitzer verbrachte manch schlaflose Nacht, wenn Wechsel fällig wurden, die Abonnentengelder auf sich warten ließen und die Autoren bezahlt werden mußten oder Tucholsky wieder einmal in einem Brief aus Paris wehleidig klagte, er verfiele nun endgültig der Armut, wenn Jacobsohn sein Gehalt nicht erhöhe.

»Was er hier aufgebaut hat, lebt; sein Verstand, sein Gefühl, sein Lachen rauschten durch diese Seiten. Dies Blatt war sein Geschöpf, sein lebendiges Geschöpf«, schreibt Tucholsky in seinem Nachruf auf Siegfried Jacobsohn.[4] So war es. Ohne diesen leidenschaftlichen Kritiker und Verleger ist die »Weltbühne« undenkbar. Er hat sie gegründet, geformt und inhaltlich bestimmt. Praktisch keine Zeile ging in Druck, die er nicht gelesen hatte. In der kleinen Berliner Redaktion saß er, von einer Sekretärin und einem jungen, meist völlig unerfahrenen Mitarbeiter unterstützt, korrigierte, schrieb Beiträge für das Heft oder Briefe an seine Autoren – und rechnete. Was er haßte, denn ein Geschäftsmann war er nicht und wollte er auch nicht sein. Ein Brett, in das zwei Nägel eingeschlagen wurden, war die Buchhaltung: auf einen wurden die nicht bezahlten Rechnungen gespießt, auf den anderen die Belege.

Ein gewaltiger Arbeiter, ein rastloser Zeitungsmacher, voller Pläne und Ideen bis zur letzten Stunde seines so früh verloschenen Lebens war er. Hochgebildet, als Verleger und politischer Beobachter entschieden liberal. Tucholsky und den Wiener Alfred Polgar liebte er als Menschen und Autoren. Ossietzky, mit dem er nur noch acht Monate zusammenarbeiten konnte, schätzte er als Journalisten sehr. Von ihm sagte er einmal, seine Artikel könne er, ohne sie gelesen zu haben, in die Setzerei geben. Ein größeres fachliches Kompliment hatte dieser sprachbesessene Redakteur nicht zu vergeben. Für ihn schrieben auch Autoren, die er nicht mochte, deren Stil und Denken ihm wenig behagten. Er konnte als Herausgeber streitbar sein, aber er wußte um die labile, von Eitelkeiten und Selbstzweifeln geplagte Seele der schreibenden Spezies Mensch. Seine Kompetenz, seine Zivilcourage und sein ausgeprägtes Einfühlungsvermögen ließen ihn in den vielen Diskussionen und redaktionellen Auseinandersetzungen zur unbestrittenen Autorität des Blattes werden.

»An seinem Schreibtisch, in dem engen Nest aus Büchern, Zeitungen und Papieren, saß er wie ein Alchimist in seiner Bude«, heißt es in Polgars liebevoll-verehrendem Nachruf, »glücklich-geheimnisvoll beschäftigt, eingeschaltet in den Stromkreis der Arbeit, die ihn glühen machte, hingegeben der schwarzen Kunst und der Leidenschaft des Redigierens. Das Blättchen war seine Welt. Mit nie erlahmender Schöpfer-Passion formte und besserte er sie. Zweiundzwanzig Jahre lang, Woche um Woche – sechs Tage arbeitete er, am siebenten aber, da arbeitete er auch –, erstand unter seinen Händen diese kleine Welt, in der die große sich spiegelte.«[5]

Die Sommermonate verbrachte er auf Sylt, in seinem geliebten Kampen. Eine kleine Holzhütte wurde dann zum Redaktionsbüro. Auch hier las er jeden Artikel, schickte seine Korrekturen nach Berlin, schrieb seinem dortigen Vertreter – bis zur Abreise nach Paris war dies Tucholsky – nahezu täglich witzige, besorgte, beruhigende, anweisende Briefe. Er war ein genialer Pedant und auch deswegen ein so ungewöhnlich begabter und erfolgreicher Zeitungsmann.

Siegfried Jacobsohn, 1881 geboren, stammte aus einer jüdisch-preußischen Kaufmannsfamilie. Mit 20 Jahren schreibt er bereits seine ersten Theaterkritiken für Berliner Zeitungen. Der Neuling fällt durch seine kenntnisreichen, stilistisch meisterhaften und inhaltlich unbequemen Besprechungen auf, wird bei der »Welt am Montag«, die der spätere »Weltbühnen«-Mitarbeiter Hellmut von Gerlach leitet, innerhalb kürzester Zeit zu einem der führenden Berliner Kritiker in den ersten Jahren des neuen Jahrhunderts. »In vollster Unabhängigkeit und Rücksichtslosigkeit konnte ich meine Meinung sagen«, schwärmt er im Rückblick auf seine frühen Kritikerjahre. »Es brauchte mich nicht zu berühren, daß dem Blatt … von einem

Theater nach dem anderen die Referentenkarten und die Inserate entzogen wurden; daß die Objekte der Kritik den Verleger geradezu anflehten, eine solche Freimütigkeit nicht zu dulden, daß Sudermann gegen diesen Grad der ›Verrohung‹ wetterte; daß die Gerichte aufgeboten wurden – mit einem Wort: daß ich in kürzester Zeit über die Maßen verhaßt war. Sie tobten. Ich schritt weiter … Das mußte sich freilich eines Tages rächen.«[6]

Was es denn auch rasch tut. Im »Berliner Tageblatt« erscheint am 12. November 1904 ein Beitrag, der den dreiundzwanzigjährigen Aufsteiger des Plagiats bezichtigt. Das Mosse-Blatt hat Passagen aus Arbeiten Jacobsohns abgedruckt, die einige wortgleiche Sätze fremder Texte enthalten. Der Fall Jacobsohn ist geboren. Es »war ein Sensationsstück ersten Ranges«, merkt der Betroffene neun Jahre danach an, »für das es sich lohnte, die berliner Litfaßsäulen mit Riesenplakaten – Jacobsohns Enlarvung, Plagiator Jacobsohn, Siegfrieds Tod – wochenlang vollzukleben«.[7] Er ist Opfer seiner Fähigkeit geworden, einmal Gelesenes wortwörtlich im Gedächtnis speichern zu können und es so unbewußt wiederzuverwenden. Solche Erklärungen helfen ihm in der aufgestauten, feindlichen Stimmung, die seine Kritiken erzeugt haben, nichts. »Vielleicht war ich der Fahrlässigkeit schuldig«, resümiert er seinen »Fall«. »Jedenfalls hätte sich über dies und das diskutieren lassen. Aber man diskutierte nicht. Man schrie … Laut Hardens Zeugnis: ›Dieb, Strauchräuber, elender Wicht. Vier Wochen lang hörte man es schon in allen Tonarten. Die Wut will sich gar nicht erschöpfen. Ein Gezeter, als gäbe es im Holzpapierreich kein erbärmlicheres Subjekt als diesen Jacobsohn. Hundertmal ward er totgesagt, von Bekannten und Unbekannten, und doch wird immer wieder auf ihn losgedroschen.‹«[8] Es folgt ein jäher Sturz, und das vermeintliche Ende einer jungen, hoffnungsreichen Kritikerkarriere.

Jacobsohn geht auf Reisen, nach Wien, Florenz, Paris. Er ist getroffen, aber nicht geschlagen. »Mein Hirn gährt von Zukunftsplänen«, heißt es in einem Brief aus diesen Tagen, »literarischen und persönlichen, allein, solange die Gährung noch so heftig ist wie jetzt, will ich lieber nichts verlauten lassen.«[9] Im Juni 1905 ist er wieder in Berlin, und das Ergebnis seiner »Gährung« ist die enthusiastische Gründung eines Theaterblattes. Er hat einen Geldgeber gefunden und gibt seiner Zeitschrift den Namen »Die Schaubühne«. Das Redaktionsbüro ist unter der Adresse Jerusalemer Straße 65 zu finden, dem Elternhaus des Jungverlegers.

In dem literarischen Multitalent Julius Bab hat er seinen ersten Berater, und der berühmte Hugo von Hofmannsthal sagt für die erste Nummer einen Beitrag zu. Sie erscheint am 7. September 1905. Der ehrgeizige Blattgründer teilt in einem Geleitwort seinen Lesern recht selbstbewußt mit, man habe sich die Aufgabe gesetzt, »das Theater wieder zur Würde eines Kunstinstituts zu erheben«[10]. Worum man sich denn in den kommenden Jahren redlich bemüht. »Die Schaubühne« wird in ihrem Metier eine führende Wochenschrift der noch verbleibenden wilhelminischen Jahre. Nicht gerade auflagenstark, aber von bemerkenswerter Qualität.

Mancher, der später zu den Vorzeigeautoren der »Weltbühne« gehören wird, ist schon damals dabei: Alfred Polgar und Julius Bab, Egon Fridell und Herbert Ihering, in den letzten Jahren Kurt Tucholsky. In der »Schaubühne« veröffentlichen Hermann Bahr und Else Lasker-Schüler, Peter Altenberg und Robert Walser. 1910 fusioniert die Wochenschrift mit einem Münchner Konkurrenzblatt, dem »Spiegel«, dessen damals noch gänzlich unbekannter Verleger und Herausgeber finanziell am Ende ist. Sein Name: Lion Feuchtwanger. Der spätere Erfolgsautor wird Münchner Korrespondent der »Schaubühne« und bleibt auch der »Weltbühne« treu.

Unpolitisch ist man zunächst, lobt Mozart und greift im unendlichen Streit um die Neue deutsche Musik Richard Wagner aufs heftigste an, notiert eifrig die vielen kleinen und großen Theaterskandale, ist – mit Abstrichen – für Max Reinhardts

»Welttheater«. Jacobsohn bleibt beeindruckt von Otto Brahms revolutionierendem Regiekonzept, das vom vordergründigen Pathos des verblassenden Hoftheaters hinüberführt zum inneren Seelendrama der neuen Stücke, die vor der Jahrhundertwende der Norweger Henrik Ibsen für die Bühne schrieb und die den Ruhm des Schlesiers Gerhart Hauptmann begründeten. Mit Alfred Kerr liefert das junge Blatt sich über Jahre hinweg nicht nur geistreiche Fehden. Die jüngste, noch in den Kinderschuhen steckende Kunstgattung wird frühzeitig bemerkt und ernst genommen: das Kino. »In einer Zeit, in der die Bühne eine viel gravierendere bürgerlich-gesellschaftliche Rolle spielt als heute«, schreibt Alfred Estermann in einer Betrachtung über die Zeitschriften dieser Jahre, »haben Blätter mit Theaterkritiken aus Metropolen und Provinzen, mit Aufsätzen über Schauspieler und Schauspielkunst, mit Dramen-Abdrucken und mit der Wiedergabe zahlloser kleiner Meldungen eine besondere literaturpolitische Stellung.«[11] Im letzten Artikel, den Ossietzky in seinem Leben wird schreiben können, zieht er eine ähnliche Schlußfolgerung: »Die wilhelminische Ära, durch und durch apolitisch, gab ihre großen streitbaren Temperamente an die Sphären der Kunst und des Theaters ab.«[12]

Das also ist das Vorspiel der »Weltbühne« und seines großen Verlegers gewesen. Die Wendung hin zur Politik kommt in den letzten wilhelminischen Jahren, vor allem dann, als der Krieg das Bild, das die »Ästheten« sich von der Welt gemacht hatten, zertrümmert. Jacobsohn ist zu hellhörig, zu nah seiner Zeit, um die Signale nicht zu erkennen. Am 4. April 1918 erscheint die Nummer 14 des XIV. Jahrgangs der »Schaubühne« unter dem Titel »Die Weltbühne«. Keinen Hinweis des Herausgebers, warum überhaupt oder warum gerade jetzt diese Titeländerung, findet der Leser in der Ausgabe. Jacobsohn meint wohl, man wisse bei seinem Publikum schon, warum jetzt alles anders sei. Lediglich in der Blattmitte reimt Theobald Tiger melancholisch: »Mein gutes Blatt! Wie hast du dich verändert! / Den

Musentempel schließt du beinah zu;/mit Politik, Kunst, Wirtschaft dich bebändert,/so geht dein Vorhang auf: auch du, mein Kind, auch du?/Du willst dich gleichfalls in den Strudel stürzen?/Randstaaten? Westfront? Die Veränderungswahl?/Nur eines kann mir meinen Kummer würzen:/Es war einmal …« Es hilft nichts, die Zeiten haben sich geändert, also »Glück auf zur neuen Reise!/Eng wars einmal – heut bist du bunt und weit.«[13]

Die erste Notiz über eine mögliche Mitarbeit Ossietzkys in der »Weltbühne« findet sich in einem Schreiben Jacobsohns vom 22. Juli 1924, das er – in seinem sehr eigenwilligen Briefstil – Tucholsky aus Kampen schickt: »Die Sache mit Ossietzky mußt Du unbedingt vollständig wie von Dir allein aus machen. Ich kann und will mir da keinen Korb holen. Vielleicht scheitert sie schon daran, daß ich in der Kriegsgedenknummer die Republikanische Partei angreife. Aber ich bin ganz Deiner Meinung über ihn und wäre froh, wenn Dir der Fang glückte. Betone ausdrücklich, daß ich nichts davon wisse, und daß Du mich, wenn er nicht a limine ablehnt, über alle Einzelheiten erst interpellieren müßtest.«[14]

Leider sind Tucholskys Briefe an seinen Lieblingsverleger verlorengegangen. Aber es läßt sich aus diesen Zeilen doch erkennen, daß der Anstoß, Ossietzky als Mitarbeiter zu gewinnen, von dem Mann mit den vielen Pseudonymen gekommen ist. Man kennt sich ja durch die verschiedenen pazifistischen Aktivitäten im Berlin der frühen zwanziger Jahre recht gut. Sicher ist auch, daß Jacobsohn und Tucholsky die »Berliner Volks-Zeitung« und natürlich die ungeliebte Konkurrenz – das »Tage-Buch« – eifrig lesen, also die Artikel des aus Hamburg zugereisten Kollegen ihnen geläufig sind. Beide haben offensichtlich keine Zweifel, daß der gerade heftig gescheiterte Parteigründer hervorragend in den illustren Kreis der »Weltbühnen«-Autoren passen würde. Reichswehr, Justiz, Parteienkritik, der Zustand der Demokratie – Ossietzkys Lieblingsthemen sind auch die des kleinen roten Heftes.

Wie intensiv sich Tucholsky um ihn bemüht haben mag, er kommt nicht, sondern hat mit Leopold Schwarzschild abgeschlossen. Jacobsohn ahnt zu Recht, daß er sich einen »Korb holen« wird, und er gönnt dem Widersacher Schwarzschild keinen öffentlichen Triumph. Deswegen schickt er seinen Autor vor, hält sich selbst bedeckt bei diesem im ersten Anlauf mißlungenen Anwerbeversuch.
Aber Ossietzky bleibt ein Gesprächsthema zwischen den beiden »Weltbühnen«-Männern. Am 8. August taucht sein Name in ihrer Korrespondenz wieder auf: »Daß es Ossietzky bei den Schmutzschilden nicht gefällt, begreif ich«, teilt Jacobsohn seinem Statthalter in der Berliner Redaktion aus dem Sommerurlaub mit, »da er, nach seinen Artikeln zu urteilen, ein sauberer Mensch ist. Wenn Du ihn das nächste Mal siehst, dann kannst Du ihm ja sagen, Du glaubtest, daß ich ihm das, was er dort als Fixum hat, auch garantieren würde.«[15] Eine Briefstelle, die übrigens einen Hinweis darauf gibt, daß sich Ossietzky offenbar schon in der Anfangsphase seiner Arbeit für das »Tage-Buch« unwohl gefühlt hat und dies Tucholsky gegenüber auch äußerte. Und was der streitbare Jacobsohn von seinem Verlegerkonkurrenten hält, zeigen diese Zeilen nicht weniger. Ein »sauberer Mensch« und Schwarzschild, das paßt für ihn nun einmal nicht zusammen.
Schon am 24. August wird der Name Ossietzky erneut im Briefwechsel erwähnt: »Mit C.v.O. ganz einverstanden. Er gefällt auch mir immer besser ... Am 1. Oktober plane ich in Berlin einzutreffen. Dann stehe ich ihm jederzeit zur Verfügung.«[16]
Später ist vielfach über das gespannte Verhältnis zwischen Tucholsky und Ossietzky geschrieben worden, das angeblich nach dem Tod Jacobsohns die Beziehung zwischen den beiden Herausgeber-Nachfolgern getrübt habe. Dennoch sollte nicht übersehen werden, daß Tucholsky große Stücke auf seinen Kollegen hielt. Die zitierten Briefpassagen weisen darauf hin, daß er seinen Verleger in dieser Frage bedrängt, ihn offensichtlich immer wieder auf die Notwendigkeit aufmerksam macht,

Ossietzky für das Heft zu gewinnen, dessen journalistische und charakterliche Qualität preist.

Zu einem Treffen in Berlin, wie es Jacobsohn wünschte, ist es nicht gekommen, und Tucholsky läßt nicht locker. »Ich wüßte nicht, was Du in Sachen C.v.O. tun könntest und solltest«, antwortet ihm der inzwischen in der Angelegenheit etwas genervte Verleger. »Daß ich mich an ihn wende, ist unmöglich. Du hast mit ihm im Sommer gesprochen. Da hat er Dir zugesagt, daß er sich an mich wenden werde, wenn ihm sein Stall unerträglich geworden sei. Bis jetzt hat er sich nicht gemeldet. Also erträgt er den Stall noch. Warten wir weiter.«[17] Ende Dezember heißt es dann noch einmal, und der Ton wird gereizter: »Daß Du jetzt andre Leute beauftragst, um C.v.O. für mich zu buhlen, ist mir nicht ganz lieb. Die werden ja doch, noch dazu wenns Weiber sind, darüber reden, und so wirds zu seinem Brotherren dringen.«[18] Nein, den Schwarzschild mag er nun einmal nicht, und dessen umworbener Autor ziert sich ganz offensichtlich, bleibt hin und her gerissen, ob er wechseln soll oder nicht.

Am 25. Januar 1925 betritt Ossietzky erstmals das Büro von Siegfried Jacobsohn im Königsweg. Ein zunächst aber wieder folgenloses Gespräch, diesmal ist die Politik der Störfaktor. Tucholsky erhält sofort die Mitteilung: »Vormittag war C.v.O. da. Er war bis gestern entschlossen, dort zum 28. Februar zu kündigen. Aber da hat gestern Stresemann gegen ihn als verantwortlichen Redakteur Strafanzeige gestellt, und da glaubt er anstandshalber bis zum Prozeß ausharren zu müssen.«[19] Was er auch tut, und genau ein Jahr herrscht Funkstille zwischen dem »Weltbühnen«-Verleger und seinem so zögerlichen Kandidaten.

Im Januar 1926 beginnt das Spiel erneut. »Heute ist mir telephoniert worden«, wird Tucholsky unterrichtet, »daß C.v.O. nach dem hundertsten Konflikt seinen Leuten gekündigt hat, und daß er vielleicht nächste Woche einmal zu mir kommen wird. Das ganz unter uns.«[20] Sieben Tage später: »Der Marquis v.O. war noch nich do. Nun will er nächste Woche kommen. Warten wirs ab. Er hat erst mündlich gekündigt, gelobt aber heilig, am 15ten zum 31sten März auch schriftlich zu kündigen. Dies ebenfalls unter uns.«[21] Und am 1. Februar scheint sich die Lage allmählich zu klären: »Morgen kommt der Marquis v. O. Er will nun endgültig – unter uns – am 1ten April bei mir anfangen. Ich bin neugierig, ob wir uns einigen.«[22] Eine Woche danach ist wieder alles offen: »Endgültig will der Marquis von O. sich erst am 15ten Februar entscheiden.«[23] Am 26. stöhnt Jacobsohn: »Ossietzkyn – die Sprache is nich von Pappe – schick ich zu morgen einen Vertragsentwurf und bin neugierig, ob wir zu Stuhle kommen. Er ist einer der größten Umstandskommissarien, die mir je begegnet sind.«[24] Am 4. März die gleiche Lage: »Glaubst Du, daß der Marquis von O. einen Vertrag unterschreibt? Mitnichten. An dem ist auch ein Halbdutzend alter Jungfern verloren gegangen.«[25] Erneut vergeht ein Monat, dann die erlösenden Zeilen: »Eben kommt die Unterschrift von Ossietzky. Er beginnt in der Nummer vom 20. April. Ich bin sehr neugierig.«[26]

Knapp zwei Jahre dauerte das Werben der »Weltbühne«, und in der Tat, sehr entscheidungsfreudig verhielt sich der begehrte Autor in diesen Monaten nicht gerade. Aber Jacobsohn und Tucholsky haben sehr genau gewußt, daß sich das Warten und Locken lohnen würde. Mit Carl von Ossietzky tritt die dritte entscheidende Führungskraft des Blattes in die Redaktion ein. Wenige Monate später wird Jacobsohn sterben und ein Jahr darauf der sich in der Position des Nachfolgers äußerst unwohl fühlende Tucholsky die Leitung abgeben. An seine Stelle tritt Ossietzky, und in der letzten, entscheidenden Periode Weimars wird er für die verbleibenden sechs Jahre zur zentralen Figur der Wochenschrift.

Am 20. April 1926 erscheint sein erster Artikel in der »Weltbühne«: »Der plombierte Wagen«. Nicht irgendwo im Blatt, sondern als Leitartikel. Und dabei bleibt es. Die »Weltbühnen«-Leser werden ab jetzt fast ausnahmslos Woche für Woche auf den ersten Seiten des Heftes mit Ossietzkys recht umfangreichen Beiträgen zur politischen Lage der Republik eingestimmt. Es wird bald verständlich, warum der Verleger so zäh daran festhielt, Ossietzkys Mitarbeit zu gewinnen. Er hatte, nachdem Tucholsky sich angesichts seiner persönlichen Situation und der politischen Lage resigniert nach Paris zurückzog, den lang gesuchten, idealen politischen Kommentator in ihm gesehen und gefunden. Nach den ersten beiden Leitartikeln fühlt er sich in seiner Einschätzung bestätigt: »Mit dem Marquis v. O. bin ich bis jetzt durchaus zufrieden. Dabei behauptet er, bis jetzt noch gar nicht richtig losgelegt zu haben.«[27]

Da dieser Partnerschaft nur noch wenige Monate gegeben sind, muß offenbleiben, wie sie sich bei einer langfristigen Zusammenarbeit entwickelt hätte. Am 26. Juni erreicht Tucholsky eine Botschaft, die immerhin andeutet, daß die herzliche Verbundenheit, die Jacobsohn gegenüber seinem Pariser Korrespondenten oder dem geliebten Alfred Polgar empfindet, sich bei Ossietzky nicht einstellt. »Der Marquis v. O. ist gewiß nicht ›die beste Akquisition‹, die ich ›je‹ gemacht habe«, widerspricht er dem Vertrauten, »aber sicherlich einer der bessern. Leider scheint er menschlich nicht ganz zuverlässig zu sein.«[28] Worauf sich die letzte Bemerkung bezieht, bleibt im Dunkeln. Schwierig waren sie sicher beide, der stille, in sich gekehrte und zum Grüblerischen neigende, von Selbstzweifeln nicht freie Ossietzky und der sprühende, lachbereite, dynamische Jacobsohn. Letzterer neigte in vertraulichen Briefen zu gelegentlich sehr herber Kritik an seinen Autoren. Selbst Tucholsky wird häufig heftigst »zusammengestaucht«, wenn dem Herausgeber etwas nicht paßt. Was diese große Vater-Sohn-Freundschaft jedoch nie beschädigt. Da Ossietzky bis zum Tod Jacobsohns offenbar intern unumstritten der »Leitartikler« des Blattes bleibt, dürfte zumindest seine journalistische Arbeit das hohe Wohlgefallen des Herausgebers gefunden haben.

Der Tod des Verlegers am 3. Dezember 1926 bedeutete für die Arbeit der Redaktion einen kaum überbrückbaren Einschnitt.

Jacobsohn starb völlig überraschend und wurde mitten aus intensivster Arbeit gerissen. Eine neue Monatsschrift war in Planung, und im letzten Brief an Tucholsky, wenige Stunden vor dem Ende geschrieben, sieht er mit großem Optimismus auf das nächste Jahr, in dem er seine verlegerischen Aktivitäten auch für die »Weltbühne« noch ausbauen will: »Ferner wird 1927 die Finanzierung verstärkt, und mit mehr Geld kann man sich mehr Hilfe kaufen.«[29] Ein epileptischer Anfall brachte das jähe Verlöschen dieses rastlosen Lebens und ließ all seine Zukunftspläne zur Makulatur werden. Nicht einmal 46 Jahre alt ist Siegfried Jacobsohn geworden.

Was aber sollte aus einer Zeitung werden, die ihres Schöpfers, ihres genialen Alleinredakteurs, ihres unermüdlichen Antreibers beraubt war? Für die Nachfolge in der Leitung kam eigentlich nur einer in Frage: der alte Freund und Vertraute, der herausragende »Weltbühnen«-Autor der vergangenen Jahre, Kurt Tucholsky. Die Erbin und Witwe Edith Jacobsohn, eine willensstarke und im Verlagsgeschäft nicht ganz unerfahrene Frau, wußte dies und alle Autoren des Blattes wohl auch. Der Kandidat war entsetzt, wehrte ab, ahnte wohl nur allzu genau, daß er an dieser Aufgabe scheitern würde.

Keinen hatte außerhalb der Familie der Tod Jacobsohns so getroffen wie Tucholsky. Er beendete nicht nur eine langjährige Freundschaft und geistige Partnerschaft, sondern raubte diesem melancholischen, übersensiblen und zunehmend von Depressionen heimgesuchten Autor auch eine Vaterfigur, die ihn als Mensch und Schriftsteller immer wieder durch seine liebevolle Anteilnahme und handfeste Hilfsbereitschaft vor der Nacht der Verzweiflung bewahrt hatte. Jacobsohn war sein Beichtvater und Berufsberater, sein bester Kritiker und unverzagtester Förderer gewesen.

Mit seinem Ableben begann Tucholsky die innere Leere, die ihn seit Jahren bedrohte, immer unerträglicher zu werden. Die politischen und gesellschaftlichen Entwicklungen in der Republik hatten ihn schon vorher resignieren lassen, trieben ihn aus dem Land, dem er ähnlich wie hundert Jahre zuvor der Exilant Heinrich Heine in schwieriger Haßliebe verbunden war. Der Umzug nach Paris war bereits Flucht, aber durch Jacobsohn blieb die emotionale Bindung an Berlin und an die »Weltbühne« ein Hoffnungsfunke. Die von seinem Verleger unverdrossen brieflich angemahnten Artikel und Gedichte der Herren Tucholsky, Wrobel, Panter, Tiger und Hauser wurden zum psychischen Rettungsanker. Es ist unübersehbar: Mit Jacobsohns Tod beginnt dieses so ungewöhnlich kreative Schriftstellerleben zu zerbrechen. Nach dem kurzen Zwischenspiel in der »Weltbühnen«-Leitung wird Tucholsky Deutschland verlassen. Anfang der dreißiger Jahre fängt er langsam an zu verstummen. Die Politik ekelt ihn jetzt an, er ist ohne Hoffnung für die Menschen. Dann schreibt er keine Artikel mehr, sondern nur noch Briefe und kleine Notizen. Dokumente eines Ruhelosen, klagende Selbstreflexionen, Hilferufe aus der Vereinsamung im zunächst selbsgewählten und bald erzwungenen schwedischen Exil. Im Dezember 1935 stirbt er. Wahrscheinlich ist es ein Selbstmord, gewiß aber war er müde des Lebens, das nicht zuletzt angesichts der Situation in Deutschland keinen Wert mehr für ihn besaß. Auch er wurde nur 46 Jahre alt. Sein Nachfolger ging zweieinhalb Jahre später im Alter von 48 Jahren elendig zugrunde. Jacobsohn, Tucholsky, Ossietzky – keiner der drei »Weltbühnen«-Leiter erreichte das 50. Lebensjahr. »Mein geronnenes Herzblut«, nannte Jacobsohn einmal nachdenklich seine Wochenschrift.[30]

Zunächst sträubt sich der aus Paris an das Grab Jacobsohns geeilte Tucholsky gegen eine Übernahme des Blattes. Es ist ihm unvorstellbar, daß die »Weltbühne« ohne ihren alles beherrschenden Macher überhaupt eine Zukunftschance besitzt. Es fehlt an Geld und Personal. Edith Jacobsohn sucht einen finanziellen Partner, denkt zeitweise daran, Berthold Jacob mit der Leitung zu betrauen. Was nicht nur Tucholskys Eitelkeit trifft, sondern ihm auch in bezug auf die Person als sachliche Fehlentscheidung erscheint. Empfindlich und launisch verhandelt er in diesen Wochen. Keiner ist vor seinen abfälligen Bemerkungen sicher, mit denen seine Briefe an die in Paris wohnende Ehefrau Mary Gerold jetzt gespickt sind. »Sie [gemeint ist Edith Jacobsohn – d.V.] ist unsicher«, schreibt er am 21. Januar. »Ich bin es auch. Sie kokettiert ein bißchen mit Berthold Jakob, der mich an Mehring erinnert – er hat etwas Mausiges und Falsches, einen fressenden Ehrgeiz. Ich glaube nicht, daß er das Blatt machen kann.«[31] Und einige Tage später erfährt die Gefährtin: »Gerlach hat sich so übel benommen, wie ich ihn immer eingeschätzt habe. Er hat uns sehr geschadet. Jakob ist egoistisch. Ossietzky ist schlapp. Es ist keiner da.«[32] Einer aus seiner Sicht wohl doch. Aber der müßte seine Freiheit opfern, seine Arbeit als Autor gefährden, zurückkehren in das ungeliebte Berlin.

Einige Wochen denkt er daran, die »Weltbühne« von Paris aus zu leiten, um rasch einzusehen, »daß ich hier bleiben muß, wenn es nicht untergehen soll. Es ist ja grauenhaft, weil es einen auffrißt – es ist so die richtige berliner Arbeit, wenn es alles fertig ist, weiß man eigentlich nicht recht, wozu man auf der Welt war.«[33] Rund sechs Monate bleibt er an der Spitze der »Weltbühne«, unglücklich, gelangweilt und klagend. Das Verhältnis zu Edith Jacobsohn ist miserabel. Er fühlt sich unterbezahlt, ist äußerst pikiert über jede »Einmischung« der Verlegerin, explodiert während des Umzugs in die Kantstraße, wenn die Witwe praktische Ratschläge gibt. In den Briefen nach Paris spricht er immer nur verächtlich von »der Frau«, läßt ihr in seiner verzweifelten Stimmung wenig Gerechtigkeit widerfahren. Sie sei »nur schlau, aber gar nicht klug«, nörgelt er verbittert, und sie »überschätzt sich maßlos«[34], »benimmt sich grauenhaft, ... mich reizt die Person.«[35]

»Da saß er, Kurt Tucholsky, auf dem Platz von S. J.«, erinnert sich die Schriftstellerin Pauline Nardi, »todunglücklich, daß man ihn auf diesen Stuhl gebannt hatte und vor einen Schreibtisch, der Pflichten von ihm forderte, die ihm den Atem benahmen. Ich sprach ihn in diesen Tagen. Er schien völlig verwandelt,

sehr traurig, schüchtern, müde und ohne Impuls … Er hatte einen Bleistift in der Hand, die Augen waren auf einen Schreibblock gesenkt, den er unentwegt mit Männerchen bemalte.«[36]
Der »Oberschriftleitungsherausgeber«, wie er sich selbst spöttisch bezeichnet, ist an sich ein erfahrener Zeitungsredakteur, für Mosses Zeitschrift »Ulk« zeichnete er immerhin einmal als Chefredakteur. Aber er hatte wohl mit Deutschland abgeschlossen, wollte sich nicht mehr einmischen in die politischen Kabalen der Republik, war innerlich schon lange auf dem Rückzug.
Ossietzky ist ebenfalls als verantwortlicher Leiter im Gespräch. Er hat offensichtlich abgelehnt. Sein Einfluß im Blatt allerdings ist unmittelbar nach Jacobsohns Tod gewachsen. In der ersten Nummer ohne den alten Verleger heißt es im Impressum, dort, wo seit den Anfängen der Name Siegfried Jacobsohn stand: »Verantwortlich i. V. Carl von Ossietzky.« Bereits im Heft vom 25. Januar 1927 ist das »i. V.« gestrichen. Auf dem Deckblatt erfahren die Leser, daß die »Weltbühne« von Tucholsky geleitet wird. Eine schwierige Zusammenarbeit mit dem schwierigen Tucholsky ist es zweifellos in diesen Monaten. Der gereizte Blattchef meldet der vertrauten Klagemauer immer wieder nach Paris, wie wenig er von seinem ersten Redakteur und vor allem von der inhaltlichen Qualität der Wochenschrift hält.
Das wird noch erheblich komplizierter, nachdem Tucholsky Berlin verlassen und Ossietzky die Chefposition übernommen hat. Nun gefällt dem fernen Nörgler fast gar nichts mehr an seiner »Weltbühne«. Er will nicht akzeptieren, daß es auch ohne ihn geht, fühlt sich vor allem von Ossietzky übersehen und vernachlässigt. Brief auf Brief erreicht die Redaktion, meist Kritisches über das Heft und Vorschläge, wie es besser zu machen sei. Vieles bleibt unbeantwortet, er lebt in der Ferne, die Macht, ernsthaft einzugreifen, hat er nicht mehr.
Die »Weltbühne« kämpft gegen drohende Verbote und wehrt sich in zahlreichen Gerichtsverfahren, die die politischen Gegner anzetteln, im bürgerlichen und liberalen Lager der Republik verbreitet sich Agonie, die Extremisten zelebrieren mit

gewaltigem Getöse ihren Aufmarsch. Tucholsky aber ist weit weg vom Geschehen, sieht vieles nicht mehr mit der notwendigen Genauigkeit. Er weiß das, aber bleibt doch verbittert: »Ossietzky – na, ich bin ja *so* weit weg davon. Er antwortet fast gar nicht – ich habe schon, glaube ich, vierzehn Tage nichts von ihm gehört – auf Anregungen, Vorschläge, Witze – nichts. Dabei ist er sicherlich nicht etwa bösartig, was mir auch gleich wäre – er ist nur bodenlos faul.«[37] Oder wenig später: »Literarisch liegt es so, daß ich alles gänzlich gleichgültig und farblos finde, was Oss macht – nicht etwa gemein oder gesinnungslos oder häßlich, sondern eben gleichgültig.«[38] Es fehlt diesem übersensiblen Autor jemand, »den ich gern habe, wenn ich schreibe«[39], und Jacobsohn, der ein solcher »jemand« auf so unwiederbringliche Weise gewesen war, ist nicht mehr. »Oss, zu dem ich wenig Verhältnis habe. Ein Trockner.«[40]

Nachdem Tucholskys Briefe an Mary Gerold veröffentlicht worden waren, haben seine Biographen aus solchen Passagen herausgedeutet, es sei wenig harmonisch zugegangen zwischen diesen beiden Männern, sie hätten nicht miteinander gekonnt. Was so apodiktisch wiederum nicht stimmt. In der Privatkorrespondenz mit seinen verschiedenen Frauen neigte Tucholsky zu egoistischer Wehleidigkeit, sie ist Ausdruck von Augenblicksstimmungen, die Verarbeitung spontanen Ärgers, weist vorrangig auf die subjektive, psychische Situation hin, die den Schreiber dieser Zeilen bedrückt. Elke Suhr hat in ihrer 1986 erschienenen, sehr einfühlsamen kleinen Studie über die beiden »Weltbühnen«-Autoren erstmals Briefe veröffentlicht, die ein ganz anderes Bild von der Beziehung zwischen Tucholsky und Ossietzky zeichnen. Sie zeugen von einem großen gegenseitigen Respekt und hoher persönlicher Achtung.

Es bleibt, daß die Zusammenarbeit in Berlin nicht ohne Spannungen abläuft und daß Tucholsky sich getroffen fühlt, als die »Weltbühnen«-Redaktion ihn dann übergeht. Nicht als Autor, aber als fernen Ratgeber. Ossietzky fordert ihn immer wieder auf, mehr für das Blatt zu schreiben, er besucht ihn im Oktober 1930 für eine Woche in seiner schwedischen Einsiedelei, und beide erwähnen in ihren späteren Briefen die vertrauliche, einverständliche Atmosphäre dieses Treffens. Wenige Tage vor seinem Haftantritt im Gefängnis Berlin-Tegel schreibt Ossietzky an Tucholsky Sätze, die von einer Besorgtheit über und Verbundenheit mit dem Gefährdeten zeugen, die alle Vermutungen über ein angeblich schlechtes Verhältnis absurd erscheinen lassen: »Nein, wir wollen keinen Abschied nehmen. Wir hätten uns in diesem Augenblick bändevoll zu sagen. Was soll es? Sie haben eine deutliche Vorstellung von dem, was mir bevorsteht. Und ich weiß sehr gut, warum Sie sich jetzt in sich selbst zurückgezogen haben, warum Sie diesen Bogen um die traute Heimat machen. Nur einen Wunsch aus heißem Herzen: verkrampfen Sie sich nicht, machen Sie aus Ihrem Leben keine Peter-Schlemihlgeschichte!«[41]

Tucholsky steht auch nach seinem Ausscheiden aus der Berliner Redaktion als Mitarbeiter auf dem Titelblatt, hat vertraglich nach wie vor ein Mitspracherecht. Er mahnt es in verschiedenen Fragen an. Etwa bei der Einstellung des Theaterkritikers Herbert Ihering, dessen Brecht-Euphorie er nicht teilt. Auch gegen die Interimsherrschaft Hellmut von Gerlachs während Ossietzkys Gefängnisaufenthalt treffen aus der Ferne stärkste Bedenken ein. Empörte Äußerungen des Schwierigen, die nicht auf dem Schreibtisch des verantwortlichen Herausgebers, sondern eines Redaktionsmitglieds landen, lösen bei dem sich übergangen fühlenden Ossietzky Mißmut aus, was er dem anderen postwendend mitteilt. Aber gerade dieser Briefwechsel zeigt, wie schnell und freundschaftlich solche unterschiedlichen Bewertungen und Mißverständnisse geklärt werden, wie bereitwillig Tucholsky einlenkt, anerkennt, in was für einer bedrängenden Situation der Partner das Blatt vor Schaden bewahren muß. Als Ossietzky ihm auf seine entsprechenden Vorwürfe über das »taktische Verhalten« des Blattes hin zu erklären versucht, warum die »Weltbühne« angesichts der neuen Presseverordnungen und der demokratischen Defizite im Land in ihren Texten nicht jegliche Vorsicht außer acht lassen dürfe, antwortet Tucholsky, er wolle sofort nachgeben. »Da sind gar keine langen Briefe erforderlich. *Sie* sitzen da drin – nicht ich.«[42] Und auch dies: »Ich gebe Ihnen mein Wort, daß ich nie im Leben daran gedacht habe, Ihnen Konjunkturitis und Opportunismus vorzuwerfen! Mensch!«[43]

Als Ossietzky sich während seiner Gefängniszeit erneut einem Verfahren stellen muß, in dem es um Tucholskys in der »Weltbühne« abgedrucktes Zitat »Soldaten sind Mörder« geht, quält den Autor, daß er nicht nach Deutschland kommt, der andere die Last und die Gefahr allein zu tragen hat. Nicht nur in seinen Briefen an Mary Gerold läßt sich nachlesen, wie ihn die Frage nach seinem Verhalten in dieser Affäre nicht losläßt: »Schadet es mir mehr, wenn ich komme und also moralisch den großen Mann mache, oder schadet es mir mehr, wenn ich nicht komme, dafür aber meine Knochen gesund aus der Affäre ziehe? … Oss benimmt sich vorbildlich.«[44] Diesen erreichen die Zeilen: »Ceterum censeo: Ich wäre ja wohl der Letzte, der Ihnen vorwerfen darf, daß er in Taktik macht. Was mache ich denn? Ich komme nicht.«[45] Wozu Ossietzky ihm auch brieflich immer wieder souverän und verständnisvoll rät, wenn Tucholsky sich zweifelnd und fragend in dieser Angelegenheit meldet. Noch am Tage, an dessen Ende er in einen tödlichen Schlaf sinkt, am 19. Dezember 1935, notiert Tucholsky selbstquälerisch: »… die Sache ist sehr einfach: ich habe ein böses Gewissen. Die Frage ›Deutschland‹ ist für mich gelöst – ich hasse das Land nicht, ich verachte es. Aber im Falle Oss bin ich einmal nicht gekommen, ich habe damals versagt, es war ein Gemisch aus Faulheit, Feigheit, Ekel, Verachtung – und ich hätte doch kommen sollen.«[46]

Ein Satz aus Tucholskys Brief vom 4. April 1932, in dem es erneut um das etwas vorsichtigere Vorgehen des Blattes geht, mag noch einmal unterstreichen, wie sehr er seinen Nachfolger allen Augenblicksirritationen zum Trotz respektiert. Niemals habe er erwartet, heißt es dort, »daß Sie, dem ich mich immer mehr als verbunden fühle, auch nur einen Moment auf den Gedanken kommen könnten, das auf das, was im Blatt steht, zu beziehn! Aber Oss-! Wir sind ja keine pathetischen. Aber der Heiligenschein, mein Lieber, hat seine Berechtigung, so haben Sie sich benommen. *Sie*, Ihre Artikel, das, was im Blatt stand – auch nicht der Schatten von Taktik.«[47]

Aus dem Gefängnis erreichen Tucholsky im übrigen zwei Bitten des Häftlings, die umgekehrt zeigen, daß auch Ossietzky sich zu ihm bis in den privaten Bereich hinein freundschaftlich hingezogen fühlt: »Wenn ich Sie um eines bitten darf: unterstützen Sie die schwierige Übergangszeit durch eine möglichst produktive Kritik. Sagen Sie, was Sie für nötig halten, aber zunächst auch (mit) einer gewissen Nachsicht, damit niemand kopfscheu wird.«[48] Schreibt man so etwas an einen Kollegen, wenn die Vertrauensbasis fehlt? Oder etwa dies: »Ich wäre Ihnen auch verbunden, wenn Sie an meine Frau ein paar nette Zeilen schrieben. Sie ist in ziemlich übler Nervenverfassung zurückgeblieben. So ein von außen kommender Brief bedeutet immer eine Auffrischung.«[49]

Sie waren sehr verschieden. Der depressive, großbürgerlich lebende, in seinen hellen Stunden unbändig witzige Gesellschaftsmensch und Liebling der Frauen auf der einen Seite und der schüchterne, leise argumentierende, stets sehr korrekt gekleidete, in der Öffentlichkeit gehemmt wirkende bürgerliche Außenseiter auf der anderen. Geistig und politisch aber standen sie auf gemeinsamem Boden, menschlich kamen sie sich besonders in den letzten Jahren nahe. Tucholsky hatte Ossietzky an die »Weltbühne« geholt, und dieser blieb ein treuer, besorgter Fürsprecher des zunehmend Verstummenden.

Mit der »Weltbühne« vom 11. Oktober 1927 übernimmt Ossietzky auch formal die Leitung des Heftes. Auf den ersten Blick scheint es gewagt, ihn mit dieser Aufgabe zu betrauen. Der introvertierte Leitartikler besitzt zwar inzwischen beachtliche redaktionelle Erfahrung, auch als Autor ist er innerhalb der »Weltbühne« unumstritten, aber im Umgang bleibt er zurückhaltend, es fällt ihm schwer, persönliche Sympathien zu äußern. Jacobsohn fesselte seine Autoren mit Humor und Sarkasmus, mit einem zwar bestimmten, aber doch auch jovialen Ton in Gesprächen und Briefen. Tucholsky blieb in kleinen Gesellschaftsrunden oder in der Redakion immer auch ein packender Anekdoten- und Witzeerzähler, wußte mit seinem Charme in jedem Kreis den Mittelpunkt zu bilden. Ossietzky blieb dies versagt, es war ihm nicht gegeben, ungezwungen und seine menschenfreundliche Herzlichkeit hervorkehrend mit seinem Gegenüber umzugehen.

Nun menschelt es in Zeitungsredaktionen bekanntlich heftig. Schreibängste, Personalintrigen, Karrieresehnsüchte, Eitelkeiten und ein gut Stück Machtanbetung treiben diejenigen besonders um, die gerade derlei Eigenschaften bei den Subjekten ihrer Betrachtungen in Politik, Wirtschaft oder Kultur mit besonderer Schärfe und gelegentlicher Häme öffentlich anzumerken wissen. Es verlangt große Souveränität und psychologisches Einfühlungsvermögen, hier ausgleichend und sachorientiert zu führen. Jacobsohn gelang dies nahezu vollendet, Tucholsky scheiterte daran. Ossietzky schaffte es, die »Weltbühne« in den schwersten Jahren ihrer Existenz bis zum Untergang erfolgreich durch alle politischen und innerredaktionellen Fährnisse zu steuern. Es ist letztlich vor allem das große persönliche Beispiel, das seine Umgebung rasch überzeugt. Spätere Zeugnisse vieler seiner ehemaligen Mitarbeiter zeigen dies eindrucksvoll. Sicher sind solche Äußerungen dann auch mitgeprägt vom Schicksal dieses Mannes, das er mit Haltung auf sich genommen hat. »An Särgen werden wir alle Verschwender« (Alfred Polgar). Aber es ist wohl auch jenseits dieser Haltung so: Ossietzky wird ein zuverlässiger, kompetenter und unerschrockener Chef.

»Nach Ossietzkys Artikeln, nach den Gesprächen, die ich mit meinem Mann über ihn führte«, schreibt seine Verlegerin Edith Jacobsohn, »stellte ich mir ihn als einen jener weißhaarigen, ewig jungen älteren Herren vor, in denen sich Weisheit mit

Esprit, sich abgewogenes Wesen und Ungestüm liebenswürdig paaren. Ossietzky lernte ich erst nach dem Tode meines Mannes kennen. Es war nötig umzuschalten, und meine Verehrung auf einen Mann in der zweiten Hälfte der Dreißiger zu übertragen. In langen und tastenden Gesprächen erwogen wir die Frage, daß er die Leitung des Blattes übernähme. Ich war von Anfang an zuversichtlicher und um vieles überzeugter von ihm als er von sich ... Ich habe meine Überzeugung nicht einen Tag zu bereuen gehabt ...«[50]

Sehr treffend gelingt es Ossietzkys ehemaligem Mitarbeiter Axel Eggebrecht, den »Nachfolger« in seiner neuen Rolle zu beschreiben. »Der lautere Charakter des unauffälligen, nur zuweilen sanft-ironischen Mannes gewann mich von Anfang an«, heißt es in Eggebrechts Erinnerungen. »Und doch kam ich ihm niemals nahe. Er war kein Mentor wie S. J., ihm fehlte die ›redaktorische Leidenschaft‹ ... Ich kann mich nicht erinnern, je mit dem neuen Herausgeber über einen meiner Beiträge diskutiert zu haben. Aber ich bewunderte seine wöchentlichen Analysen irgendeines gerade aktuellen Problems, meist ging es um innenpolitische Fragen. In diesen kleinen Essays steckte ein enormes Wissen. Und der ausgeprägte Stil ließ etwas davon spüren, daß der Verfasser in jungen Jahren eher musisch gestimmt war ... Ossietzky war kein Marxist, überhaupt blieb er völlig unabhängig von Denkschablonen und gar Parteiprogrammen. Als überzeugter Demokrat sympathisierte er mit der humanen Idee des Sozialismus, und gerade das machte ihn kritisch gegenüber den Sozialdemokraten, aber auch den Kommunisten. Sein kompromißloser Pazifismus trennte ihn letztlich von allen formierten Gruppen.«[51] So haben ihn wohl die meisten »Weltbühnen«-Mitarbeiter in diesen Jahren seiner beruflichen Vollendung gesehen und akzeptiert, die Distanz, von der Eggebrecht berichtet, zweifellos spürend.

Er diskutiert auch in der Redaktion leise, den Blick abgewandt, immer ein wenig nervös, unentwegt rauchend und scheinbar abwesend. Die vielen Urteile der Zeitgenossen, die später veröffentlicht werden, sind bis auf wenige Ausnahmen nahezu wortgleich, wenn sie an Ossietzky erinnern. Der heutige Leser spürt in diesen Zeilen immer noch die gelegentlich fast ins Pathetische abgleitende Bewunderung und das heimliche Erstaunen, welche Kraft und Willensstärke in diesem stillen, körperlich so zerbrechlich wirkenden Mann steckte. »Ossietzky ist der einzige wirkliche Held, den ich gekannt habe«, bekennt Rudolf Arnheim. »Es war Ossietzky, der in jenen gefährlichen Jahren für alles einstand und der sich am Ende weigern mußte zu fliehen, weil sein Leben für ihn nur an dem einen Platz denkbar war, an den es ihn gestellt hatte ...«[52]

Der scharfzüngige Kurt Hiller, der eigentlich alle Kollegen mit viel Mißmut bestrafte, gehörte zu denen, die Ossietzkys »Ernennung« mit Bestürzung aufnahmen. Noch in seinen Memoiren klingt dies an. Er hatte nicht nur gehofft, selbst die Nachfolge Tucholskys antreten zu können, sondern glaubte, unter Ossietzky keine Zukunft mehr in der »Weltbühne« zu haben, da beide »seit 1924 spinnefeind« waren. Was den neuen Herausgeber keineswegs veranlaßte, die Texte Hillers nicht mehr abzudrucken. Überhaupt, seine ungewöhnlich offene und liberale Haltung haben ihn als Redaktionsleiter ausgezeichnet, auch aus diesem Blickwinkel gesehen ein Außenseiter in der Medienwelt. »Ossietzky war auch als Redakteur ein wirklicher Demokrat«, merkt Béla Balázs in diesem Zusammenhang an. »Er ließ mich, den Kommunisten, die schärfsten Fehden ausfechten ... Es war Platz in der kleinen Zeitschrift. Ossietzky war nicht nur einer der gescheitesten Zeitgenossen, sondern auch einer der vernünftigsten.«[53]

Die Arbeit, die jetzt auf ihn zukommt, fordert seine ganze Kraft. Täglich sitzt er in seinem kleinen Redaktionszimmer in der Kantstraße, redigiert, schreibt unzählige Briefe, führt noch mehr Telefonate, kämpft gegen Einsprüche, drohende Gerichtsverfahren. Klagende und drängende Mitarbeiter müssen seufzend beruhigt, Texte zurückgewiesen und Honorargespräche geführt werden. Tucholsky nörgelt aus der Ferne, die Verlegerin will informiert bleiben, die Konkurrenz greift an, und die Politik erheitert ganz und gar nicht. Die Theaterbesuche werden seltener, er liest jedoch immer noch viel.

Für die Familie bleibt kaum Zeit. Aber das ist nicht neu. Der Sonntagsspaziergang mit Frau und Tochter in Friedenau und Wilmersdorf, meist in einer Konditorei endend, hin und wieder die geliebten Zoobesuche, gelegentlich eine kurze Ferienreise, Geschichtenerzählen für das Kind, Sorge um die labile Frau. Von Freunden ist nirgendwo mehr die Rede, von Geselligkeiten erst recht nicht. Es gibt sie wohl auch nur höchst selten. Ein angespanntes Journalistenleben, aufreibend und hektisch, zwischen dem Redaktionsschreibtisch und häßlich möblierten Untermieterzimmern pendelnd. Die Tochter kommt in die bekannte, modernen pädagogischen Methoden aufgeschlossene Odenwaldschule, die private Isolierung wächst. »Liebste Frau«, schreibt er im Januar 1930, »das vorige Jahr ist für uns nicht sehr angenehm verlaufen. Ich lasse beiseite, wer Schuld hat – es wird auf beiden Seiten liegen … Zu Ostern wird die Kleine zu uns zurückkommen. Damit haben wir eine neue Pflicht. Vielleicht wird damit auch manches besser werden.«[54]

Seine wöchentlichen Leitartikel schreibt er nicht in der kleinen, von Büchern und Manuskripten überladenen Redaktion, sondern in der Wohnung oder in der druckereinahen Hofkonditorei Rabien. »Mein Vater kam am Abend nach Hause, wir aßen, dann schrieb er seine Leitartikel und mußte in Ruhe gelassen werden. Er saß da, an unserem runden Esstisch mit der obligatorischen Teekanne … Ich glaube, er dichtete seine Artikel eigentlich; er stand plötzlich auf, ging herum, sang und setzte sich wieder hin, summte die Marseillaise, stand nochmals auf, um sich abermals zum Schreiben wieder hinzusetzen und wirkte dabei äußerst inspiriert.«[55] Jeden Samstagvormittag legt er nach dem Studium der Morgenblätter letzte Hand an seine Artikel, deren Hauptteile bereits vorgeschrieben sind. Am Caféhaustisch, kleine Bleistiftstummel benutzend, setzt er seine aktuellen Schlußpunkte. »Nie mußte eine Zeile gestrichen, nie eine hinzugeschrieben werden; der im Umbruchplan ausgesparte Raum wurde genau eingehalten«, erinnert sich Rudolf Arnheim später bewundernd an die handwerkliche Präzision dieses Leitartiklers.[56]

Ossietzky wird für die nächsten Jahre die entscheidende Persönlichkeit im Blatt: als Autor sind es seine wöchentlichen Leitartikel, die die politische Grundhaltung der Wochenschrift bestimmen, als Redaktionschef hat er bei zahlreichen brisanten Veröffentlichungen das letzte Wort, als verantwortlichen Redakteur treffen ihn die juristischen Gegenschläge der Reichswehrführung ganz persönlich. Seine Texte, seine Auftritte vor Gericht, seine mutige Haltung in diesen Verfahren, sein Haftantritt im Mai 1932 – weit über den Kreis der »Weltbühnen«-Leser hinaus ist jetzt sein Name als radikaler Demokrat und Kritiker der deutschen Verhältnisse Gegenstand der öffentlichen Diskussion. Für die Nationalsozialisten wird er zum Haßobjekt, für die Kommunisten zum verachteten und bekämpften Symbol der bürgerlichen Opposition, für die Sozialdemokraten ein belächelter und häufig angegriffener »Idealist«, für die zwischen Anpassung und lauer Gegenwehr taumelnden Liberalen ein »Republikzerstörer«. Geschätzt, geachtet und bewundert wird er von den linken Demokraten, Intellektuellen wie Heinrich Mann und Lion Feuchtwanger, Arnold Zweig und Ernst Toller, Erich Mühsam und Walter Hasenclever – und natürlich von den »Weltbühnen«-Lesern.

SPD und die liberal-bürgerliche Presse treten für ihn ein, als er in einem politischen (Un)Rechtsverfahren verurteilt wird. Die Kommunisten klatschen Beifall, wenn er bei den Präsidentschaftswahlen von 1932 für ihren Kandidaten Ernst Thälmann eintritt. Die Nazipartei vernichtet ihn, sobald die Deutschen Hitler die Macht überlassen haben. Es ist also eine durchaus nuancenreiche Feindschaft, die diesen Unbequemen in der späten Weimarer Republik begleitet. Er bleibt ein Einzelgänger, konsequent und couragiert den Weg aufzeigend, der die deutsche Gesellschaft ins Verderben führt.

Er steht mit seiner Haltung in einer Tradition, die in Deutschland schon immer höchst verdächtig war, auch vor und nach der Diktatur des Adolf Hitler: Heinrich Heine, Georg Büchner, Carl Schurz, Karl Marx starben im Exil. Ossietzky war nicht einmal das vergönnt. Rosa Luxemburg und Karl Liebknecht wurden ermordet. Wolf Biermann mußte gehen, Robert Havemann stand unter Hausarrest, zahllose Kommunisten saßen in den Adenauer-Jahren in bundesdeutschen Gefängnissen, Bautzen beherbergte ständig und unter unmenschlichen Bedingungen Oppositionelle, die den omnipotenten Machtanspruch der SED mit dem sozialistischen Anspruch der DDR zu konfrontieren wagten. Natürlich sind die Unterschiede in den jeweiligen deutschen Staatssystemen unverkennbar. Aber für Selbstgerechtigkeit gibt es auch in der demokratischen Bundesrepublik keinen Anlaß. Wie erging es dem sanften Heinrich Böll, als er der Hysterie der Terroristenfahnder und des parlamentarischen Gesetzgebers in den siebziger Jahren nachdenklich entgegentrat, oder dem eigenwilligen Einigungskritiker Günter Grass? Über sie ergoß sich nur ein Kübel dümmlicher Ideologieschelte, die sich vielfach auch als Literaturkritik verkleidete.

»Lob der Außenseiter« überschreibt Ossietzky seinen ersten Artikel im Jahr 1927, und er rechnet in ihm sehr grundsätzlich mit der sogenannten »Realpolitik« der Weimarer Parteien ab. »Zweifel daran wird als Ketzerei, Phantasterei, Nörgelei abgetan. Die großen Realpolitiker vergessen nur, daß auch die Wirklichkeit ihre eigenen Illusionen erzeugt. Sie nehmen den Dunstkreis selbst zugesprochner Bedeutsamkeit für die Ausdehnung der Welt. Dem Ritual des ›Erreichbaren und Möglichen‹ rückhaltlos hingegeben, halten sie die Grenzen eignen Denkens und Wollens für die Grenzen des Möglichen überhaupt.«[57]

Das gilt nicht nur für Weimar. Während diese Zeilen geschrieben werden, klettert die Arbeitslosigkeit in der Bundesrepublik über die Viermillionenmarke, gleichzeitig beginnt der Sozialabbau selbstzerstörerische Züge anzunehmen, Städte und

Gemeinden stehen vor dem Bankrott, die Henker im ehemaligen Jugoslawien sitzen lächelnd und feilschend im Kreis der westlichen »Realpolitiker«, der Bundeskanzler besucht chinesische Kasernen und nennt den Verantwortlichen für den blutigen Krieg in Tschetschenien, Boris Jelzin, seinen Freund. »Was haben die großen Parlamentspolitiker, die unerhörten Strategen der Opportunität, eigentlich erreicht«, fragt Ossietzky Anfang 1927 und fügt hinzu, daß »die Gleichgültigkeit der breiten Massen am politischen Betrieb ... unbeschreiblich« sei.[58] Dies könnte auch im letzten Jahrzehnt unseres Jahrhunderts kaum besser formuliert werden, blickt man auf die Phraseologie der »Macher« in den Regierungen und Parlamenten und konfrontiert sie mit den Zerrüttungen, die in zahlreichen politisch-gesellschaftlichen Bereichen zu beobachten sind. »Heute ruhen die Stammgäste der guten Mitte wieder auf ihren Lorbeeren aus«, spottet Ossietzky. »Sie sehen das Erreichte an, finden es schön und dekretieren große Pause. Und wenn auch sonst weiter nichts stabilisiert ist, so doch der Kapitalismus.«[59] Er bleibt aktuell, der publizistische Außenseiter Ossietzky, so wie die unausrottbaren »Realpolitiker«, die auch in unseren Tagen ihren Wählern mit jeder neuen Nicht-Entscheidung oder fatalen Verlegenheitslösung suggerieren, sie hätten alles bestens im Griff. Nur, wo sind in den Medien die leidenschaftlichen »Außenseiter«, die auch mit dem Risiko des Scheiterns anschreiben gegen einen Zeitgeist, der sich in anpasserischem Lobgesang auf die geistige und materielle Korrumpierung der Gesellschaften gefällt? Die linksintellektuelle europäische Avantgarde ist verstummt, der Zusammenbruch des politischen Marxismus Ende der achtziger Jahre läßt sie selbstzweifelnd denen auf den Leim gehen, die vom Sieg des Kapitalismus fabulieren, während dieser doch einer kaum geringeren Krise entgegensteuert. Arbeitslosigkeit, gesellschaftliche Gewalt, öffentliche Korruption, ökologische und urbane Zerstörung, nationalistische Kriege, in denen die Interessen der internationalen Multikonzerne eine nicht geringe Rolle spie-

len – der westliche Kapitalismus beginnt zu entgleisen, und kaum jemand traut sich so recht, es öffentlich zu bemerken.
Die Utopie von einer sozialen, gerechten, dem inneren und äußeren Frieden verpflichteten Republik begann Ende der zwanziger Jahre auch bei den Weimarer Linksintellektuellen wachsenden Zweifeln zu weichen. Aber sie nannten die Dinge doch zumindest beim Namen, erkannten, daß vom Bürgertum kaum noch etwas, von der Arbeiterbewegung nur im Falle einer Überwindung der parteipolitischen Spaltung eine Wende zu erwarten war. Bitter zitiert Ossietzky einen berühmten Satz von Anatole France: »Das Gesetz verbietet in seiner majestätischen Gleichheit den Reichen wie den Armen, unter den Brücken zu schlafen, auf den Straßen zu betteln und Brot zu stehlen.« Diese böse Sentenz kennzeichne »für immer die hohle sittliche Attitüde einer Demokratie, die nur in ihren Institutionen und für ihre Institutionen lebt«[60], kommentiert Ossietzky, und auch damit beschreibt er ein gut Teil des Deutschland von damals und heute.
Tucholsky wird in einer Kontroverse mit den Kommunisten, die einen kritschen Text Kurt Hillers über die Irrtümer der Linksintellektuellen in der »Weltbühne« angegriffen hatten, 1929 noch einmal die Position der Wochenschrift umschreiben: »›Die Weltbühne‹ verzichtet bewußt auf ein starres Dogma; bei uns wird diskutiert.«[61] Schon vier Jahre vorher hatte Ossietzky in einem Geburtstagsartikel für seinen damaligen »Chef« Stefan Großmann Grundsätzliches über die Rolle des Journalisten geschrieben. »Der Zeitungsschreiber aber soll weder dozieren noch dreschen, sondern der Zeit den Spiegel vorhalten«, meint er. Ein Zeitungsartikel bedürfe, »um zu wirken, der dramatischen Zuspitzung.« Hohe Ansprüche stellt er an sich und seine Kollegen, wenn er etwas pathetisch postuliert, Journalisten seien »das Gewissen des Tags«. Und doch gilt: »Der Journalist als Kritiker der Zeit schreibt sich nicht ins Buch der Geschichte ein, sondern ins Fell der Gegner.«[62]
In Deutschland ist die brillante Polemik, der zugespitzte poli-

tische Kommentar noch nie sehr populär gewesen. Daran hat sich bis heute nur wenig geändert. Deutsche Politiker, im besonderen, wenn sie von der Weihe des hohen parlamentarischen Hauses umstrahlt werden, haben es schon immer als Majestätsbeleidigung empfunden, wenn die »Schreiberlinge« ihr Tun kritisch unter die Lupe nehmen. Es gehört zu den Grundirrtümern gut bezahlter Mandatsträger, daß sie ihre politische Arbeit in einer Demokratie nur höchst selten als Dienst an der Gemeinschaft, dafür um so häufiger als Privileg empfinden. In Deutschland, so spöttelte Ossietzky schon in den Weimarer Jahren, bildeten »die Abgeordneten aller Parteien eine geschlossene Interessengemeinschaft gegen ihre Wähler«[63]. Und an die Adresse der eigenen Zunft gewandt, klagt er: »Ja, wer kann heute noch ohne Umschweife und ohne Klobigkeit eine Polemik führen?«[64] Nicht nur die Politik, auch der Journalismus hat die Republik schließlich verspielt.

Bis zum Oktober 1929, als mit dem New Yorker Börsenkrach die Weltwirtschaftskrise einsetzte, hofften die Demokraten trotz aller ökonomischen Probleme und nationalistisch aufgepeitschten Debatten, daß die Republik an Stabilität gewinnen werde. Im Mittelpunkt der Außenpolitik stand die Revision des Versailler Vertrages, vor allem die Verringerung der Reparationen und der vollständige Abzug ausländischer Truppenkontingente aus dem Rheinland. Innenpolitisch blieben die defizitäre Haushaltslage der öffentlichen Hand und der Kampf um die Erhaltung der sozialen Errungenschaften der Revolution von 1918/19 zentrale Probleme der Auseinandersetzungen im Reichstag. Die Republikgegner nutzten jede Gelegenheit aus, die Demokratie zu diffamieren und ein »nationales« oder radikalsozialistisches Deutschland zu fordern. Es waren oft Randthemen, die sie aufgriffen, um die Emotionen im Land zu schüren. So etwa die Frage der »Fürstenenteignung«. Maßlose Rückgabeforderungen der Fürstenhäuser lösten 1926 ein Volksbegehren aus, das zu einer unsäglichen Kampagne der Rechts- und Linksextremen führte. Während Hugenberg das Gespenst des Bolschewismus heraufbeschwor, forderte Hitler die Enteignung aller nach 1914 eingewanderten Ostjuden. Die SPD sah die Republik wegen dieser Frage gefährdet, die Kommunisten brachten einen chancenlosen Gesetzentwurf ein, der die Totalenteignung verlangte. Beim Volksentscheid stimmten 14,5 Millionen Wähler für eine solche entschädigungslose Enteignung. Hindenburg ließ zumindest privat seine Sympathien für die Fürsten durchblicken. Folgenreich war die psychologische Wirkung dieses ausufernden Propagandakrieges, der schon einen Vorgeschmack davon gab, wohin Antibolschewismus und Antisemitismus führen, wenn einmal die demokratischen Barrieren unter dem Druck der extremen Gruppierungen zusammenbrechen würden. In der Sache ließ auch Ossietzky keinen Zweifel, daß die adligen Herrscherhäuser von einst »den Staat bis zum Weißbluten zum Zahlen zwingen« wollten.[65]

Und doch resümiert er das Ergebnis dieser politischen Schlacht nüchtern: »Vor Jahresfrist saßen ein paar Menschen in einem kleinen Klubzimmer zusammen und faßten den Beschluß, die im Parlament verfahrene Abfindungsfrage durch Volksentscheid zu lösen. Die große Presse erklärte die Leute sofort für verrückt. Ein paar Wochen später war die Fürsten-Enteignung Massenparole geworden. Ein paar Monate später war der Volksentscheid da, imponierend noch im Unterliegen. Heute haben die Hohenzollern ihr Geld, und Niemand spricht mehr davon. Typischer Verlauf einer Volksbewegung in Deutschland.«[66]

Sozialdemokraten und die bürgerlichen Mittelparteien zerstritten sich irreparabel über der Arbeitszeitfrage und der Rüstungskontrolle. Das Kabinett Marx war im März 1928 am Ende, der Reichstag wurde aufgelöst. Der Streit um den Bau des Panzerkreuzers A, ebenfalls eine Randfrage, in der es allein um nationale Prestigepolitik ging, stürzte die Republik in einen neuen Wahlkampf. »Der Jude ist unser Unglück. Euer Blut muß es euch sagen«, plakatierten die Nationalsozialisten. Die Kommunisten machten die schlichte, aber wirksame Rechnung auf: »Für Panzerkreuzer 80 Millionen bewilligt. Für Kinderspeisung 5 Millionen abgelehnt.« Die Sozialdemokraten erklärten auf einem Wahlposter, das Viergestirn von Militär, Kirche, nationaler Bauernschaft und Kommunisten sei für die Bedrohung der Arbeiterinteressen verantwortlich. Doch noch einmal bewiesen die Wähler erheblich mehr Vernunft als die Parteien. Die Republikgegner auf der rechten Seite mußten Verluste hinnehmen, der Sozialdemokrat Hermann Müller konnte ein neues Kabinett bilden. Bei den gleichzeitig stattfindenden Landtagswahlen in Preußen gelang es der Weimarer Koalition sogar, ihre Position beachtlich zu stabilisieren. Zum letzten Mal hatte die Republik gesiegt.

Aber die künftigen Konturen des antidemokratischen Prozesses wurden in diesen Jahren immer deutlicher. Die bürgerlichen Parteien rückten nach rechts. Das katholische Zentrum, Stresemanns Deutsche Volkspartei und die einst liberale Deutsche Demokratische Partei erlagen mehr und mehr den Lockrufen der nationalistischen und rassistischen Demokratiegegner. Auch im Bürgertum wuchs angesichts der ökonomischen Schwierigkeiten und der Hilflosigkeit der demokratischen Parteien die Sehnsucht nach einer starken Führung, die frei von lästiger parlamentarischer Kontrolle wirken sollte. Unter Hugenbergs Leitung entfachten die Deutschnationalen politische Schlammschlachten, die selbst vor Hindenburg nicht haltmachten. Hitlers Nationalsozialisten, parlamentarisch immer noch ohne Bedeutung, überzogen das Land mit wüsten verbalen Feldzügen, die nicht ohne Wirkung bleiben sollten.

Die geistigen Zuträger der »konservativen Revolution« verwirrten zudem die bürgerlichen Eliten, deren Verunsicherung weit über das Aktuellpolitische hinaus bizarre Züge annahm. Nation und Volk, Rasse und Überlebenskampf, revolutionärer Nationalismus und nationaler Kapitalismus, verklärte Rückblicke auf die Vormoderne und Kriegsapologien wurden zu irrationalen Denk- und Erklärungsmustern mit unverhohlen antidemokratischen und antihumanistischen Effekten hochstilisiert. Oswald Spenglers »Untergang des Abendlandes«, Ernst Jüngers »In Stahlgewittern«, Arthur Moeller van den Brucks »Das dritte Reich«, Hans Grimms »Volk ohne Raum« – auf den Nachttischen des deutschen Bürgertums lagen in diesen Jahren Werke, deren aggressive, antisemitische und nationalistische Schlagworte bei den Trommlern Hitler und Hugenberg, in den Kundgebungen des »Stahlhelms« oder der »Grünen Front« immer wieder auftauchten. Schon vor dem Untergang, der 1930 einsetzte, waren die Deutschen im bürgerlich-konservativen Lager wohl präpariert für die Flachheit und Brutalität, mit der sie der heimlich oder offen ersehnte »Führer« dann in Terror, Krieg und Mord hineinriß. Auch die »Schreibtischtäter« im Lager der Rechtsintellektuellen hatten ihren Teil dazu beigetragen.

Ossietzky begleitet diese politischen Entwicklungen mit äußerst kritischen Kommentaren. Dabei teilt er nach allen Seiten aus und läßt sich von keiner Partei vereinnahmen. Den bürgerlichen Gruppierungen verzeiht er nicht ihre Unentschlossenheit, wenn es um Grundfragen der Republik geht. »Das ist nämlich das Elend der Demokraten gewesen«, bilanziert er im Juni 1928, »dieser Wochenend-Radikalismus, der am Alltag ›der Politik des Möglichen und Erreichbaren‹ Platz zu machen hatte …, wobei sich gewisse Herren besonders hervortaten, die sich mit dem neuen weimarer Mundwasser noch nicht einmal richtig die Kaiserhochs ausgegurgelt hatten, die ihnen noch im Halse klebten.«[67]

Den Sozialdemokraten wirft er vor allem ihre Wankelmütigkeit und ihre aus seiner Sicht nutzlose antikommunistische Politik vor, da sie den Kommunisten lediglich eine unverdiente Aufmerksamkeit beschere. »Man muß den in hohen Staatsstellungen befindlichen Sozialdemokraten immer wieder bedeuten, daß die Ausrottung der Kommunisten nicht ihre einzige Aufgabe ist.«[68] Anlaß für diese Anmerkung war das erschrekkende Vorgehen der Berliner Sicherheitskräfte unter Führung ihres sozialdemokratischen Polizeipräsidenten Zörgiebel gegen kommunistische Demonstranten am 1. Mai 1929. Obwohl die Maikundgebung verboten worden war, hatten die Kommunisten einen Umzug organisiert, der ohne jede Gewaltanwendung ablief, bis die Polizei in die Menge schoß. 30 Tote und über 100 Verletzte waren die Bilanz. Ossietzky treibt auch in dieser Frage nicht zu Unrecht die Sorge um, daß die SPD in ihrem Kampf gegen die linke Konkurrenz den viel gefährlicheren Gegner von rechts unterschätzte und ein Vorgehen wie das in Berlin nur ein Ergebnis zeitigen könne: die Verhärtung der beiden Lager in der Arbeiterbewegung. Er erkennt auch, daß immer mehr Arbeiter und Angestellte sich von der Republik abwenden und den Glauben an die demokratischen Parteien zu verlieren beginnen, die häufig mit unverhältnismäßiger Aggression gegen links agieren und die verbalen und physischen Gewaltaktionen der Rechten mehr oder weniger schweigend dulden. Keineswegs argumentiert der »Weltbühnen«-Leitartikler in dieser Frage als Sympathisant der Kommunisten. Er wirft ihnen nicht weniger heftig vor, die eigenen Interessen über die der Republik zu stellen und ebenfalls den Feind in der falschen Ecke zu verfolgen: »Die Kommunisten sehen nicht Deutschland, nicht Europa, unglücklicherweise nicht einmal Rußland – sie sehen nur die Erledigung ihrer alten Rechnung mit der Sozialdemokratischen Partei.«[69] Ossietzky weiß, »daß den Kommunisten von Außen eine Aufpulverung zuteil wird, zu der sie aus eigner Kraft kaum mehr fähig waren. Diese Partei, die ihre besten Leute verworfen hat, lebt ohnehin schon lange nur von der Tapsigkeit ihrer Gegner.«[70]

Die Kommunisten antworten auf die vielen Attacken Ossietzkys im übrigen nicht weniger heftig. Der »geschäftige Herr v. Ossietzky« ist nicht selten Gegenstand von Angriffen in der »Roten Fahne«. So heißt es dort beispielsweise im März 1928: »Auf *ihn* trifft *im besonderen* jene Kennzeichnung zu, die wir *allgemein* für die ganze Schicht jener unentschiedenen und schwankenden, zersetzten und zersetzenden Intellektuellen –

Produkte des Niedergangs der Bourgeoisie – gegeben haben. Und dieser Ossietzky steuert mit besonderem Nachdruck den Kurs seiner Zeitschrift im Sinne jenes ungefährlich gezuckerten Radikalismus, mit dem sich die Liebesgaben auf dem Altar der Bourgeoisie – in Form giftiger Anwürfe gegen Revolution und Arbeiterbewegung – ausgleichend und versöhnend verbinden.«[71] Aber trotz aller ideologisch gefärbten Debatten bleibt Ossietzkys Blick für die Geschichte auch gegenüber den Kommunisten ungetrübt: »Die erste Leistung des Bolschewismus war eine pazifistische, und erst in den Bürgerkriegen wurde sein Name so furchtbar.«[72]

Die Berliner Polizeiaktion führt zu einer öffentlichen Untersuchung linksliberaler Kreise, an der sich auch Kommunisten beteiligen. Ossietzky wird in das Präsidium des Komitees gewählt, das vor allem die einseitige Berichterstattung in den großen liberalen Blättern der Republik und im sozialdemokratischen »Vorwärts« anklagt. »Wir gehören sämtlich keiner Partei an«, erklärt Ossietzky. »Wir halten uns politisch unabhängig, womit nicht gesagt ist, daß wir uns des politischen Denkens enthalten.«[73] Am Ende der Untersuchungen fordert das Komitee die Amtsenthebung Zörgiebels und ein Verbot der Anwendung von Schußwaffen gegen die Bevölkerung.

Nach den Reichstagswahlen vom Mai 1928, die der Sozialdemokratie beachtliche Gewinne brachten, ruft Ossietzky die SPD-Führung auf, die Verpflichtung, die der Wähler ihr auferlegt hat, einzulösen. Sein Appell zeigt recht anschaulich, daß ihm angesichts der Entwicklungen politischer Realismus keineswegs fremd geworden ist. »Denn die Riesenscharen zugewanderter Wähler fragen den Teufel nach den Bindungen des Erfurter oder Görlitzer Programms, nach den Erwägungen sozialistischer Theoretiker und Taktiker, wie weit die Sozialdemokratie sich in der Mitverantwortung für den immerhin existenten Klassenstaat engagieren dürfe – sie sind ganz einfach enttäuscht von den Kunststücken der Rechten und wollen es nun mit der andern Seite versuchen.«[74] Der Sozialdemokrat

Hermann Müller kann tatsächlich eine Koalition zusammenzimmern, nicht zuletzt, weil es Gustav Stresemann noch einmal gelingt, seine Volkspartei vor einem Rechtsruck zurückzuhalten. Es wird die letzte demokratische Regierung Weimars werden, denn knapp zwei Jahre später eröffnet der Zentrumspolitiker Heinrich Brüning den Reigen der Präsidialregierungen, die nicht mehr vom Wohlwollen des Reichstags, sondern von der Gnade Hindenburgs und seiner Kamarilla abhängen. Ossietzkys Bedenken gegenüber dem Verhalten der SPD-Führung sollten schon am 10. August 1928 ihre nachdrückliche Bestätigung finden. Obwohl die Sozialdemokratie im Wahlkampf vehement den Bau des Panzerkreuzers A abgelehnt hat, beschließt das Reichskabinett unter Müllers Leitung und mit den Stimmen der SPD-Minister nun doch, dieses sinnlose Prestigeobjekt der Nationalisten zu genehmigen. Bei der Reichstagsabstimmung aber votieren die sozialdemokratischen Kabinettsmitglieder gegen den eigenen Regierungsbeschluß, da die Führung den Fraktionszwang einfordert. Die Partei reagiert angesichts dieses Verwirrspiels ihrer Minister entsetzt und viele ihrer sich düpiert fühlenden Wähler wohl auch. Müller zahlt mit dieser Entscheidung einen hohen Preis für die Erhaltung der Koalition, denn der Vertrauensverlust in der Öffentlichkeit ist groß. »Dieser Mangel an Psychologie bei den Repräsentanten einer Millionenpartei, diese Ahnungslosigkeit über das, was in der eignen Partei vorgeht, ist noch nicht dagewesen«, konstatiert Ossietzky nach dem fatalen Kabinettsbeschluß.[75]

Nicht nur die »Weltbühne« reagiert in dieser Frage ablehnend. Auch die großen bürgerlichen Blätter empfinden das kuriose Verhalten der Sozialdemokraten als schwere Niederlage für den Parlamentarismus. Das »Berliner Tageblatt« spricht von einem »grotesken Schauspiel«, und die »Frankfurter Zeitung« kommentiert: »Der Reichskanzler hat die Wahl, ob in seinem Herzen die Trauer über die parlamentarische Niederlage seiner Partei oder die Freude über die gerettete Existenz seiner Regierung größer ist. Durch die Vorgänge ... ist das Ansehen des Parlaments tief heruntergebracht worden.«[76] Die Debatte über den Panzerkreuzer A zeigte schlaglichtartig die konstitutionelle Schwäche der Weimarer Regierung, »ihre Abhängigkeit von den Parlamentsfraktionen und die daraus folgende Labilität der politischen Verhältnisse war vor allen Augen offensichtlich geworden«[77].

Als noch verheerender sollte sich der Kampf um den Young-Plan erweisen. In Den Haag versuchen die Reparationsgläubiger mit Deutschland eine Revision des Dawes-Abkommens von 1924 zu erreichen. Das Ergebnis bringt erhebliche Verbesserungen für den deutschen Schuldner. Die Konferenz beschließt die vorzeitige Räumung des Rheinlands, die Aufhebung der Kontrolle über die Reichsbahn und die Reichsbank, eine internationale Anleihe zur Finanzierung der Reparationen und eine auf Jahre hinaus gestreckte Zahlung der keineswegs übermäßig hohen Jahresraten. Für die Republik eine sehr respektable Entlastung, denn heiß umkämpfte Bestimmungen und Lasten des Versailler Friedensvertrags erfahren eine erkennbare Entschärfung.

Das konservative Deutschland aber nahm die Haager Konferenzergebnisse zum Anlaß einer beispiellosen Agitationskampagne gegen die Republik. Was in den Jahren zuvor schon gärte, kam nun vollends zum Ausbruch. Die verhaßte Demokratie stand am Pranger, und die Folgen dieser verbalen Zerstörungswut waren niederschmetternd. Ein Volksbegehren wurde inszeniert, und unter Verfälschung der Tatsachen entlud sich in den »Wahlreden« ein fundamentaler Angriff auf den Parlamentarismus in Deutschland. Landwirtschaft und rheinisch-westfälische Schwerindustrie, »Stahlhelm« und die rechtsradikalen Parteien lehnten den Young-Plan ab, und sie taten dies mit propagandistischen Schlagworten, die weit über den eigentlichen Anlaß hinaus die Emotionen hochputschten. Bis in die dritte Generation müßten die Deutschen nun Frondienste leisten, und das parlamentarische System verschleiere die wahren Ursachen »unseres Niedergangs«, es führe die Massen des Volkes irre, behaupteten die Republikgegner. Vor allem aber: Mit der Auseinandersetzung um den Young-Plan gelang es Hitler, auch in Kreisen hoffähig zu werden, die der Agitation der Nationalsozialisten bislang mit verächtlicher Ablehnung gegenübergestanden hatten. Die Wehrorganisation der konservativen Rechten, der »Stahlhelm«, und Hugenbergs Deutschnationale Partei verbündeten sich in der Anti-Young-Kampagne mit dem Mann, dessen Programm einen eindeutigen Kurs in Richtung Diktatur versprach. Und umgekehrt. Denn auch für Hitler wurde das Volksbegehren zur Premiere. Erstmals akzeptierte er ein Bündnis mit Kräften, die er kaum weniger bekämpft hatte als die Demokraten. Die verhängnisvolle Konstellation, die dann zur Machtergreifung führte, begann sich in der Auseinandersetzung um den Young-Plan herauszubilden. Die Deutschnationalen ließen nun unter Hugenberg alle Mäßigung fallen, die Volkspartei geriet mit dem Tod des ohnehin in seiner Partei nur noch eine Minderheit vertretenden Gustav Stresemann ins rechte Fahrwasser, und auch das Zentrum schwenkte unter der Führung ihres neuen Parteichefs Prälat Kaas und des Fraktionsvorsitzenden Heinrich Brüning innerhalb der Koalition auf eine autoritäre Linie ein.

Die SPD begann zu resignieren. Die Regierung Müller hatte in der Öffentlichkeit ihre Autorität verspielt, trotz einiger außenpolitischer Erfolge blieb sie in den großen inneren Fragen zur Wirtschafts-, Sozial- und Lohnpolitik entscheidungslos und zerstritten. Die rechte Propaganda begann Wirkung zu zeigen. »Eine Mischung aus spießbürgerlicher Selbstgerechtigkeit, Puritanismus und Chauvinismus, ein provinzieller Haß verband sich in solchen Tiraden mit der herkömmlichen Republikfeindschaft, ein emotionales Amalgam, das im verarmten Mittelstand, bei entlassenen Beamten und pleite gegangenen Ladenbesitzern nicht weniger wirkte als bei stellungslosen Arbeitern und vor dem Bankrott stehenden Bauern.«[78] So beschreibt später der Historiker Hagen Schulze sehr treffend die Stimmung im Land. Selbst Leopold Schwarzschild spricht im »Tage-Buch« mit Blick auf die Arbeit der Regierung verächtlich vom »Müllerismus«, und in der »Frankfurter Zeitung« bilanziert Heinrich Simon diese Monate mit den Sätzen: »Die Zeit überholt die Parteien. Das Schiff ist zu stark beschwert. Der Gang wird schaukelnd und langsam: die Passagiere drohen, zu einer anderen, moderneren Linie überzulaufen.«[79]

Obwohl das Volksbegehren der Rechten im Dezember 1929 scheiterte, war die Koalition handlungsunfähig geworden. Es bedurfte nun nur noch der ökonomischen und sozialen Krise, die sich Ende 1929 spürbar herausschälte, und der Vorhang zum Schlußakt hob sich vor einem ideologisch zerrissenen und politisch müden deutschen Publikum. Die Sozialdemokraten setzten mit dem in ihren Reihen weit verbreiteten Motto »Raus aus der Regierung« zur Flucht in die hilflose Opposition an. Mit dem Ausgang des Stückes hatten sie dann fast nichts mehr zu tun. Auch die moskauabhängigen und realitätsfern agierenden Kommunisten nicht. Die Präsidentschaftswahlen von 1932 bewiesen dies. Hugenberg und Brüning, Hindenburg und die »graue Eminenz« in der Reichswehr, Kurt von Schleicher, wurden jetzt zu den Hauptdarstellern. Der eitle, politisch völlig überforderte Franz von Papen stand zwar eine Zeitlang im Rampenlicht, nahm aber in Wirklichkeit nur eine Statistenrolle ein. Was von ihnen allen zu erwarten war, hätte eigentlich niemanden mehr überraschen dürfen. Im Hintergrund aber lauerte der Erzschurke, dem nun auch bald die Wähler in einem bedrohlichen Ausmaß auf den Leim gingen. Knapp ein Jahr nach dem Scheitern des Volksbegehrens, bei den Reichstagswahlen im September 1930, entfielen 6,4 Millionen Stimmen auf Hitler und seine Partei, die Nationalsozialisten wurden mit 107 Mandaten zweitstärkste Fraktion im Reichstag. Schon seit März 1930 amtierte Brünings erstes Präsidialkabinett. Der Weg der Republik war vorgezeichnet.

»Über diesem Jahresende liegt wie ein giftiger grauer Nebel die

Erinnerung an die Inflationszeit«, bilanziert Ossietzky am 31. Dezember 1929 die politisch so entscheidenden letzten zwölf Monate. »Die blendende Fassade der letzten Jahre muß jetzt mit Wucherzinsen bezahlt werden.«[80] Auch ihm ist bewußt, vor welch einschneidenden wirtschaftlichen Veränderungen die Republik steht. Bei der Suche nach den Schuldigen vernachlässigt er allerdings die weltwirtschaftlichen Einflüsse, die sich hinter dem New Yorker Börsenkrach und dem für die Reichsfinanzen katastrophalen Abzug der kurzfristig gewährten amerikanischen Kredite verbergen. »Die ökonomische Wirklichkeit dieses vergangenen Jahres war schon ernst genug, daß wir heute jedoch wieder in die Nähe des Generalbankrotts gerückt sind, daran ist vor allem die infame tendenziöse Panikmacherei der Bank- und Industriedespoten schuld, die ebenso ungern Reparationen abführen wie sie ihren Angestellten und Arbeitern anständige Löhne zahlen. Dieser Zweifrontenkrieg hat Deutschland gründlich zermürbt ... Das System der Stabilisierung, das sich seit 1924 immer mehr gefestigt hatte, ist von seinen eignen Nutznießern erschüttert worden.«[81]

Anfang 1930 stellt er dann die Frage, die für die kommenden Jahre maßgebend sein wird: »Gibt es noch eine Opposition?« In der Innenpolitik herrsche überwiegend »Ausverkaufsstimmung«, und die große Mehrheit im Volk sei sich immerhin darin einig, »daß es so wie jetzt nicht mehr weitergehen darf«[82]. Wobei Ossietzky, wie so viele, die Erfolge und die Machtansprüche der Nationalsozialisten erheblich unterschätzt. »Hugenberg wird seinen Golem Hitler nicht zu selbständig werden lassen; wenn er ihn nicht mehr braucht, wird er ihm einfach die Bezüge sperren, und die nationalsozialistische Bewegung wird ebenso mysteriös hinschwinden wie sie in diesen beiden letzten Jahren mysteriös gewachsen ist. Mietlinge, die auseinandergejagt werden, wenn sie nach erledigtem Pensum nicht nur blanke Münze, sondern auch Machtbeteiligung fordern.«[83] Bis zum Ende der Republik werden viele aus dem Kreise der Weimarer Publizistik und Politik dem Irrglauben erliegen, die konservative Rechte könne Hitler am Gängelband ihrer eigenen Interessen führen. So wie sie den »Führer« und seine Schlägerbanden in letzter Konsequenz nicht ernst nehmen wollen, so überhöhen sie die schützende Rolle Hugenbergs und des Kreises um Hindenburg oder der Männer an der Spitze der Zentrumspartei. Auch Ossietzky ist von solchen Verharmlosungen nicht ganz frei. Immerhin erkennt er schon Anfang 1930, wo die Gefahr liegt: »Viel ernster sind die Eroberungen zu werten, die die Nationalsozialisten neuerdings in der Arbeiterschaft machen.«[84] Aber in dieser so wichtigen Frage bleibt er trotzdem zu optimistisch. Es handele sich dabei nur um eine vorübergehende Erscheinung, meint er, »denn die Nationalsozialisten verfügen nicht über genug eignen Geist, um den nötigen Bindestoff für klassenmäßig auseinanderstrebende Elemente zu produzieren«[85].

Mit diesem Artikel beginnt Ossietzky auch eine Strategie zu entwickeln, die ihn bis in das Jahr 1933 hinein immer wieder bewegen wird: dem rechten Block der Demokratiefeinde eine Einheitsfront der organisierten Arbeiterbewegung entgegenzusetzen. Eine Hoffnung, die bald im Kreis der linksliberalen Intellektuellen verbreitet ist. »Die beiden Richtungen des deutschen Sozialismus sind weit auseinandergekommen«, schreibt er in der »Weltbühne«, »sie werden sich in irgend einer Form einmal wieder finden müssen, wenn sie nicht beide getrennt geschlagen werden wollen.«[86] Wobei er sich keine Illusionen darüber macht, wie eine solche Idee bei SPD und KPD aufgenommen würde. »Wer heute vorschlägt«, fügt er spöttisch hinzu, »daß sich Sozialdemokraten und Kommunisten endlich einmal wieder ohne entsicherten Revolver in der Tasche aussprechen sollten, hat von beiden Seiten keine Rosensträuße zu erwarten.«[87]

In der Geschichtsschreibung ist Ossietzkys Eintreten für ein Bündnis der beiden Arbeiterparteien zu einem zentralen Punkt der Ablehnung geworden. Im Zuge der ideologischen Ost-West-Auseinandersetzung nach 1945 übersahen beide Seiten geflissentlich, wie differenziert er die Kommunisten beurteilte, und seine Kritiker verdrängten in diesem Zusammenhang immer wieder, wohin denn die anhaltende Spaltung der Arbeiterbewegung schließlich geführt hat. So schreibt der Marxist Bruno Frei in seiner Biographie über den »Weltbühnen«-Leiter 1966: »Ossietzky war kein Kommunist, die komplizierten Probleme der Strategie und Taktik des Klassenkampfes waren ihm fremd.«[88]

Aber es war nicht dieses auf so typische Weise unterstellte mangelnde »revolutionäre Bewußtsein« des Nichtkommunisten, das ihn von einseitigen Positionen abhielt. Ossietzky sah nur zu genau die Fehlentwicklungen im internationalen Kommunismus, seine terroristischen Neigungen, die mit Stalins Eroberung der Macht Ende der zwanziger Jahre deutlich hervortraten, und auch die antiparlamentarische Grundhaltung der bolschewistischen Theorie und Praxis. So klingt es angesichts des humanistischen und demokratischen Engagements Ossietzkys wie blanker Hohn, wenn ausgerechnet Erich Honecker 1988 selbstbewußt erklärte: »Zu Recht nehmen wir Carl von Ossietzky für unsere international geachtete Friedens- und Bündnispolitik, unser Bemühen um eine weltweite Koalition des Realismus und der Vernunft in Anspruch.«[89] Aber solche marxistischen Fehlinterpretationen fielen in der Bundesrepublik auf fruchtbaren Boden. Der westdeutsche Kommunikationswissenschaftler Bernd Sösemann beispielsweise meint, Ossietzkys Position in den letzten Jahren der Weimarer Republik sei »nicht mehr als linksliberal zu bezeichnen. Sein Trend zur ›linken Volksfront‹, zur kommunistisch bestimmten Polemik und Anklage, die den Widerstandswillen der Demokraten allzu oberflächlich einschätzte, ist deutlich.«[90] Folgerichtig berücksichtigt der Autor dieser die historischen und persönlichen Fakten ignorierenden Zeilen denn auch Leistung und Werk Ossietzkys in seiner Darstellung »demokratischer Publizisten« nicht.

Vielleicht hätte er ihn lesen sollen. Schon 1920 hatte Ossietzky geschrieben: »Die Maßlosigkeit der linksradikalen Opposition ist die beste Helferin der von rechts anrückenden Reaktion.«[91] In den Jahren der Republik ließ er nie einen Zweifel daran, daß er die Politik der Radikalen von rechts und links für »Rückwärtserei ohne Sinn für historische Notwendigkeiten und Radikalismus ohne Augenmaß für Wirklichkeiten«[92] hielt. Und 1930 heißt es nicht weniger unmißverständlich: »Die Kommunisten sind der Dogmatik treu geblieben – oder wenigstens dem, was der moskauer Heilige Stuhl jeweils als Dogma verkündete – aber der Körper hat nicht viel gewonnen, und auch die seelische Kraft der Partei ist dabei nicht gewachsen.«[93] Sein Eintreten für ein Bündnis der Arbeiterparteien in den letzten Jahren der Republik hatte nur ein Ziel: die Machtübernahme durch ein politisches Rechtskartell und damit die Zerstörung der deutschen Demokratie zu verhindern.

Am 17. November 1931 wird vor dem Reichsgericht Leipzig einer der berühmt-berüchtigtsten Prozesse in der Spätphase der Weimarer Republik eröffnet. Im Mittelpunkt steht Carl von Ossietzky. Hintergrund ist ein Artikel, der am 12. März 1929 in der »Weltbühne« erschienen war. Unter dem Pseudonym Heinz Jäger hatte der Journalist Walter Kreiser über die nach dem Versailler Vertrag verbotene, aber heimlich forcierte Aufrüstung der deutschen Luftwaffe berichtet. Die Fakten sind keineswegs neu, waren sie doch häufig Gegenstand sozialdemokratischer Anfragen im Reichstag oder der kritischen Berichterstattung in- und ausländischer Presseorgane. Für Reichswehrminister Groener aber bot sich mit dem »Weltbühnen«-Beitrag »Windiges aus der Luftfahrt« erneut die Gelegenheit, gegen die schärfsten Kritiker der Revanchepläne der deutschen Wehrmacht juristisch vorzugehen. Er forderte eine Anklageerhebung vor dem Reichsgericht gegen den Autor Walter Kreiser und den verantwortlichen Leiter der »Weltbühne«, Carl von Ossietzky. Beide hätten mit der Veröffentlichung den Interessen Deutschlands geschadet und »Landesverrat« begangen.

Groener steht mit dieser Begründung ganz in der Tradition des nationalistischen Weimarer Rechtsdenkens. Obwohl in zahlreichen Paragraphen des Versailler Vertrages einschneidende Rüstungsbeschränkungen für Deutschland festgelegt worden waren, verstießen die Reichswehr und ihre politischen Helfer vielfach gegen diese Bestimmungen. Ingo Müller hat in einem Aufsatz über den »Weltbühnen«-Prozeß darauf hingewiesen, daß »nach klassischer Auffassung in der Rechtsprechung ... lediglich die Bekanntgabe offizieller militärischer Geheimnisse als Landesverrat oder Spionage angesehen worden« war.[94] Die Weimarer Justiz akzeptierte jedoch den »Schandvertrag« von Versailles sowenig wie die Armeeführung oder die zivile nationale Rechte. So erweiterte sie in ihren Urteilen den Landesverratsvorwurf auf nahezu jede kritische Veröffentlichung, die sich mit dem vertragswidrigen Vorgehen der Reichswehr auseinandersetzte. Der Pazifist, Statistiker und Mathematiker Emil Julius Gumbel hat in einer 1922 veröffentlichten und schon damals vielbeachteten Broschüre über die Fememorde in der Republik diesen Tatbestand festgehalten: »In 32 Jahren der Kaiserzeit ... waren nur 32 Personen wegen Hoch- und Landesverrat und 127 Personen wegen Spionage verurteilt worden ..., also etwa 5 Personen pro Jahr ... In den vier Jahren 1924 bis 1927 wurden über 10 000 Anzeigen wegen Hoch- und Landesverrats behandelt und 1071 Personen verurteilt, also 267 pro Jahr. In dem einen Jahr 1927 wurden 44 Personen nur wegen Landesverrats verurteilt, also mehr als in den 32 Vorkriegsjahren zusammengenommen.«[95] Die Weimarer Justiz war zum Büttel der nationalistischen Rechtsbrecher verkommen. Sie deckte das rechtswidrige Vorgehen der Reichswehr, und sie fällte auch formaljuristisch eindeutige Unrechtsurteile. So kann es nicht verwundern, daß sie im Dritten Reich bald den nationalsozialistischen Terror juristisch mittrug und massiv durch unzählige Bluturteile unterstützte.

Der »Weltbühnen«-Prozeß lag ganz auf dieser Linie. Die Anklage gegen Ossietzky und Kreiser hatte allein politische Mo-

tive, rechtsstaatlich war sie in keinem Punkt zu begründen. Das Verfahren wurde zweieinhalb Jahre nach dem Erscheinen des Luftfahrt-Artikels eröffnet. Das Ansinnen des Reichswehrministers stieß zunächst im noch von Stresemann geprägten Außenministerium auf Widerstand, fürchtete man hier doch zu Recht eine negative Reaktion in der ausländischen Presse, die die Verhandlungssituation der deutschen Diplomatie auf den internationalen Reparationskonferenzen verschlechtern würde. Daß es doch zum Prozeß kam, weist zweifellos darauf hin, wie sehr sich Anfang der dreißiger Jahre die nationalistische Agitation in der Republik durchzusetzen begann.
Ossietzky ging als fünffach Vorbestrafter in diesen Prozeß. Auch alle früheren Verurteilungen bezogen sich auf seine publizistische Tätigkeit. Es war allerdings bislang stets bei Geldstrafen geblieben, und die Anklagen waren mit dem Vergehen der »öffentlichen Beleidigung« begründet worden. Nie hatte die Justiz es gewagt, ihn tatsächlich zu einer Haftstrafe zu verurteilen und ins Gefängnis zu werfen. Im November 1931 jedoch wehte bereits ein eisiger politischer Wind in Deutschland, das Leipziger Reichsgericht versuchte nun nicht einmal mehr, den Schein eines Rechtsverfahrens aufrechtzuerhalten.
Walter Kreiser entzieht sich dem Verfahren durch die Flucht ins Ausland. Mancher gutmeinender Freund rät auch Ossietzky dazu. Die Reichswehrspitze hat wohl geglaubt, der unbequeme Kritiker würde diesen Weg wählen, um einer Verurteilung oder doch zumindest nach dem Prozeß dem Gefängnisaufenthalt zu entgehen. »Nein! Nein! Den Gefallen werde ich den Herren doch nicht tun«, zitiert Walter Mehring den Angeklagten. »Ich hoffe ihnen durch mein Bleiben verdammt unbequem zu werden. Jetzt sollen sie die Gefängnissuppe, die sie mir eingebrockt haben, auch auslöffeln!«[96]
In seinem kurz vor dem Haftantritt in der »Weltbühne« veröffentlichten Artikel »Rechenschaft« – einer sehr persönlichen Auseinandersetzung mit dem Prozeß und dem Urteil – teilt Ossietzky der Öffentlichkeit seine Beweggründe mit: »Über eines

möchte ich keinen Irrtum aufkommen lassen, und das betone ich für alle Freunde und Gegner und besonders für jene, die in den nächsten achtzehn Monaten mein juristisches und physisches Wohlbefinden zu betreuen haben: – ich gehe nicht aus Gründen der Loyalität ins Gefängnis, sondern weil ich als Eingesperrter am unbequemsten bin. Ich beuge mich nicht der in roten Sammet gehüllten Majestät des Reichsgerichts sondern bleibe als Insasse einer preußischen Strafanstalt eine lebendige Demonstration gegen ein höchstinstanzliches Urteil, das in der Sache politisch tendenziös erscheint und als juristische Arbeit reichlich windschief.«[97] Drei Absätze später antwortet er direkt auf die Beschwörungen, rechtzeitig »zu türmen«: »Natürlich bestreite ich das Recht des Publizisten nicht, sich dem Zugriff der herrschenden Gewalten durch die Flucht zu entziehen. Ein Recht, das übrigens jeder unschuldig Verurteilte hat, dem der normale Weg zur Rehabilitation versperrt ist oder der den Glauben an die richterliche Objektivität verloren hat. Es handelt sich aber in jedem Einzelfalle darum, das Wirksamere zu tun. Das allein muß entscheidend bleiben.«[98] In einem Brief an Tucholsky heißt es lapidar: »Daß ich hier geblieben bin, rührt aus meiner eigenen Entscheidung. Das ist größtenteils Raison, Überlegung, daß der andre Ausweg nichts bessert. Was es sonst noch ist, werde ich Ihnen einmal mündlich sagen.«[99] Hinter dem letzten Satz verbergen sich möglicherweise auch private Beweggründe. Ossietzky hatte weder das Geld, um im Exil leben zu können, noch wollte er seine psychisch labile Frau allein in Deutschland zurücklassen.

Natürlich ist seine Haltung in dieser Frage mit Blick auf die machtpolitischen Entwicklungen in der Republik illusionär. Moralische, rechtsstaatliche oder demokratische Kriterien spielten im Handeln der Republikfeinde schon längst keine Rolle mehr. Mit dem Gegner wurde nicht diskutiert, er wurde vernichtet. Es ging 1931 nicht mehr um Wahrheit und Recht, sondern um die Zerstörung der Republik und ihrer Anhänger. Man mag es angesichts der realen Machtkonstellationen als

naiv empfinden, wenn Ossietzky glaubte, mit seinem Leidensgang in die Tegler Haft werde signalisiert, wohin der demokratische Verfall Weimars bereits geführt habe. Aber eine solche Betrachtung wird der bewunderungswürdigen Konsequenz, mit der Ossietzky die Institutionen des Staates zu entlarven versucht, nicht gerecht. Aus dem Angeklagten ist gerade durch die Verweigerung, sich Verfahren und Haft zu entziehen, ein Kläger geworden, der damals bis weit in die liberal-bürgerlichen Kreise hinein hohen Respekt hervorgerufen hat. Wie Ossietzky in diesem Prozeß argumentiert, wie er durch Wort und Tat auf das Urteil reagiert, das ist ein Höchstmaß an demokratischer Zivilcourage.
Schon die äußeren Bedingungen des Prozesses zeigen, daß es der Justiz allein um die Kaltstellung eines kompromißlosen Journalisten geht. Zum Vorwurf des »Landesverrats« tritt auch die groteske Anklage wegen »Spionage«. Mit diesem Trick kann das Reichsgericht die Öffentlichkeit ausschließen und den am Verfahren Beteiligten eine Schweigepflicht über den Prozeßverlauf und die Urteilsbegründung auferlegen. Der Vorsitzende der »Weltbühnen«-Prozesses ist zudem einschlägig bekannt. Reichsgerichtsrat Baumgarten hatte bereits an mehreren berüchtigten Femeprozessen teilgenommen, und in einem Verfahren gegen Ulmer Reichswehroffiziere, denen nationalsozialistische Umsturzpläne zur Last gelegt wurden, zeigte er sich bereits im Oktober 1930 als willfähriger Gefolgsmann der kommenden Macht. In diesem Prozeß wurde Hitler als »sachverständiger Zeuge« vernommen, und er konnte vor dem Strafsenat erklären: »Wenn unsere Bewegung siegt, dann wird ein neuer Staatsgerichtshof zusammentreten, und vor diesem soll dann das Novemberverbrechen von 1918 seine Sühne finden, dann allerdings werden auch Köpfe in den Sand rollen.«[100] Selbst dem Reichsinnenministerium war diese von den Richtern akzeptierte Verhöhnung des Rechtsstaates zuviel, und es erhob Einspruch. Das Gericht lehnte die von Staatssekretär Zweigert vorgelegte Dokumentation, die unwiderlegbare Hinweise auf

die Umsturzpläne enthielt, als Beweismittel ab. Ossietzky schrieb damals in der »Weltbühne«: »Mit jener Objektivität, die das Reichsgericht immer auszeichnet, wenn es sich um Leute von rechts handelt, hat es einem hergelaufenen Narren, einem Großmaul und Poltron Gelegenheit geboten, eine Brandrede zu halten und seine Legalität zu beteuern. Man vergleiche die trockene Abfertigung des Staatssekretärs Zweigert, des Mannes der Reichsregierung, mit der entgegenkommenden Geste für Hitler … Das Reichsgericht ahnt den Herrn von morgen.«[101] Stefan Berkholz weist in seiner umfangreichen Dokumentation über den »Weltbühnen«-Prozeß, der viele Details für diese Darstellung entnommen sind, darauf hin, daß das Reichsgericht in seiner Urteilsbegründung den nur sehr milde bestraften Naziumstürzlern ausdrücklich »gute Absichten« und »hohe und glühende Vaterlandsliebe« zubilligte.

Die Anklageschrift gegen Ossietzky und Kreiser wird im Dezernat für Hochverrat und Spionage der Reichsanwaltschaft zusammengestellt. Leiter ist der Reichsanwalt Paul Jorns, über dessen Vorermittlungen zum Prozeß gegen die Mörder von Rosa Luxemburg und Karl Liebknecht selbst Weimarer Gerichte festgehalten hatten, daß er »bei der Führung der Untersuchung Spuren, die zur Aufklärung dienen konnten, nicht aufgenommen hat«[102]. Jorns wurde im Dritten Reich leitender Staatsanwalt an Freislers Volksgerichtshof. 1937 wird er in den Ruhestand versetzt, meldet sich aber freiwillig an den Volksgerichtshof zurück, wo er bis Ende 1941 als Oberreichsanwalt an den Bluturteilen mitwirkt. Aus solchem Holz war der Mann geschnitzt, der den Leipziger Richtern das Material für ihren Prozeß lieferte.

Ossietzky und seine vier Verteidiger kämpfen zäh, aber sie werden gewußt haben, daß es in diesem Verfahren nicht um Recht, sondern um Politik geht. Neben Alfred Apfel, Rudolf Olden und Kurt Rosenfeld – alte juristische Weggefährten Ossietzkys aus zurückliegenden Prozessen – sitzt auf der Verteidigerbank auch Max Alsberg, ein renommierter Strafverteidiger und der

Vorsitzende des Deutschen Anwaltsvereins. Alsberg steht – anders als seine drei Kollegen – der pazifistischen und sozialistischen Bewegung fern. Er hat in vielen Verfahren auch Angeklagte aus dem rechten Lager verteidigt. Die bürgerliche »Frankfurter Zeitung« kommentiert seine Übernahme des Verteidigermandats mit den Worten: »Schließlich tritt ein Mann vom Range Alsbergs nicht einfach für Leute ein, die er für Landesverräter hält.«[103]

Im Gegensatz zu seinen in politischen Verfahren skeptischer gewordenen Mitverteidigern ist Alsberg von einem Freispruch für Ossietzky überzeugt. Nach dem Urteil schreibt Alfred Apfel: »Zum ersten Mal in seiner Praxis lernte er die Atmosphäre eines politischen Prozesses in Leipzig gegen einen Vertreter der Linken kennen. Er war über die parteiische Haltung des Strafsenats so außer sich, daß er mich entrüstet fragte, weshalb empörte Massen das Gebäude, in dem solches passieren konnte, nicht längst dem Erdboden gleichmachten! Er hatte niemals geglaubt, daß es in Deutschland Richter gäbe, die einen politischen Gegner mit den Mitteln des Strafprozesses zum gemeinen Verbrecher stempelten.«[104] Alsberg wird nicht der letzte Vertreter des deutschen Bürgertums sein, der entsetzt aus seinen leichtfertigen Träumen über die Pläne und das Vorgehen der kommenden Machthaber im Land erwacht.

Im Verfahren selbst haben die geladenen Sachverständigen Kreisers in seinem Artikel zusammengetragene Tatsachen bestätigt. Ihre Schlußfolgerungen allerdings liegen ganz auf der Linie von Reichswehr und Gericht. Mit der Veröffentlichung sei »die Sicherheit des Deutschen Reiches« gefährdet worden, und »die Geheimhaltung dieser Tatsachen« bleibe »im Interesse der Landesverteidigung erforderlich«. Wohlgemerkt, es ging hier um Fakten, die eindeutig ein vertragsbrüchiges Verhalten der Reichswehrspitze bezeugten. Ossietzkys Verteidiger weisen nicht nur auf diesen Tatbestand hin, sie belegen auch, daß die angeblich geheimen Details der Luftfahrtaufrüstung keineswegs geheim, sondern öffentlich diskutiert worden sind.

Die Richter bleiben dieser Argumentation gegenüber taub, das Urteil steht für sie von Anbeginn an fest. Sie wollen eine politische Demonstration, die die Kritiker einer massiven Aufrüstung des Reiches mundtot macht. Kreiser und Ossietzky werden zu eineinhalb Jahren Gefängnis verurteilt.

Der Spionagevorwurf wird in der Urteilsbegründung mit einer haarsträubenden Argumentation justiziabel gemacht: »Der Angeklagte war auch Pazifist. Mit der Erwähnung dieser Tatsache soll zu dieser Weltanschauungsfrage keine Stellung zu Ungunsten der Angeklagten genommen werden. Sie rechtfertigt aber psychologisch den Schluß, daß der Angeklagte mit dem fraglichen Artikel ›antimilitärisch‹ wirken wollte, und unter diesem Gesichtspunkt ergibt sich zwanglos der Wille des Angeklagten, etwas von der Militärverwaltung geheim Gehaltenes aufzudecken.«[105]

Wie sehr der Gedanke einer demonstrativen Bestrafung die Mitglieder des Reichsgerichts beherrscht, zeigt auch, daß sie im Urteil ausdrücklich darauf hinweisen, Ossietzky sei nicht als »politischer Überzeugungstäter« anzusehen. Damit geht er als gewöhnlicher Krimineller ins Gefängnis, was sich äußerst ungünstig für seine Haftbedingungen auswirkt.

Der »Weltbühnen«-Prozeß macht Ossietzky zu einer vieldiskutierten Person im öffentlichen Leben der Weimarer Republik. Auch die bürgerliche Presse verfolgt Verlauf und Urteil mit großer Spannung, der Name des Angeklagten füllt die Schlagzeilen. Im Ausland wird das Geschehen in Leipzig ebenfalls mit Aufmerksamkeit registriert. Die Reaktion auf seine Verurteilung ist heftig. In der »Berliner Volks-Zeitung«, deren Redaktion Ossietzky einst angehörte, heißt es: »Ein Schreckensurteil in Sachen Landesverrat, das offenbar dazu bestimmt ist, eine neue Ära zu eröffnen, in der jede freie und unbequeme Meinungsäußerung gegen Reichswehr und reaktionäre Wehrverbände rücksichtslos unterdrückt werden soll … In der Person Carl von Ossietzky sollte, daran ist nicht zu zweifeln, mehr als ein einzelner Schriftsteller getroffen werden.«[106] Im »Vorwärts« wird noch einmal darauf hingewiesen, daß »schwerwiegendes Material über die Mißwirtschaft in der Luftfahrtabteilung des Reichsverkehrsministeriums« häufig im Reichstag diskutiert worden ist, und dann rafft sich der Schreiber zu einer zwar etwas gewundenen, aber doch unüberhörbaren Kritik an dem Urteil auf: »Auch wer sich als scharfer politischer Gegner der ›Weltbühne‹ im allgemeinen und des Artikelinhalts im besonderen bekennt und die Publikation an sich verurteilt, der muß sich heute voll Empörung mit allen denen vereinen, die *auf das schärfste Protest erheben* gegen eine Justiz, die auf eine unverhüllte Knebelung der freien Meinungsäußerung hinausläuft.«[107]

Die bedeutenden liberalen Zeitungen der Republik, die in der Vergangenheit selten versäumt haben, gegen die »Weltbühne« zu polemisieren, kritisieren vor allem das Geheimhaltungsgebot, mit dem Verhandlung und Urteilsbegründung belegt worden sind. Die »Frankfurter Zeitung« meint zwar, »daß sich die ›Weltbühne‹ häufig im Tone zu vergreifen pflegt und es bei der Beurteilung deutscher Lebensnotwendigkeiten an den zutreffenden Maßstäben fehlen läßt«, aber sie verkennt nicht die politische Dimension des Prozesses: »Die jedoch geradezu beängstigende Perspektive ist die, daß hinter der formalen Fassade der Landesverratsprozesse seit Jahren eine mächtige Bürokratie, mit dem Reichswehrministerium an der Spitze, um ihre *Allmacht und gegen jede Kontrolle* kämpft ... Wir haben zwar eine Demokratie, aber wer von ihren Grundsätzen auch gegenüber militärischen Instanzen und solchen, die es sein möchten, Gebrauch macht, wird mit Gefängnis und – was schlimmer ist – mit dem *Odium* des Landesverräters bestraft.«[108] Die »Vossische Zeitung«, nun schon auf einem »unpolitischen« Anpassungskurs, wagt nur vorsichtige Fragezeichen: »Aber war die Sicherheit des Reiches durch den inkriminierten Artikel wirklich bedroht? Und verdiente er eine so harte Strafe?«[109]

Theodor Wolff leitartikelt im »Berliner Tageblatt« wesentlich mutiger und zeichnet mit großer Souveränität ein Bild des mit ihm gelegentlich in Fehde liegenden Publizisten Ossietzky: »Es wäre in einem solchen Augenblick schlecht angebracht, schulmeisterlich Zensuren zu erteilen, Form und Geist zu rühmen und kritische Bemerkungen hinzuzufügen, aber gesagt muß werden, daß Ossietzky ein Mann von sauberster Gesinnung und Überzeugungsfestigkeit ist und jenen bürgerlichen Mut besitzt, den seltsamerweise die berufsmäßigen Heldenverehrer so wenig anerkennen. Der Herausgeber der Wochenschrift ›Die Weltbühne‹ gehört auf dem Felde der politischen Polemik, auf dem er ein Meister ist, zu der galoppierenden Kavallerie.« Zur Entscheidung des Reichsgerichts merkt Wolff an: »Dieser Spruch hat eine außerordentliche Erregung bei all denen hervorgerufen, die zu unparteiischem Besinnen und klarer Überlegung fähig sind und sogar über dem höchsten Gericht noch eine höhere Instanz, nämlich eine vernünftige Gerechtigkeit sehen.«[110]

Zustimmung findet das Urteil in der konservativen und rechtsradikalen Presse. Der »Völkische Beobachter« jubelt, die Entscheidung von Leipzig könne von weittragender Bedeutung sein, »Schurkenstreiche«, wie sie Ossietzky und Kreiser begangen hätten, seien bislang ungesühnt geblieben. Die »Deutsche Allgemeine Zeitung« bezeichnet das Urteil als nur »allzu berechtigt«. Die Botschafter senden Berichte, in denen auf die äußerst negativen Reaktionen in den großen Blättern Frankreichs, Großbritanniens und der USA hingewiesen wird. So heißt es in einem Schreiben der deutschen Vertretung in London: »Bei der in weiten Kreisen noch immer herrschenden Verständnislosigkeit und z. T. Feindseligkeit gegenüber den deutschen Gegenwartsfragen ist es leider nicht zu vermeiden, daß die diesen Prozessen zu Grunde liegenden Vorgänge und Tatsachen, die allerdings erst durch ihre gerichtliche Behandlung zu Kenntnis einer weiteren Öffentlichkeit gebracht worden sind, von den uns unfreundlich gesinnten Kreisen als Beweis für die Richtigkeit ihrer Einstellung ausgenutzt werden.«[111]

Die Härte der Strafe wird im Ausland allgemein als Bestäti-

gung der in der »Weltbühne« aufgeführten Aufrüstungsfakten gewertet. Das ohnehin gegen Deutschlands Revanchepläne gehegte Mißtrauen bei den Nachbarn erhält durch diese und andere Entscheidungen der Weimarer Justiz neue Nahrung.
Die Reichstagsfraktion der SPD fordert in einer Anfrage von der Regierung, die Vollstreckung des Urteils zu verhindern, die Liga für Menschenrechte ruft zu einer Protestkundgebung auf, an der weit über 1000 Menschen teilnehmen, viele Schriftsteller, Publizisten, Schauspieler und Linksintellektuelle verlangen in öffentlichen Appellen ebenfalls eine Aussetzung der Haftstrafe. Aber auch vereinzelte Stimmen aus dem Lager der Deutschnationalen wenden sich gegen dieses Unrechtsurteil. Die »Weltbühne« druckt eine 64seitige Broschüre zum Prozeß. Die Regierung Brüning, Reichswehr und Präsidialamt aber bleiben unbeeindruckt, das politische Exempel soll rücksichtslos statuiert werden.
Es wird ein halbes Jahrhundert später noch ein beschämendes, angesichts der juristischen und politischen Fakten unglaubliches Nachspiel geben. Im Jahre 1992 weigert sich der 3. Strafsenat des Bundesgerichtshofs, den als »Landesverräter« verurteilten Carl von Ossietzky zu rehabilitieren. Mit der windigen formaljuristischen Begründung, nach geltendem Recht seien weder eine fehlerhafte Rechtsanwendung noch eine Änderung der Rechtssprechung »für sich allein ein Wiederaufnahmegrund«, und der der Wirklichkeit hohnsprechenden Bemerkung, es gebe keinen konkreten Tatverdacht »wegen direkt vorsätzlicher falscher Rechtsanwendung« beim Leipziger Urteil, weisen bundesdeutsche Richter die Bemühungen von Ossietzkys Tochter zurück, die Ehre ihres Vaters wiederherzustellen.[112] Die Richter Hitlers finden dagegen bei ihren Berufskollegen im Bundesgerichtshof ausnahmslos äußerst nachsichtige juristische Betrachter des Justizterrors im Dritten Reich. Gustav Radbruch, Justizminister in der Weimarer Republik, schreibt bereits 1945 in bezug auf die nationalsozialistischen Gesetze: »Es gibt Rechtsgrundsätze, die stärker sind als jede

rechtliche Satzung, so daß ein Gesetz, das ihnen widerspricht, der Geltung bar ist. Man nennt diese Grundsätze das Naturrecht.«[113] Das gilt nicht weniger für zahlreiche Rechtsbeugungen, mit deren Hilfe die Weimarer Justiz ihre Urteile begründete. Elie Wiesel, einstiger KZ-Häftling und Friedensnobelpreisträger von 1986, äußert sich am 22. Januar 1996 in der französischen Zeitung »Libération« mit nur allzuberechtigtem Zorn: »Carl von Ossietzky, der legendäre Anti-Hitler-Journalist, wird nicht rehabilitiert werden. Das schreibt der Berlin-Korrespondent der ›New York Times‹ in der Ausgabe vom 13. Januar. Und seitdem? Nichts, kein Dementi aus Bonn. Kein offizieller, kein offiziöser Kommentar des deutschen Justizministeriums. Das ist eine Schande. Ja, eine Schande für das Deutschland Helmut Kohls, wo Richter sich gegenüber der Erinnerung so unempfindlich zeigen. Haben sie jeden Anstand verloren? ... Sagen wir es voller Wut: Wenn Carl von Ossietzky eine Ehre für die Menschheit ist, so sind seine Richter von damals und die von heute eine Schande für Deutschland.«[114]

Ossietzkys Anwälte reichen ein Gnadengesuch ein, da ein Revisionsantrag ohne jede Erfolgschance ist. Dieser Versuch, ihn doch noch vor dem Gang ins Gefängnis zu bewahren, fällt in die Phase des Präsidentschaftswahlkampfes. Ossietzky beweist in diesen Wochen ein weiteres Mal eindrucksvoll Unabhängigkeit und persönliche Stärke. Während auf dem Schreibtisch Hindenburgs das Gnadengesuch liegt, greift der bedrohte »Weltbühnen«-Leiter in mehreren Leitartikeln den Reichspräsidenten, für dessen Wiederwahl nicht nur die rechtskonservativen und bürgerlichen Parteien, sondern auch die SPD eintreten, ohne Rücksicht auf die eigene Lage an und fordert seine Leser auf, ihre Stimme nicht dem Mann zu geben, den er für den demokratischen Rückzug im Lande mitverantwortlich macht. Im Januar 1932, sieben Wochen nach seiner Verurteilung, schreibt er: »So ergibt sich das groteske Bild, daß die Linke diesmal hinter dem alten Marschall aufmarschiert, den sie vor sieben Jahren als ein Petrefakt aus der Kaiserzeit verhöhnte. Dabei ist auf die Bonität der Kandidatur Hindenburg nicht viel zu geben, wenn etwa Hitler selbst als Gegenkandidat auftreten sollte. Denn die Hindenburgwähler von 1925 sind lange zum Fascismus übergelaufen. Die verwirrten Mittelschichten, die damals den ›Retter‹ Hindenburg emportrugen, haben inzwischen nicht nur den Kopf verloren, sondern auch ihre Zechinen, und ihre Desperation ist entsprechend gewachsen.«[115] In diesem Artikel kritisiert Ossietzky übrigens nicht weniger heftig das Vorgehen der Kommunisten, die mit der Präsidentschaftskandidatur ihres Vorsitzenden Ernst Thälmann einen »Sieg des Fascismus oder die Wahl Hindenburgs mit Hilfe der Fascisten« sichern würden. Hier irrt Ossietzky zumindest teilweise, denn Hitler tritt gegen Hindenburg an und unterliegt dem greisen Militär im zweiten Wahlgang.

In der »Weltbühne« vom 1. März 1932 erscheint dann unter der Überschrift »Gang eins« der Artikel Ossietzkys, den nicht nur seine damaligen Gegner, sondern auch seine oberflächlichen bundesrepublikanischen Kritiker als Beweis dafür zitieren, der Mann sei ein Kommunist und Linksradikaler gewesen. Ossietzky, sichtbar enttäuscht darüber, daß die SPD und die Parteien der Mitte sich auf keinen eigenen annehmbaren Kandidaten einigen konnten und ihre Anhänger zur Wahl Hindenburgs aufgerufen haben, verweigert einem solchen Appell seine Zustimmung. Die entscheidenden Sätze lauten: »Ich bin kein Ratgeber auf dem Kandidatenmarkt, und wer einer Partei angehört, wird im Endkampf zwischen Disziplin und besserer Überzeugung durchweg der Disziplin den Vorrang geben. Gern hätte ich als parteiloser Mann der Linken für einen akzeptablen Sozialdemokraten wie Paul Löbe oder Otto Braun gestimmt. Da kein sozialdemokratischer Kandidat vorhanden ist, muß ich schon für den kommunistischen stimmen.«[116]

Sechs Wochen später beantwortet er eine Anfrage des »Montag Morgen«, ob er eine »gemeinsame Kampforganisation« von SPD und KPD als »das dringende Gebot der Stunde« ansehe. »Es ist nicht eine Verschmelzung der sozialistischen Parteien anzustreben«, schreibt er an sein ehemaliges Blatt, »sondern die operative Gemeinschaft, ein Kartellverhältnis.« Der »Opportunismus der einen« habe sich ebenso festgerannt »wie der Radikalismus der anderen«.[117] Und in der »Weltbühne« warnt er zugleich prophetisch: »Ich frage euch, Sozialdemokraten und Kommunisten: – werdet ihr morgen überhaupt noch Gelegenheit zur Aussprache haben? Wird man euch das morgen noch erlauben?«[118]

Vielfach hat Ossietzky in seinen Analysen aufgezeigt, daß er die deutschen Kommunisten als Demokratiefeinde sieht, er sich keine Illusionen über die »Diktatur des Proletariats« macht. Aber ebensowenig kann und will er die Haltung von Bürgertum und Sozialdemokratie billigen, angesichts der zu diesem Zeitpunkt bereits erkennbaren Diktaturbestrebungen, einen Kandidaten und eine Politik zu favorisieren, die diesen Weg unterstützen. Er wehrt sich dagegen, einen Reichspräsidenten kampflos zu akzeptieren, der kraft seines Amtes unter Inkaufnahme von Verfassungsbrüchen die Republik gefährdet. Ausdrücklich fügt er seiner persönlichen Wahläußerung hinzu, eine Stimme für Thälmann bedeute kein Vertrauensvotum für die Kommunistische Partei. Aber: »Je besser Thälmann abschneidet, desto deutlicher wird demonstriert, welch ein Erfolg eine sozialistische Einheitskandidatur hätte haben können, was für Möglichkeiten noch immer bestehen.«[119]

Nun gilt für die Endphase der Weimarer Republik zweifellos, daß die politische Spaltung der beiden großen Arbeiterparteien und das kraftlose Zurückweichen der bürgerlichen Mitte Hitler die Bahn frei gemacht haben, ohne daß es ihm je gelang, eine Stimmenmehrheit der Wähler für sich zu gewinnen. Ossietzkys Plädoyer für die linke Einheitsfront wird aus der Verzweiflung vor der sich abzeichnenden rechten Diktatur geboren. Sie ist wohl angesichts der Zerstörungswut der Kommunisten und der Gelähmtheit der Sozialdemokraten utopisch. Aber wenn die Ideologen und manche Historiker diese Haltung damals und später zu falschen Beweisführungen mißbrauchten, dann übersahen sie, wohin die Alternative geführt hat. Mit der Wahl Hindenburgs kündigt sich das Ende der Republik an. Ab August 1932 ist Hitler als möglicher Regierungschef auch für das Präsidialamt salonfähig. Der Reichspräsident lädt den Führer der inzwischen stärksten Partei im Reichstag mehrfach zu Aussprachen ein, allein Hitlers Anspruch, ohne Partner regieren zu wollen, läßt Hindenburg noch einige Monate zögern. Dann hat der schlimmste Feind der deutschen Demokratie sein Ziel erreicht, Hindenburg macht ihn zum Kanzler.

Niemand wird sagen können, was geworden wäre, wenn es nicht eine zweite Amtszeit des einstigen Generalfeldmarschalls gegeben hätte. Aber wir wissen doch immerhin, was nach seiner Wiederwahl geschah und welche Rolle er und seine Berater dabei spielten. Ossietzky hat dies vor den Präsidentschaftswahlen vom April 1932 jedenfalls klarer gesehen als die Parteien, die sich hinter dem Kandidaten eines erzkonservativen Deutschland scharten. Er wußte, daß diese Wahlen die letzte Chance für ein Überleben der deutschen Demokratie boten. Viele Vergangenheitsbewältiger in den Jahren nach 1945 haben für die damaligen Hindenburg-Wähler eine Fülle von Entschuldigungsgründen parat. Ossietzkys Warnungen werden dabei übersehen, sein Eintreten für die linke Einheitsfront mit antikommunistischem Affekt diffamiert und die politische Position, die er in all den Jahren eingenommen hat, in ein Zwielicht gerückt, das weder seinem Denken noch seinen Artikeln gerecht wird.

In der stickigen politischen Atmosphäre von 1932 verwundert es kaum, daß das von Ossietzkys Anwälten eingereichte Gnadengesuch abgelehnt wird. Da bewirken auch die Aufrufe und Eingaben prominenter Weimarer Politiker und Künstler oder der Deutschen Liga für Menschenrechte nichts. Vor allem das Reichswehrministerium übt massiven Druck auf den Justizminister und den Reichspräsidenten aus, den Gnadenweg zu blokkieren. Thomas Mann schreibt an Alfred Apfel, den Verteidiger Ossietzkys, der öffentlich zur Unterstützung des Gnadengesuchs aufgerufen hatte, einen bitteren und prophetischen Brief: »Es ist eine furchtbare und demütigende Vorstellung, in einem Lande zu leben, wo über Erscheinungen der Unordnung gewaltsam mit Hilfe der Justiz Stillschweigen gebreitet werden soll, und ich meine, man sollte die Mundtotmachung der öffentlichen Kritik der fascistischen Diktatur vorbehalten, unter der dann, was in einem freien Volk offen ausgesprochen wird, heimlich und feige von Mund zu Mund geht.«[120] Ossietzky selbst macht sich keine Illusionen. »Wird Hindenburg wiedergewählt«, schreibt er am 10. März an Tucholsky, »so bedeutet das eine unerhörte Stärkung der reaktionären Positionen in der gegenwärtigen Regierung. Eine der ersten Leistungen des frischgewählten Regimes dürfte dann die Ablehnung der Begnadigung sein.«[121]

Am Vormittag des 10. Mai 1932 versammeln sich vor dem Gefängnis Berlin-Tegel zahlreiche Freunde und Weggefährten Ossietzkys, um gegen seinen Gang durchs Gefängnistor mit einer demonstrativen Geste der Solidarität zu protestieren. Es ist eine der letzten öffentlichen Versammlungen des anderen Deutschland. Lion Feuchtwanger und Arnold Zweig, Ernst Toller und Ernst Glaeser, Erich Kästner und Wolfgang Koeppen, viele »Weltbühnen«-Autoren, Journalisten und Theaterkritiker anderer Blätter sind dabei. »Wir waren verzagt und fühlten uns verantwortlich und mitschuldig«, schreibt ein Teilnehmer später. »Soweit war es also mit uns gekommen!«[122]

Nach einer kurzen Ansprache Tollers antwortet Ossietzky mit einigen wenigen Sätzen. Er gehe ins Gefängnis, erklärt er den Freunden und Sympathisanten, um so »für die 8000 politischen Gefangenen, die unbekannt im Dunkel der Gefängnisse schmachten, einzutreten«[123]. Er wolle für sich keine Sonderrechte, »ungebessert« werde er in die Freiheit zurückkehren. In fester und »uneinsichtiger« Haltung nimmt Ossietzky Abschied. Seine Verteidiger Rosenfeld und Olden begleiten ihn bis unmittelbar vor das Gefängnistor, dann beginnt die Haft.

In der am 17. Mai erscheinenden Ausgabe der »Weltbühne«

ruft Alfred Polgar dem Freund Worte nach, die noch einmal das Groteske des Strafmaßes widerspiegeln: »Achtzehn Monate. Ein Sommer, ein Herbst, ein Winter, ein Frühjahr, noch ein Sommer und noch ein Herbst. Anderthalb Jahre Gefängnis. Dafür könnte man sich, außer auf dem Gebiet der freien Meinungsäußerung, nach dem Tarif des deutschen Strafgesetzbuches Verschiedenes leisten. Zum Beispiel: die Schändung von ein paar minderjährigen Mädchen; oder mehrere Einbruchsdiebstähle; oder die Unterschlagung größerer Summen. Und ebenfalls anderthalb Jahre also muß, wenn nicht Gnade vor Unrecht ergeht, Ossietzky, dieser bis in den letzten Seelenwinkel integre Mann, Pein und Unehre des Gefängnisses dulden ...«[124]
Nicht anderthalb Jahre, aber lange 227 Tage wird der Häftling Ossietzky in der Zelle 469 leben müssen. Eine schwere, persönlich demütigende Zeit. Der Strafvollzug ist korrekt, aber der zunächst totale Zigarretten- und Kaffee-Entzug, die miserable Gefängniskost werden zu einer großen physischen und psychischen Belastung. Er nimmt stark ab, Herzbeschwerden und Schlaflosigkeit belästigen ihn. Der Briefverkehr wird natürlich streng kontrolliert, Besucher müssen Anträge stellen, die allerdings recht großzügig genehmigt werden. Immer jedoch ist ein Aufseher dabei, wenn seine Frau, Freunde, Kollegen oder seine Anwälte mit ihm sprechen. Die enge, kahle Zelle, der beschränkte Freigang im Hof und die Monotonie des Haftalltags wirken bedrückend. Er beschwert sich nicht, wie die Gefängnisakten ausdrücklich hervorheben, erträgt alles äußerlich stoisch. In seinen Briefen an Frau und Tochter oder an den fernen Tucholsky klagt er fast nie, macht Mut, spielt die eigene Trostlosigkeit bewußt herunter. Während Theobald Tiger in der »Weltbühne« mit lyrischem Hohn die politischen Zeitenläufte mit den Sätzen »Noch ist es nicht so weit. / Denn wir leben – / denn wir leben / in einer Übergangszeit« kommentiert,[125] schreibt Ossietzky seiner Frau: »Von mir selbst ist nicht viel zu sagen. Es geht mir gut, ich lese und schreibe und komme damit über die Zeit hinweg.«[126]

Das Lesen und Schreiben wird, wie in seinem Leben draußen, auch im Gefängnis zur Hauptbeschäftigung. Er läßt sich umfangreiche Lektüre schicken, plant ein Buch über die deutsche Kulturgeschichte der letzten hundert Jahre und verfaßt mehrere Manuskripte – insgesamt erscheinen in dieser Zeit zehn Arbeiten aus seiner Feder in der »Weltbühne« –, die von Besuchern herausgeschmuggelt werden. Es sind nahezu ausschließlich Buchrezensionen, darunter neue Werke von Theodor Plivier, Emil Ludwig, Annette Kolb, Ernst Jünger und dem sich von den Nationalsozialisten lösenden Otto Strasser. Alle Artikel sind mit seinem alten Pseudonym Thomas Murner gezeichnet. Das geplante Buch kommt über ein Konzept und ein beträchtliches Lesestudium nicht hinaus. Es fehlt ihm die innere Ruhe, eine größere Arbeit zu beginnen.

In einem Aufsatz über den Antisemitismus – seiner umfangreichsten Arbeit aus diesen Monaten – beschäftigt sich Ossietzky vorrangig mit der Geschichte der antijüdischen Literatur seit den Tagen des Rassentheoretikers Gobineau. Ein nicht nur, aber besonders in Deutschland wieder höchst aktuelles Thema. »Diese literarischen Antisemiten müssen in einem argen Dilemma herumlaufen«, kommentiert er die unzähligen neuen, pseudowissenschaftlichen Schriften gegen die deutschen Juden. »Sie bewegen sich immer am Rande des Pogroms, sie naschen gleichsam davon, aber sie scheuen sich, so aktiv zu werden wie weniger intellektuell beschwerte Zeitgenossen. Warum so schüchtern, meine Herren? Geben Sie sich doch einen Ruck, entbinden Sie das Stück Pöbel in sich, das in jedem Antisemiten steckt! Nehmen Sie doch den Pferdeapfel auf, werfen Sie ihn dem jüdischen Mitbürger ins Gesicht und rufen Sie ›Saujud‹ hinter ihm her! Sie werden Erleichterung fühlen und, da wir in Deutschland leben, auch ein Gericht finden, das Ihrer bedrängten Seelenlage Verständnis entgegenbringt.«[127] Auch Ossietzky ahnt in seiner Zelle nicht, daß dieser Spott sehr bald von einem Grauen eingeholt werden wird, das eine angebliche Kulturnation zu verantworten hat.

Interessant auch Ossietzkys unbestechliches Urteil über eine neue Schrift Ernst Jüngers, der dieser den irreführenden Titel »Der Arbeiter« gegeben hatte. Der Rezensent warnt seine Leser, dieses Buch etwa als eine ähnlich »profunde« Studie zu werten wie Siegfried Kracauers berühmte soziologische Untersuchung über »Die Angestellten«. Jüngers Werk sei »von qualliger Unverbindlichkeit«, der Arbeiter erscheine bei ihm nur als »Typus« und »soziale Rasse«, weder wolle der Autor darunter einen »Stand« verstehen »noch eine Klasse im Sinne der revolutionären Dialektik des neunzehnten Jahrhunderts«. Überhaupt: »Die gesamte facistische und halbfacistische Rechte hat noch nicht einen originellen und wirksamen Schriftsteller hervorgebracht, die passabelsten darunter noch zehren von den geistigen Frühstücksresten der Gegner.«[128] Immerhin, in der zweiten deutschen Republik beehren Bundespräsident und Kanzler den Autor »qualliger Unverbindlichkeiten« zum Geburtstag am heimischen Herd. Aber so war es ja eigentlich immer, wenn deutsche Politik sich zur Literatur geäußert hat. In Sachen Ästhetik oder Weltanschauung ist man in diesen Kreisen nur selten von des Gedankens Blässe angehaucht.
Neben der Haft belasten Ossietzky in diesen Monaten auch private und juristische Sorgen. Am Vorabend des Haftantritts kommt es zu einem schwierigen Gespräch mit seiner Frau. Ihre Alkoholprobleme, ihre hochgradige Nervosität, die gelegentlich hysterische Züge annimmt, haben sich angesichts des Prozesses und der ihm bald folgenden langen Trennung offensichtlich wieder gesteigert. Hinzu kommt, daß er Beziehungen zu einer anderen Frau aufgenommen hat. Es ist Gusti Hecht, eine aus Österreich stammende Architektin, die eine Zeitlang auch als verantwortliche Redakteurin der im Mosse-Verlag erscheinenden illustrierten Blätter tätig war. In den Biographien findet sich nur wenig über sie, und es bleibt offen, welche Bedeutung diese Freundschaft für Ossietzky hatte. Gusti Hecht emigriert 1934, über ihren weiteren Lebensweg ist nichts bekannt.

Aus seinen Gefängnisbriefen allerdings spricht stets die Sorge um Gesundheit und psychische Labilität von Maud. Er ermahnt sie »väterlich«, auf sich zu achten, sich gut zu ernähren, Beruhigungstabletten zu nehmen, Erholungsreisen zur Tochter in den Odenwald zu machen, nicht zu verzweifeln. Ganz selten nur berichtet er ihr von den eigenen Bedrängnissen. »Ich betone immer wieder«, schreibt er beispielsweise am 3. August, »eine Sorge um mich ist unnötig. Mein Leben hier verläuft umso besser, je sicherer ich euch untergebracht, je geborgener ich euch weiß.«[129]

Während seiner Haftzeit drohen zudem zwei weitere Gerichtsverfahren, die ihn beschäftigen und belasten. Vor dem Berliner Kammergericht steht die wiederum vom Reichswehrministerium ausgelöste Beleidigungsklage gegen Tucholskys »Soldaten sind Mörder«-Artikel in der »Weltbühne« an. Dann droht ein Verfahren in einer recht mysteriösen Angelegenheit: In einem »Weltbühnen«-Aufsatz hatte der Autor T. H. Tetens den Reemstma-Zigarretten-Konzern korrupter Machenschaften beschuldigt. Er beauftragt den »Weltbühnen«-Justitiar und Ossietzky-Anwalt Apfel angeblich mit seiner juristischen Interessenvertretung. Apfel wiederum erklärt sich bereit, für die Firma Reemtsma ein Gutachten in dieser Sache zu erstellen. Tetens klagt daraufhin wegen »Parteienverrats« gegen den Anwalt. Eine undurchsichtige Geschichte, die zum Streit zwischen Ossietzkys Rechtsvertretern führt – Rudolf Olden bezieht in dieser Sache Position gegen Apfel –, viel öffentliches Aufsehen erregt und den Häftling in eine peinliche Situation bringt. Zu einem Verfahren ist es dann nicht mehr gekommen.

Einen eindeutigen Freispruch gibt es dagegen im »Soldaten-Prozeß«. Am 1. Juli 1932 drängen sich Kollegen und Freunde im Sitzungssaal des Charlottenburger Schöffengerichts. Ossietzky wird in einem Privatwagen seines Anwalts Apfel vom Gefängnis zum Gericht gefahren. Das eintägige Verfahren endet mit einem Triumph für den Angeklagten. Es gelingt dem Mitverteidiger Rudolf Olden in einem umfangreichen Plädoyer, unzählige Zitate aus der Weltliteratur und politisch-philosophischen Schriften prominenter Autoren anzuführen, die Tucholskys These nahezu wortgleich enthalten. In der Urteilsbegründung heißt es: »Das Gericht habe die Überzeugung gewonnen, daß in dem Artikel keine bestimmte Anzahl von Personen gemeint wäre, und es hat auch nicht feststellen können, daß gerade die Angehörigen der Reichswehr, die am Weltkrieg teilgenommen haben, gemeint seien. Fehle es aber an dieser Bestimmbarkeit eines Kreises von beleidigten Personen, so lehne das Reichsgericht in seiner Rechtsprechung das Vorliegen einer Beleidigung ab.«[130]

Sechzig Jahre später wird das Bundesverfassungsgericht mit genau dieser Begründung neuerliche Klagen gegen die Verwendung des Tucholsky-Zitats abweisen. Aber wie damals, als die Staatsanwaltschaft eine rechtsstaatlich unanfechtbare Richterentscheidung nicht hinnehmen wollte und Revision einlegte, haben auch Union und FDP im Bundestag auf den Spruch des höchsten deutschen Gerichts mit Beschimpfungen und einer verschärfenden Gesetzgebung reagiert. Kontinuitäten im Denken des deutschen Konservatismus, die Uwe Wesel mit den Sätzen kommentiert: »... die Bundesregierung hat nun Angst vor einem Satz, den das Berliner Kammergericht 1932 für straflos erklärte, ein Gericht, dem man wahrhaftig nicht vorwerfen kann, es sei damals übermäßig liberal gewesen oder feindselig gegen die Reichswehr. Wovor haben wir Angst? ... Politische Auseinandersetzungen werden bei uns viel stärker als anderswo über das Recht geführt – Recht als Ersatz für das Versagen von Politik.«[131]

Bei seinem Auftritt vor dem Kammergericht stellt sich Ossietzky im übrigen voll hinter Tucholskys Artikel. Er legt in einer persönlich und politisch schwierigen Lage noch einmal mit Nachdruck seine Position dar: »Wir Anhänger des Friedens haben die Pflicht, immer wieder darauf hinzuweisen, daß der Krieg nichts Heroisches bedeutet, sondern daß er nur Schrekken und Verzweiflung über die Menschheit bringt. Grade weil wir wissen, daß die machtpolitische Situation für uns im Augenblick nicht günstig ist, grade deshalb müssen wir eine lapidare Sprache führen.«[132] Sosehr ihn dieser Prozeß im Vorfeld psychisch belastet hat, ihn in der Zelle eine neuerliche Auseinandersetzung mit der Weimarer Justiz bedrückt, er weicht keinen Zentimeter zurück. Am 7. Juli schreibt er skeptisch und erleichtert an Tucholsky: »Mein Freispruch ist unser erster juristischer Sieg seit langem, obgleich die Anwälte sagten, hier könnte nach der Rechtslage – höchstgerichtliche Judikatur – an dem Freispruch kein Zweifel sein, so rief dieser doch einiges Aufsehen hervor. Ich ging mit gemischten Gefühlen hinein, weil ich keine allzu große Sicherheit empfand. Denn so gewiß der Freispruch juristisch berechtigt ist, so selbsverständlich finde ich ihn nicht. Unsre politische Justiz trägt nun mal einen Lotteriecharakter.«[133]

Die wenigen Stunden außerhalb des Gefängnisses, das Wiedersehen mit vielen Kollegen im Gerichtssaal, ein kurzes Telefongespräch mit dem besorgt anrufenden Kurt Tucholsky lassen ihn nach der Rückkehr das Häftlingsdasein doppelt schwer empfinden. Trotz seiner unzweideutigen Haltung hat der Landesverratsvorwurf des Reichsgerichts ihn verletzt. Der scharfe Kritiker der Weimarer Verhältnisse ist in seinem Herzen ein Patriot. Er leidet unter dem rechtskräftigen Urteil vom November 1931 stärker als unter den heftigen Pressefehden, die seine journalistischen Berufsjahre immer begleitet haben. Weil er in dieser Frage ein ausgeprägtes persönliches Ehrgefühl besitzt, trifft ihn diese öffentliche »Entehrung« sogar fast mehr als die Gefängnishaft selbst.

Der Pressezeichner Emil Stumpp besucht ihn am 27. November, und sein Bericht im »Dortmunder General-Anzeiger« liefert eine bedrückende Beschreibung des Häftlings: »Der letzte der anderen Besucher hat sich entfernt, ich darf in den Sprechraum eintreten. Und aus einem Nebengelaß tritt Carl v. Ossietzky. Etwas gebückt, die Augen wie halb geblendet, als ob er aus dem Dunkeln käme … Eine richtige, lebhafte Unterhaltung

will nicht aufkommen. Die Gegenwart des Beamten, der zwar nie aktiv stört, aber eben durch seine Anwesenheit störend wirkt, lähmt die Zunge. Und das freundliche, ja gütige Lächeln, das im Gespräch Ossietzkys Gesicht aufleuchten lassen kann, wird immer schnell wieder von mühsamer Beherrschtheit aufgeschluckt. Der schwere Kopf mit der hohen Stirn sinkt in die Schultern, sein mächtiges Kinn vergräbt sich in seine Brust. Bleich und krankhaft sieht er aus, mit dunklen Schatten um die Augen ... Er sprach es nicht aus, aber seine ganze Erscheinung atmete Sehnsucht nach Freiheit.«[134] Im »8 Uhr Abendblatt« heißt es: »Karl von Ossietzky trägt die Haft aufrecht und mannhaft. Er hat sich ganz in die Gefängnisordnung eingefügt und niemals eine individuelle Behandlung verlangt.«[135]
Der Kampf um seine Begnadigung wird draußen weitergeführt. Die Liga für Menschenrechte hat mit einem Aufruf etwa 45 000 Unterschriften für den Verurteilten gesammelt. In der »Weltbühne«, die in diesen Monaten von Hellmut von Gerlach und Walther Karsch verantwortlich geleitet wird, erscheinen immer wieder Hinweise und Artikel, die sich mit Ossietzkys Verurteilung, seinen Prozessen und seiner Haft beschäftigen. Zu seinem 43. Geburtstag druckt das »Blättchen« eine liebevoll-wehmütige Gratulation von Rudolf Arnheim ab: »Ihr Schreibtisch ist, seit Sie fort sind, nicht viel leerer geworden. Immer noch laufen allmorgendlich zahlreiche Gedichte ein, die von hohläugigen Huren handeln und mit einem ungereimten Ausblick auf die Weltrevolution schließen, immer noch die tatsachenschweren, aber Ihres Korrekturstifts so bedürftigen Mammutabhandlungen, die Sie resignierten Gesichts unter den Arm zu klemmen pflegen, wenn Sie Kaffee trinken gehen ... Jetzt müssen Sie, mit untätigen Händen, durch ein vergittertes Fenster zusehen, wie alles eintrifft, was Sie vorausgesagt haben.«[136]
Ossietzky erhält wöchentlich die »Weltbühne«, klagt gelegentlich über mißlungene Artikel, aber er unterstützt seine Redaktionsvertreter auch gegenüber unwirschen brieflichen Einwürfen Tucholskys. Mehrfach denkt man angesichts der

politischen Lage in diesen Monaten auch an einen künftigen Exilort für die Zeitschrift. In Wien wird eine eigene Österreich-Ausgabe gegründet. Auch wenn der Häftling sich durch intensive Lektüre über die politischen Ereignisse informiert, er hat kaum Gelegenheit, ihm wichtige Fragen mit Freunden und Kollegen zu erörtern. Schon in den ersten Hafttagen klagte er Tucholsky: »Was ich am meisten fürchte, das ist: die geistige Verbindung zu verlieren und später in eine Situation zu geraten, die mir fremd erscheinen muß.«[137]

Anfang Dezember 1932 diskutiert der Reichstag mehrere Amnestieanträge. Die Entwürfe umfassen zunächst einen sehr unterschiedlichen Personenkreis. Eingebracht werden sie von den Sozialdemokraten, den Kommunisten und den Nationalsozialisten. »Wem winkt die Amnestie?« fragt die »Vossische Zeitung« am 8. Dezember. Während die Nationalsozialisten in erster Linie an die politischen Straftäter aus den eigenen Reihen denken, die Kommunisten Strafverkürzung »für alle im Interesse der Arbeiterklasse begangenen Gesetzesverletzungen« verlangen, fordert die SPD in ihrem Antrag ausdrücklich, daß auch die wegen Landesverrat Verurteilten unter die Amnestieregelung fallen sollen. Es ehrt die Fraktion, daß sie die vorzeitige Entlassung des Häftlings in Tegel zur Voraussetzung einer Mehrheitslösung im Reichstag macht.

Am 13. Dezember teilt die »Weltbühne« ihren Lesern mit: »Das Gesetz über die Amnestie ist beschlossen. Es enthält einen Absatz, der auch für Landesverrat Straffreiheit festlegt, wenn dieser nicht aus Eigennutz begangen worden ist. Wir rechnen mit aller Bestimmtheit darauf, daß Carl v. Ossietzky in wenigen Tagen seine Freiheit wiedererlangt haben wird.«[138] Maud von Ossietzky erreichen drei Tage später die freudigen Zeilen: »Ich versuche, mir Deine Überraschung auszumalen ... Wann ich freigelassen werde, kann ich nicht sagen, ich nehme an in der zweiten Wochenhälfte. Und was sagst Du nun zu alledem?«[139]

Es gibt dann noch ein nervöses Warten, aber am 22. Dezember um 18 Uhr verläßt Ossietzky als freier Mann das Gefängnis. Er fährt direkt in die Redaktion der »Weltbühne« und wird von den Kollegen »triumphal« empfangen. »Als Alfred Polgar und ich ... ihm zutranken«, berichtet Walter Mehring, »fiel ihm das Glas aus der Hand – und mir fiel zum erstenmal das unablässige Zittern seiner Hände auf, das Nachleben der seelischen Erschütterung seiner Haft.«[140]

Die »Berliner Volks-Zeitung« schreibt: »Weder die Nationalsozialisten legten, wie man weiß, Wert darauf, daß Ossietzky amnestiert wurde, noch setzten sich die Kommunisten entscheidend für Ossietzky ein. Es war erst dem Zusammenwirken der Liga für Menschenrechte mit der Sozialdemokratischen Partei zu verdanken, daß Carl von Ossietzky frei kam.«[141] Der Amnestierte selbst wird in seinem ersten »Weltbühnen«-Artikel in der wiedergewonnenen Freiheit freundlich-spöttisch anmerken: »Es ist ja bekannt, daß schließlich die sozialdemokratische Fraktion den Ausschlag gab, indem sie darauf beharrte: wenn der Landesverräter nicht freigegeben wird, so fällt das Ganze ins Wasser! Als dann später die erforderliche Zweidrittelmehrheit zustande kam, bemerkte ein sozialdemokratischer Abgeordneter resigniert: So, jetzt kann er wieder auf uns schimpfen! Hm.«[142] In der Zeitung »Berlin am Morgen« erscheint eine sehr herzliche Dankadresse Ossietzkys an alle, die sich für ihn eingesetzt haben, vor allem an die »Kollegen von der Arbeiterpresse«[143].

In der Ausgabe vom 10. Januar 1933 finden auch die Leser der »Weltbühne« in der Rubrik »Antworten« eine augenzwinkernde Notiz des dankbaren Herausgebers: »Carl v. Ossietzky dankt allen, die ihn zu seiner Rückkehr aus dem Gefängnis beglückwünscht haben, aufs herzlichste. Mehr die Umstände als seine Neigungen haben ihn genötigt, in seinem Leben mehr Unfreundliches als Freundliches zu sagen; er steht also vor soviel Sympathie etwas beschämt und verwirrt und weiß nicht recht, womit er sich das verdient hat. Er kommt sich schon beinahe wie Gerhart Hauptmann vor. Alles das ist sehr gegen sein Prinzip, er quittiert nochmals mit einem verlegenen Kratzfuß und

versichert zugleich, daß alles, was ihm jetzt an Nettigkeiten zuteil wurde, gleich für das nächste Mal mit gelten soll.«[144]
Einen Tag nach der Entlassung erscheint im »8 Uhr Abendblatt« ein Interview mit Ossietzky, in dem er erstmals von der Haft erzählt: »Was meine *Gesundheit* anbetrifft, das kann ich heute nicht beurteilen. *Meine Nerven* sind von der Aufregung noch zu sehr angespannt. Alles wird nachkommen. Ich habe immerhin in der Strafanstalt *zwanzig Pfund abgenommen*; denn die Kost konnte ich schwer ertragen. Wenn ich noch Gelegenheit gehabt hätte, den Koch kennenzulernen, dann hätte ich ihn mir nur angeschaut und gesagt: ›Ach das sind Sie!‹ ... *Es ist furchtbar, in einem Raum eingesperrt zu sein und nur vier Schritte hin- und hergehen zu können. Das schnürt einem die Brust zu.*«[145]
In den sieben Monaten seiner Haft hatte sich die Lage in der Republik zugespitzt. Brünings Präsidialregierung scheiterte am 30. Mai. Die Zahl der Arbeitslosen stieg auf über sechs Millionen. Der antizyklische »Sparkurs« des Zentrums-Kanzlers, die Defizite in den Haushalten der öffentlichen Hand und die schwierige Situation in der Frage der Auslandskredite ließen die Lage verzweifelt erscheinen. In einer tumultartigen Sitzung des Reichstags am 9. Mai erklärte Brüning verbittert, er stehe nur »100 Meter vor dem Ziel«, was eine sehr vage Zustandsbeschreibung vom »Erfolg« seiner Sanierungspolitik darstellte. Entscheidend für seinen Sturz wurde, daß er das Vertrauen Hindenburgs verloren hatte. Im Hintergrund zog der Mann der Reichswehr, Kurt von Schleicher, die Fäden. Er sah die Zukunft in einem Bündnis mit den rechten Gruppierungen und hoffte, so Hitler »einbinden« zu können. Und Franz von Papen intrigierte erfolgreich mit. Als Brüning die Osthilfe für die preußischen Großagrarier in Frage stellte, also die Klientel herausforderte, zu deren Kreis der Reichspräsident gehörte, versetzte er sich selbst den politischen Todesstoß. Papen wurde Kanzler, löste den Reichstag auf und kassierte das Verbot für die SA. Am 17. Juli provozierten Hitlers Sturmtruppen in Altona

die Kommunisten und ließen mit ihrem brutalen Vorgehen den latenten Bürgerkrieg eskalieren. Der »Altoner Blutsonntag« bewies nur einmal mehr, mit welchen Mitteln Hitler nach der Macht griff. Tote und Schwerverletzte gab es auch in Berlin, wo die SA hemmungslos die Entscheidung auf der Straße suchte. Am 20. Juli wurde die preußische Regierung Braun durch Notverordnung und den militärischen Ausnahmezustand »amtsenthoben«, Papen schleifte das letzte politische Bollwerk der Republik, und die Republikaner nahmen es widerstandslos hin. Bei den Reichstagswahlen vom 31. Juli spiegelte sich die veränderte Wählerstimmung in einem beängstigenden Ausmaß wider. Die Nationalsozialisten verdoppelten die Zahl ihrer Mandate. Die Kommunisten verzeichneten leichte Gewinne, die Sozialdemokraten mußten Verluste hinnehmen.

Hitler ist nun endgültig im Spiel. Papen, dessen Kabinett der Barone im Reichstag in einer hilflosen Minderheit steht, sucht das Bündnis mit dem »Führer«. Bei einem gemeinsamen Gespräch mit Hindenburg pokert der Nationalsozialist hoch, will sich mit dem Posten des Vizekanzlers nicht zufriedengeben. Er fordert die ganze Macht. Hat er in seinem Vabanquespiel überzogen? Für einen Augenblick scheint es so. Bei den Wahlen vom 6. November verliert er Stimmen, Kommunisten und Deutschnationale verbuchen Gewinne, die SPD büßt zwölf Mandate ein. Viele bürgerliche Zeitungen sprechen von der Wende, die Schlagzeilen sind nahezu deckungsgleich: »Papen und Hitler geschlagen.« Am 17. November tritt das Kabinett Papen zurück, Hitlers Verhandlungen mit der Zentrums-Führung scheitern, Prälat Ludwig Kaas will wenigstens den Schein wahren und weigert sich noch, die unverhohlenen Diktaturansprüche seines Gesprächspartners zu akzeptieren. Schleicher, der so gerne im Hintergrund agierte und dort seine Intrigen spann, muß jetzt Farbe bekennen, er wird Kanzler.

In seinem ersten politischen Leitartikel nach der Haft bilanziert Ossietzky Anfang 1933 das abgelaufene Jahr: »Als ich mich vor mehr als sieben Monaten verabschiedete, regierte Brüning

noch und jener inzwischen sagenhaft gewordene Groener, der jetzt wieder seine überzählige Figur aus der Versenkung schiebt, in der ihn sein Freund Schleicher so elegant hatte verschwinden lassen. Es kam der Herrenklub und die autoritäre Regierung. Ein ganzer Artushof von heftig irrenden Rittern schwärmte aus und in gut bezahlte Positionen hinein, und Lancelot vom See wurde Reichskanzler ... Das Regime Papen begann mit vehementem Auftrieb. Es entfaltete vor den Augen der verblüfften Nation eine entschlossen reaktionäre Aktivität, die von keiner bescheidenen Ahnung der Wirklichkeit gelenkt wurde ... die flotten Herrenreiter fielen dabei kopfüber in den Graben.«[146]
Dem neuen Kanzler macht er das nicht nur schmeichelhaft gemeinte Kompliment, er sei »eine Hintergrundpersönlichkeit, die sich meisterhaft an die Rampe gespielt« habe.[147] Allerdings, auch wenn Schleichers Anhänger meinten, »sein Kopf strotze gradezu von politischen Ideen«, so habe er sie in seinen ersten Ankündigungen »sorgfältig getarnt«. Hindenburg und seine Berater, so konstatiert der »Weltbühnen«-Leitartikler, hätten den neuen Mann nicht wegen seiner politischen Begabung geholt, »sondern weil er die Wehrmacht repräsentiert, die einzige stabile Kraft in der Auflösung aller andern Gewalten«[148]. Keine Zweifel hat Ossietzky, daß eine auf dem Mehrheitswillen des Reichstags basierende Regierung jetzt kaum noch denkbar ist. Die Zukunft bringe eine neue, schroffere Diktatur, prophezeit er. Die Demokraten aber säßen »an den Kaminen«, schauten »träumend in die rote Glut« und erzählten sich »Märchen von Besserung, Freiheit und Versöhnung – Märchen, die nicht so lange wie dieser Winter währen werden«.[149]
Und der die Macht fordernde Hitler? Auch wenn Ossietzky eine Diktatur für die wahrscheinlichste politische Variante in Deutschland hält, die Wahlverluste der Nationalsozialisten verführen auch ihn in bezug auf die Hitler-Partei zu vorschnellem Optimismus. Aber er übersieht nicht ihre riesige Anhängerschaft (bei den Novemberwahlen waren es fast 12 Millionen Wähler), die zeige, daß die rechtsradikale Propaganda ganz of-

fensichtlich »einer speziellen deutschen Gemütsanlage« entspreche. »Der große völkische Führer mit dem Äußern und den Allüren eines Zigeunerprimas mag seine Saison haben und mit dieser abblühen. Was er an bösen und häßlichen Instinkten hervorgerufen hat, wird nicht so leicht verwehen und für lange Jahre noch das gesamte öffentliche Leben in Deutschland verpesten.«[150] Nicht einmal vier Wochen später wird die »Verpestung« eine Dimension erreicht haben, die selbst Ossietzky nicht hat ahnen können.

Bis zum Reichstagsbrand im Februar und seiner Verhaftung bleibt auch der Kommentator Ossietzky in den politischen Denkkategorien Weimars befangen. Sicher, er analysiert die Machtkämpfe hinter den Kulissen exakt, aber eben doch nur bis zu der Grenze, die ihm und vielen anderen Republikanern vorstellbar ist. So schreibt er am 10. Januar: »Ob sich Schleicher mit Adolf verträgt ..., ob er mit Hugenberg regiert oder ihn an die Wand quetscht – das Prinzip ist immer das gleiche. Es heißt immer Autorität und Militarismus gegen Demokratie, Sozialismus, Republik, es heißt immer Herrenschicht gegen Volk, einerlei ob diese offen durch Agrar- und Industriefeudalismus repräsentiert oder von Hitler- und Seldte-Kohorten maskiert wird.«[151] Und auch nach Hitlers Machtübernahme erkennt er zwar, daß »die Gegenrevolution ... kampflos die Höhen besetzt« hat,[152] aber formuliert dann doch am 14. Februar den wirklichkeitsfernen Satz: »Wir dürfen wohl annehmen, daß hinter alledem vornehmlich der Herr Vizekanzler steht, in dem man bis auf weiteres überhaupt das eigentliche Haupt der Regierung erblicken muß.«[153] Während der Kreis um Hindenburg, Papen und Hugenberg in maßloser Selbstüberschätzung glaubt, Hitlers Machtwillen in dem Koalitionskabinett eindämmen zu können, fehlt der Linken – und auch Ossietzky – schlichtweg die Phantasie, zu erkennen, daß an der Spitze der Regierung nun ein zynischer Gewaltmensch und Terrorist steht.

Drei Wochen nach Hitlers Einzug ins Kanzleramt beginnt eine

Verhaftungswelle das Land zu überfluten. Kommunisten, Sozialdemokraten und linke Intellektuelle werden auf die Polizeireviere und in rasch angelegte Lager oder Gefängnisse verschleppt. Mißhandlung und Totschlag bestimmen ihre ersten Hafttage. Viele Journalisten, Künstler und führende linke Parteipolitiker entziehen sich im letzten Augenblick dem Zugriff der neuen Machthaber. Der Führer und die SA zeigen schon in den ersten Stunden die künftige Richtung an: Der Rechtsstaat ist in Deutschland Makulatur geworden. Auch Hindenburg zögert nicht, er unterschreibt die »Verordnung zum Schutz von Volk und Staat« und legalisiert damit Verhaftungen, Folter und Mord. Am 21. März wird er sich dazu hergeben, Hitler am »Tag von Potsdam« in die Kontinuität der preußisch-deutschen Geschichte zu stellen. Eine Geste, die für viele Menschen im konservativen Lager Hitler als eine akzeptable Lösung erscheinen läßt. Drei Tage später entleibt sich der Reichstag selbst. Allein die SPD (die KPD ist bereits verboten) stimmt gegen das »Ermächtigungsgesetz«, das Hitler diktatorische Vollmachten einräumt. Am 1. April werden im ganzen Reich die jüdischen Geschäfte boykottiert, am 2. Mai die Gewerkschaften verboten, wenig später gibt es nur noch eine politische Partei in Deutschland.

Am 31. Januar hat Ossietzky in der »Weltbühne« noch geglaubt, möglicherweise werde es demnächst ein zweites Kabinett Papen geben. Seine Warnung aber ist illusionär: »Wird nicht sofort und bedingungslos der Weg zur Verfassung wieder angetreten – und dazu gehört vor allem der Rücktritt des Reichspräsidenten –, so wird die außerparlamentarische Regierungsweise von oben mit außerparlamentarischen Abwehrmethoden von unten beantwortet werden. Denn es gibt auch ein Notrecht des Volkes gegen abenteuerliche experimentierende Obrigkeiten. ... Die Generalstreikparole geht um.«[154] Aber weder die Gewerkschaften noch die gelähmten Reichstagsparteien sind zum Widerstand fähig. Ossietzky beurteilt die Ereignisse immer noch unter dem Blickwinkel »normaler« Politik. Intrigen, Feilschereien um Posten und Einfluß bestimmten die Stunde, glaubt er bis zu seinem letzten Artikel. »Die Rechtsparteien sind unsern Freunden von links in manchem unterlegen«, resümiert er noch einmal das Dilemma der Weimarer Demokraten. »Aber den kalten, harten Machtwillen, das Fingerspitzengefühl für die wirklich entscheidende Position, das haben sie ihnen voraus. Die Republik hat diese Bataille verloren, nicht weil sie sich des ›Novemberverrats‹ und andrer Schandtaten schuldig gemacht haben soll, sondern weil es ihr an dem notwendigen Lebenswillen fehlte, über den die Rechte in hohem Maß verfügt. Das Volk hat eine gute Witterung dafür, und deshalb ging es zu den Extremen rechts und links.«[155]

Hitler demonstriert nachdrücklich die Richtigkeit dieser These. Göring hat das Innenministerium und damit die entscheidende Machtbastion in der Hand, um den nationalsozialistischen Terror schrankenlos und wirkungsvoll einsetzen zu können. Der preußischen Polizei wird SA und SS an die Seite gestellt, ein »Schießbefehl« erlaubt den letztlich unkontrollierbaren Schußwaffengebrauch, in den Ländern werden Reichsstatthalter eingesetzt. Systematisch baut der Diktator im Staat seine Macht aus, seine Anhänger sitzen nach wenigen Wochen an den politischen Schalthebeln des Staates. Die mit riesigem Propagandaaufwand und für die parteipolitischen Gegner mit Einschüchterungen und willkürlichen Wahlkampfbeschränkungen erfolgenden Reichstagswahlen vom 5. März bringen Hitler zwar nur 44 Prozent der Stimmen, aber das ist ohnehin inzwischen belanglos. Die Republik ist geschlagen. Widerstandslos, in vielen Bereichen opportunistisch, vom Terror eingeschüchtert und jenseits der Sozialdemokratie auch mehr oder weniger willig ergibt sich Deutschland der Diktatur.

KAPITEL 5

»Ein Deutschland, das an uns denkt, wird ein besseres Deutschland sein«

Gefangener Hitlers (1933–1938)

Carl von Ossietzky wird in der Nacht des 28. Februars in seiner Berliner Wohnung verhaftet. Am Abend hat der Reichstag gebrannt, und Göring nutzt dies zu einem ersten vernichtenden Schlag gegen die Weimarer Linke. Seine Häscher ziehen durch die Stadt, reißen Kommunisten, Sozialdemokraten und linke Sympathisanten aus den Betten und schleppen sie in die Polizeizellen. Einigen – Bertolt Brecht, Alfred Döblin, Bruno Frank oder Johannes R. Becher – gelingt es im letzten Augenblick noch, über die Grenze zu flüchten. Arnold Zweig und Thomas Mann sind zu diesem Zeitpunkt nicht in Deutschland, Heinrich Mann hat das Land wenige Tage vorher verlassen. Wer in die Hand der SA fällt, wird mißhandelt oder ermordet, auf viele wartet eine monate- oder jahrelange Haft in den rasch errichteten Konzentrationslagern.
Die schicksalhafte Nacht der Festnahme schildert Maud von Ossietzky in ihren Erinnerungen: »Carl kam nach Hause. Er hatte eine Zeitung mitgebracht und erzählte mir, was geschehen war. Meine erste Frage lautete: ›Was machen wir nun?‹ ›Erst mal schlafen gehen!‹ sagte er in gewohnter Ruhe. Ich mühte mich, einen klaren Gedanken zu fassen, und erwiderte: ›Carl du mußt doch jetzt fliehen!‹ Carl schüttelte den Kopf: ›Nein, ich warte noch drei Tage.‹«[1] Wenige Stunden später, um halb vier Uhr morgens, klingeln zwei Kriminalbeamte und nehmen den Leiter der »Weltbühne« fest.
Es ist viel darüber gerätselt worden, warum der höchstgefährdete Ossietzky nicht rechtzeitig geflohen ist, er durch sein Bleiben ein unkalkulierbares Risiko in Kauf genommen hat. Tu-

cholsky schreibt am 4. März entsetzt an Walter Hasenclever: »Ossietzky unbegreiflich. ... Dieser ausgezeichnete Stilist, dieser in der Zivilcourage unübertroffene Mann, hat eine merkwürdig lethargische Art, die ich nicht verstanden habe, und die ihn wohl auch vielen Leuten, die ihn bewundern, entfremdet. Es ist sehr schade um ihn. Denn dieses Opfer ist völlig sinnlos.«[2] Der Brief enthält auch einen Satz, der Tucholskys Ahnungslosigkeit über die wirklichen Zustände in Deutschland belegt: »Ich glaube keinesfalls, daß sie ihm etwas tun, er ist in Haft eher sicherer als draußen.« Oder zeugt eine so naive Bekundung nicht vielmehr vom verdrängten »Schuldbewußtsein« des im »sicheren« Exil lebenden Freundes, der noch immer darunter leidet, daß der andere sich 1932 der Weimarer Justiz gestellt hat, während er selbst im Ausland blieb? Eine Vermutung, die ein von Walter Mehring überliefertes Briefzitat Tucholskys unterstreicht: »Warum hat er uns das angetan ...?«[3] Gewarnt wird Ossietzky jedenfalls von vielen Seiten, die Freunde bedrängen ihn, das Land zu verlassen. Noch in einem Gespräch am Nachmittag des 27. Februar in der Wohnung von Edith Jacobsohn beschwört Harry Graf Kessler ihn und Hellmut von Gerlach, sich den abzusehenden Aktionen der Nationalsozialisten gegen die Linke zu entziehen. Mehring spricht mit den beiden führenden Männern der »Weltbühne« am selben Tag in der Redaktion, rät ebenfalls dringend zur raschen Abreise. »Ossietzky hörte schweigend zu, doch mit dem Ausdruck, daß er von den düstersten Prognosen nicht überrascht sei. Er sagte weder ja noch nein, doch ließ er, so fast mädchenhaft linkisch, wie er es manchmal sein konnte, es zu, daß man für ihn eine Auslandsfahrkarte telephonisch bestellte.«[4] Mehring berichtet weiter, Hellmut von Gerlach habe in diesem letzten gemeinsamen Gespräch apodiktisch erklärt, »jetzt wird hier keine Panik gemacht! Na, also ich jedenfalls bleibe!« Worauf Ossietzky trocken antwortet: »Dann bleibe ich auch ...!«[5] Am Abend besucht er seine Freundin Gusti Hecht, die ihn gemeinsam mit einem anderen Gast, dem Redakteur Oskar Stark vom »Berliner Tageblatt«, bittet, nicht länger abzuwarten. Am 20. Februar bereits diskutiert im Büro des Ministerialrates Albert Falkenberg ein kleiner Kreis, zu dem auch Ossietzky gehörte, das sie alle bewegende Thema. Weiterkämpfen oder aus dem Land gehen? Kurt Grossmann, der bei diesem Gespräche anwesend war, zitiert den »Weltbühnen«-Leiter mit den Sätzen: »Er war nicht für Flucht unter allen Umständen. Er sei zu Opfern bereit … Die Stunde der Entscheidung sei für ihn noch nicht gekommen.«[6] Robert Kempner erinnert sich Jahrzehnte später an ein Telefongespräch mit dem SPD-Vorsitzenden im Preußischen Landtag Ernst Heilmann, der 1940 in Buchenwald erschlagen wird, und Ossietzky, in dem er sie unmittelbar nach Bekanntwerden des Reichstagsbrandes zur Flucht auffordert: »Macht Euch dünne! Es kommen Verhaftungen heute Nacht.« Die Anwort sei gewesen: »Wir bleiben hier, uns kann nichts geschehen.«[7] An seiner Wohnung gebe es kein Namensschild, beschwichtigt Ossietzky mehrfach mit großer Naivität die besorgten Freunde.

Ein Märtyrer also, wie auch Tucholsky meint, der bewußt die Verhaftung in Kauf nimmt, um durch seine »heldenhafte« Haltung ein Zeichen zu setzen? Manche seiner Bewunderer oder Biographen haben später diese Version verbreitet. Sie trifft die Wirklichkeit nicht. Ossietzky unterschätzt in diesen Wochen das schnelle und konsequente Vorgehen der Hitler-Diktatur. Er glaubt immer noch, daß die Reichstagswahlen am 3. März eine Wende bringen könnten. Er will bis zu diesem Tag abwarten und dann entscheiden. Der Reichstagsbrand nimmt wohl auch ihm die letzten Illusionen, aber er reagiert nicht rasch genug. Hilde Walter, seit 1927 Mitarbeiterin der »Weltbühne« und in den kommenden Jahren treibende Kraft in der Nobelpreis-Kampagne des »Freundeskreises Carl von Ossietzky«, schreibt in einem Brief vom Dezember 1935: »Unter uns gesagt, war er ja am Abend des Reichstagsbrandes zum Weggehen entschlossen.«[8]

Sein zu langes Zögern hat also zweifellos mit einer Fehlein-

schätzung der politischen Lage zu tun. »Ich gehöre keiner Partei an«, erklärt er in der letzten freien Versammlung des »Schutzverbandes Deutscher Schriftsteller« am 17. Februar. »Ich habe nach allen Seiten gekämpft, mehr nach rechts, aber auch nach links. Heute jedoch sollen wir wissen, daß links von uns nur noch Verbündete stehen.«[9] Sätze, die bezeugen, daß er immer noch auf eine Gemeinschaftsaktion von Sozialdemokraten, Kommunisten und linksliberalen Bürgerlichen hofft.
Das verhängnisvolle Abwarten hat auch private Gründe. Ossietzky ist praktisch mittellos. Anfang Januar mietet die kleine Familie erstmals eine eigene Wohnung in der Bayerischen Straße. Teure und geschmackvolle Bauhausmöbel werden gekauft, die Tochter soll wieder zu den Eltern zurückkehren. Er hat sich durch diesen Versuch, das Familienleben endlich aus dem tristen Provisorium von Untermiete und Trennung herauszuholen, erheblich verschuldet. Hinzu kommt die Krankheit von Maud, die sich in diesen Monaten offenbar besonders bemerkbar macht. Im Exil, das weiß er, gibt es für einen jenseits der deutschen Grenzen weitgehend unbekannten Journalisten kaum Verdienstmöglichkeiten. Die nervlichen Belastungen, die auf seine Frau zukommen würden, sind ihm ebenfalls sehr bewußt. Dann ist es zu spät.
So schwer seine Beweggründe im letzten auch einzuschätzen sind, es kann mit Sicherheit davon ausgegangen werden, daß sich Ossietzky nicht »freiwillig« oder mit falschem Heldenpathos in die Hände der Nazis begeben hat. Wären ihm noch ein paar Tage geblieben, er hätte sich eingereiht in die große Zahl deutscher Exilanten, die für die kommenden zwölf Jahre auf allen Kontinenten der Welt verstreut und in der Regel unter armseligen ökonomischen Bedingungen leben. Auf infame Weise werden während der Nobelpreis-Kampagne und auch später seine Gegner und die opportunistisch im Dritten Reich überwinternden Mitläufer darauf verweisen, der Mann habe selbst die KZ-Haft herausgefordert und durch seine »Fluchtverweigerung« provoziert. Äußerungen, die zum unendlichen

Kapitel deutscher Verdrängungen und ideologischer Verteufelungen zählen. Ossietzkys Leidensweg und Tod ist ausschließlich auf ein Regime zurückzuführen, das trotz Willkür und Mord, Judenverfolgung und Kriegsvorbereitung bald von Millionen bejubelt, akzeptiert oder doch zumindest geduldet wird. Ossietzkys »Verbrechen« besteht allein darin, daß er die republikanische Verfassung ernst genommen und die Feinde der Demokratie schonungslos angegriffen hat. Weil diese jede Kritik, jeden öffentlichen Disput mit Gewalt niederknüppeln, werden Männer wie Ossietzky, Erich Mühsam und unzählige andere im Wortsinne mundtot gemacht. Ihr Leben zerbricht am sadistischen Haß ihrer Mörder.

Nur zwei Monate nach seiner Entlassung aus dem Gefängnis ist er wieder eingesperrt. Den letzten Artikel seines Lebens hat er am Tag seiner Verhaftung, am 28. Februar, veröffentlicht. Er setzt sich darin ohne Rücksicht auf den bedrohlichen Zeitgeist mit dem Romanschriftsteller Walter Bloem auseinander, der die linken Theaterautoren der Weimarer Jahre mit dem Vorwurf belegt, sie hätten das deutsche Theater »ruiniert«. »Herr Bloem sieht jetzt herrliches heranreifen. Nun gut, bei Philippi sehn wir uns wieder!«[10] Es wird jedoch für ihn kein Wiedersehen mit der Welt des Theaters und keine literarisch-journalistische Fehden mehr geben. Mit Shakespeares Worten aus dem »Julius Cäsar« verstummt dieser hochbegabte und mutige Publizist für immer.

Eine Woche später, am 7. März, erscheint die letzte Ausgabe der »Weltbühne«. Kurt Hiller schreibt darin in einem Artikel über »Heroismus und Pazifismus« den prophetischen Satz: »Aber solange der Aberglaube und die Hemmungslosigkeit, die Dummheit und der Blutrausch der Massen Inhalt des Willens derer ist, die ihn durchzusetzen die Macht haben, wird in puncto Krieg sich nichts ändern.«[11] Auf der letzten Seite, die nach 28 Jahren Erscheinungsdauer in Siegfried Jacobsohns Zeitschrift gedruckt wird, finden die Leser die Nachricht: »Nach den Ereignissen des 27. Februar wurde eine Reihe von Persönlichkeiten verhaftet, unter denen sich auch der Herausgeber unseres Blattes, Carl von Ossietzky, befindet«. Und wenige Zeilen weiter klingt es wie eine trotzige Rechtfertigung, wenn die Redaktion noch einmal ihr journalistisches Credo formuliert: »Wir dürfen wohl in diesem Augenblick feststellen, daß wir immer unsre warnende Stimme erhoben, daß wir uns nicht gescheut haben, den Ruf ewiger Querulanten auf uns zu nehmen, denen nichts recht zu machen ist. So schmerzlich die Konstatierung auch ist: unsre Kritik, unsre Warnungen waren mehr als berechtigt. Trotzdem: es wird weitergearbeitet, denn der Geist setzt sich doch durch.«[12] Uns Heutigen muß ein solcher Satz in der damaligen Situation realitätsfern klingen. Es dauerte lang, bis der Geist sich wieder durchsetzte, und weiterarbeiten in ihrer Heimat konnten die »Weltbühnen«-Autoren nicht mehr.

Die fünf Jahre, die Ossietzky noch bleiben, sind ein einziges Grauen. Drei Jahre wird er durch die Gefängnisse und Konzentrationslager des Dritten Reiches geschleppt. Körperliche Schwerstarbeit, Mißhandlungen, Demütigungen und die durch die physische Qual ausgelösten Krankheiten bestimmen seinen Alltag. Es gibt einige Bilder aus dieser Zeit, die das Entsetzliche sichtbar werden lassen. Der Häftling Nummer 562 in erzwungener strammer Haltung vor einem der SS-Wächter, der seine gewalttätige Herrenmenschenfeigheit vor dem hilflosen »Intellektuellen« demonstriert. Der KZ-Insasse im Kreise von Mitgefangenen, die immer stärker zitternden Hände schamvoll in den Jackenärmeln verborgen. Oder Ossietzky im Krankenhaus, wo ihn ausländische Journalisten kurz besuchen dürfen: das einst so feingeschnittene Gesicht vom Leiden entstellt, tiefe Augenschatten, fast schon ein Totenschädel. Da wird ein Mensch systematisch zu Tode geschunden.

Die letzten beiden Jahre lebt er in zwei Berliner Krankenhäusern. Bis zum Ende bewacht und entmündigt. Auch wenn er keine Zeile mehr schreiben darf, sein Name geht in diesen Jahren um die Welt. Er wird zum Symbol für die Verbrechen einer unmenschlichen Diktatur. Sein von der internationalen Presse immer wieder aufgegriffener »Fall« gipfelt in der Verleihung des Friedensnobelpreises von 1935, den ihm das norwegische Komitee im November 1936 zuspricht. Ein Sieg für das andere, im Propagandadunst und der lärmenden Selbstvergottung des Dritten Reiches fast untergegangene Deutschland und eine schwere Niederlage für den Hitler-Staat.

In der Nacht der Verhaftung wird Ossietzky in das Polizeigefängnis am Alexanderplatz gebracht. Eingepfercht in der stickigen Enge einer Gemeinschaftszelle, ohne jeden Rechtsschutz, der Willkür ihrer schreienden und schlagenden Bewacher ausgeliefert, erleben die Häftlinge zum ersten Mal am eigenen Leibe den Terror der neuen Herren. In der Zelle sitzt viel Prominenz, Erich Mühsam, Ludwig Renn, Egon Erwin Kisch werden mit Ossietzky eingeliefert. Kisch beschreibt kurz nach seiner Entlassung die makabre Szene: »Auf dem Korridor ist es schwarz von Menschen. Der erste, den ich von weitem erblicke, ist der Rechtsanwalt Dr. Apfel, der Verteidiger von Max Hölz. Fein, denke ich, fein, daß er da ist, der kann gleich für mich intervenieren. ›Hallo, Dr. Apfel, ich bin verhaftet.‹ ›Ich auch‹, sagt er nur. Und schon sehe ich andere. Carl von Ossietzky, Chefredakteur der ›Weltbühne‹, Deutschlands Demokrat, der unter einem Hagel von Spott erklärt hatte, man müsse Thälmann wählen, denn ›wer Hindenburg wählt, wählt Hitler‹. Heute ist es genau ein Monat, seit Hindenburg das deutsche Volk an Hitler ausgeliefert hat, seit einem Monat lacht von den demokratischen und sozialdemokratischen Hindenburgwählern keiner mehr. … Nach einigen Stunden des Wartens wird die Kompanie der Gefangenen in die Kellerräume eskortiert, wo sie die Schuhbänder aus den Schuhen zu ziehen und die Tascheninhalte in den Hut zu leeren haben. Die mit dem Hakenkreuz geschmückten neuen Beamten kontrollieren genau, ob keiner etwas von seiner Habe zurückbehält. Sie haben sich schon oft in fremden Taschen zu schaffen gemacht …«[13]

Wer Glück hat, wird nach einigen Tagen entlassen. Ossietzky nicht. Der Haß seiner Peiniger sitzt tief, jahrelang hat der prominente Journalist den Aufstieg der Nationalsozialisten mit Spott und Kritik begleitet, jetzt wollen sie ihre Rache. Er wird in die Festung Spandau verlegt. Ende März erscheint im »Völkischen Beobachter« und in der »Berliner Illustrirten Zeitung« ein Photo, auf dem Ossietzky, der kommunistische Fraktionschef Ernst Torgler und der Schriftsteller Ludwig Renn bei einem »Presse-Vorführtermin« abgebildet sind. Es soll die Gerüchte über Mißhandlungen der Häftlinge widerlegen. Bei Ossietzky glaubt der Betrachter, ein blau geschlagenes linkes Auge zu erkennen. Die Machthaber versuchen, gegen ihn eine Anklage wegen angeblicher Beteiligung am Reichstagsbrand zu konstruieren. Die alarmierten Freunde greifen ein, bezeugen, daß er sich am Abend des 27. Februar bei ihnen aufgehalten hat. Der mutige Auftritt Torglers im Reichstagsbrand-Prozeß veranlaßt den Oberreichsanwalt schließlich, die Sache nicht weiter zu verfolgen.

Die Briefe, die er in diesen Monaten an seine Frau schreibt, bleiben vorsichtig optimistisch, immer wieder äußert er den Wunsch nach Zigaretten und Zeitungen und vor allem die Sorge um ihr Befinden: »Bitte nicht den Kopf hängen lassen, ich tue es auch nicht.«[14] Frau und Tochter sind ohne Geld und verschuldet. Maud von Ossietzky steht vor einem Nervenzusammenbruch, muß für einige Wochen in ein Sanatorium gehen. Einen Brief von ihr beantwortet er erschreckt: »Die Nachrichten darin haben mich sehr bestürzt. Und jetzt möchte ich bitten, doch etwas ausführlicher zu schreiben. Eine unangenehme Sache wird dadurch nicht besser, daß man sie halb andeutet und den Rest – falsch oder richtig – erraten läßt. Meine Nerven werden dadurch wirklich nicht geschont. … Die Vermietung der Wohnung ist richtig; aber zu welchen Bedingungen und wie ist das mit den weitern Raten für die Möbel?«[15]

Siegfried Jacobsohns langjährige Buchhalterin und Vertraute für alle geschäftlichen Belange des Blattes, Hedwig Hünicke,

und Hilde Walter bemühen sich, Geld für Ossietzkys Familie zu beschaffen. Diesen beiden Frauen ist es zu verdanken, daß es nicht zur Katastrophe gekommen ist. Hilde Walter wird dann auch bald die zentrale Figur im »Freundeskreis Carl von Ossietzky« sein, der nicht nur um seine Freilassung kämpft, sondern auch die Nobelpreis-Kampagne in Gang setzt und sie unter nahezu aussichtslosen Bedingungen zum Erfolg führt.
Mit Zähigkeit und Mut übernehmen die Frauen eine Rolle, die Maud von Ossietzky aufgrund ihrer Krankheit nicht ausfüllen kann. Sie sammeln Spenden, fordern von der im Ausland lebenden Verlegerin Edith Jacobsohn regelmäßige Zahlungen an die Familie, schicken Pakete und Zeitungen an den Inhaftierten, machen die Eingaben für die selten erlaubten Besuche, organisieren das Netz der Informationen über den gesundheitlichen Zustand des lebensbedrohten Häftlings. Sie werden schließlich erreichen, daß die Tochter nach England gehen kann (später wird sie dann nach Schweden übersiedeln, wo sie heute noch lebt) und die Welt den Namen Ossietzky nicht vergißt.
Hilde Walters Briefe spiegeln die Mühsal all dieser Aktionen eindringlich wider. Unterstützung findet sie bei Ossietzkys Freundin Gusti Hecht und bei Milly Zirker, der Sekretärin von Hellmut von Gerlach. Dieser wird bis zu seinem Tod im Jahr 1935 ebenfalls unermüdlich für Ossietzkys Interessen eintreten, ebenso der Pazifist Konrad Reisner. Außer Hedwig Hünicke leben die Mitglieder dieses so aktiven »Freundeskreises« bald im Exil. Über Paris, London und Prag werden die Bemühungen gesteuert, auch Menschen in Norwegen, in der Schweiz und in den Vereinigten Staaten setzen sich dann für Ossietzky ein. Kurt Tucholsky nutzt seine Kontakte, schweigt allerdings öffentlich, da er glaubt, ein Eintreten für den Gefangenen im Ausland würde dessen Lage nur verschlimmern. Im Februar 1934 schreibt er an den Chefredakteur der Londoner »Times«: »Und hier ist nun die Hauptsache, die mich so schmerzt: der Mann sitzt für uns alle, die wir dort mitgearbeitet haben! Sie

rächen sich an ihm, für uns. ... Er hat – gerade noch in allerletzter Zeit vor der Hitlerei – ein paar bitterböse und wundervoll scharfe Artikel gegen diese Pest geschrieben. ... die ohnmächtige Wut, sich nicht auch an allen Mitarbeitern des Blattes (Hellmuth von Gerlach, an mir u.a.) rächen zu können, verschärft das Schicksal unseres Freundes.«[16]

Vorrangig gilt das Handeln in den ersten Monaten Ossietzkys Frau und Tochter. Hilde Walter schildert in einem Brief die erschütternde Lage von Maud von Ossietzky, die auch nach dem Sanatoriumsaufenthalt nicht zu einem selbständigen Leben fähig ist: »Wir brachten Frau von O. in einem möblierten Zimmer in der Künstlerkolonie bei mir um die Ecke unter und rechneten mit der Wirtin jedes Brötchen und jedes Mittagessen ab, damit die Frau kein Geld zum Trinken in die Hände bekam. Trotzdem trank sie natürlich weiter, denn sie hat eine große Geschicklichkeit, wichtige Wege zu erfinden und Fahrgeldspesen herauszuschlagen, die nachher wieder zum Trinken verwendet werden. Hünicke und ich wechselten uns in der Irrenpflege ab.«[17] Vielleicht überzeichnet die energische und durch die Geldbeschaffungsprobleme unduldsame Hilde Walter in diesen Zeilen die Situation, aber die Sorge des Häftlings ist zweifellos nicht unbegründet.

Ein weiterer zentraler Punkt in der Arbeit der beiden Frauen und der Freunde Ossietzkys ist es, den Inhaftierten vor dem Vergessen zu bewahren. Der einzige Schutz gegen seine Ermordung ist die öffentliche Debatte über sein Schicksal im Ausland. Entlassene Häftlinge werden befragt, herausgeschmuggelte Botschaften weitergegeben, wohldosierte Artikel in den Exilzeitschriften placiert und Journalisten der liberalen Auslandspresse informiert. Eine Gratwanderung, denn jedes falsche Wort, jede auffällige Kampagne in kommunistischen oder linken Blätter kann das Gegenteil bewirken, zu einem tödlichen Schlag gegen Ossietzky führen. Drei Jahre währt dieses Ringen, dann sind zumindest der Nobelpreis und seine Entlassung aus dem Konzentrationslager gesichert. Sein Leben retten können die Freunde nicht.

Am 6. April wird Ossietzky in das Konzentrationslager Sonnenburg bei Küstrin gebracht. Hier herrscht die SA und damit nackte Gewalt. Prügel und roheste Beschimpfungen, Zwangsarbeit, stundenlanges »Exerzieren« und der ununterbrochene Hunger ruinieren rasch seine ohnehin schwache Gesundheit, er kommt ins Lazarett. Vielfach ist die Wirklichkeit in den deutschen Konzentrationslagern geschildert worden, und doch bleibt das Leiden der Opfer und das Handeln der bestialischen Täter letztlich unvorstellbar. Ossietzky und auch sein Mithäftling in Sonnenburg, Erich Mühsam, sind als Intellektuelle und bekannte linke Gegner der Nationalsozialisten eine besondere Zielscheibe ihrer gewalttätigen Wärter. Mühsam wird schließlich halbtot geprügelt und dann in seiner Zelle erdrosselt. Ossietzky entgeht diesem Schicksal wohl nur, weil seine Peiniger ein zu lautes, negatives Echo in den Nachbarstaaten fürchten.

»Die Mißstände in Sonnenburg bleiben nicht geheim«, schreibt Elke Suhr, »und drohen dem Image des reputationsbeflissenen NS-Regimes erheblich zu schaden. Die Bevölkerung in der Umgebung hört Tag für Tag die Schreie der Gefolterten, und immer wieder kommt es zu Protesten.«[18] Der Leiter des Geheimen Staatspolizeiamtes, Rudolf Diels, berichtet nach dem Krieg über einen Besuch in Sonnenburg: »Der Anblick der Gefangenen war schlechthin unbeschreiblich. Es waren Gestalten wie aus einem Spuk oder aus einem dämonischen Traum. Aus den zerbeulten und zerfetzten Kleidern ragten verquollene Köpfe heraus wie Kürbisse, gelb, grün und bläulich angelaufene Gesichter, die nichts mehr von einem Menschengesicht an sich hatten. Die bloßen Körperteile waren mit Striemen und geronnenem Blut bedeckt. Mir fuhr ein Schreck durch die Glieder wie bei einer Geistererscheinung. Ich konnte Ossietzky kaum noch erkennen. Er trat auf … mich zu und bat nur mit schwacher Stimme, daß man ihn aus dieser Hölle befreien solle.«[19]

Einen ähnlichen Bericht hat Hilde Walter von ihren Besuchen beim Häftling in Sonnenburg überliefert: »Ossietzky konnte sich nur mit größter Anstrengung bewegen. Als er uns auf dem großen menschenleeren Hof langsam mit kleinen, offenbar schmerzenden Schritten in einer fadenscheinigen feldgrauen Uniform entgegenkam, hingen seine beiden Arme steif, wie geschiente Gliedmaßen, fast bewegungslos an den Schultern; er war so erschreckend abgemagert wie ein Mensch, der in kurzer Frist die Hälfte seines gewohnten Körpergewichts verloren hat. … Das Gesicht war unverletzt; aber der herzzerreißende Ausdruck seiner Gesichtszüge blieb während des wortkargen kurzen Gesprächs unverändert todernst und starr. Auf die schüchterne Frage ›wie geht's?‹, antwortete er fast tonlos, mit vielsagender Pause in der Mitte des kurzen Satzes: ›Es geht … zur Zeit.‹«[20]

1934 erscheint in der »Neuen Weltbühne« ein Artikel über das Schicksal Ossietzkys. »Im Herbst vorigen Jahres«, heißt es dort, »erhielt Ossietzky von seiner Tochter in England eine Postkarte, aus der hervorging, daß sich das Kind freute, nicht mehr in Deutschland zu sein. Darauf wurde Ossietzky in die Wachstube geholt und durch den später degradierten Truppführer Adrian roh verprügelt, weil er seine Tochter schlecht erzogen habe.«[21] Die verschiedenen Dokumente über seine Häftlingszeit enthalten zahllose Schilderungen wie die hier angeführten, und sie zeigen, was dieser körperlich schwache Mann zu erdulden hatte.

Angesichts des physischen und psychischen Leidensdrucks dieser Jahre erscheint es beinahe übermenschlich, wieviel Mut und Witz ihm geblieben sind. Als ihn zwei amerikanische Journalisten, die er aus früheren Jahren kennt, in Sonnenburg besuchen und nach Bücherwünschen fragen, verändert sich »sein Gesichtsausdruck … ins Übermütig-Boshafte, als er langsam sagte: ›Nun, ich denke, die Geschichte des Mittelalters wäre sehr apropos!‹«[22]

Hilde Walter weist darauf hin, daß er nicht bereit war, gegenüber dem Hitler-Regime »irgendeine Loyalitätserklärung« abzugeben. Er habe in einem Gespräch mit ihr auch abgelehnt, daß seine Frau ein Entlassungsgesuch einreicht. Da Hitler nach dem »Röhm-Putsch« im Juni 1934 sehr darauf bedacht ist, sein internationales Prestige aufzupolieren, um ungestört seine Kriegsvorbereitungen durchführen zu können, ist nicht undenkbar, daß ein »geläuterter« prominenter Regimegegner dem Diktator recht gut in sein Propagandaprogramm gepaßt hätte. Ossietzky schweigt, aber er läßt sich nicht brechen.

Anfang 1934 erhält Maud von Ossietzky eine Besuchserlaubnis. Die Begegnung erschüttert den Häftling. »Seit ich dich gesehen habe«, beginnt sein erster Brief nach dem Treffen, »bin ich viel ruhiger, denn ich weiß nun, daß Du erträglich lebst und es der Kleinen gut geht.«[23] Das Schicksal seiner Familie bleibt in diesen Jahren ein ständiger seelischer Unruhefaktor. Maud ist im Dezember 1933 zu Ossietzkys Stiefvater nach Hamburg gezogen, erfolglos drängt er, daß sie der Tochter nach England folgen soll. Die Briefbotschaften, die Ossietzky nach draußen senden darf, unterliegen strengen inhaltlichen Beschränkungen, sie spiegeln daher nur wenig von seinen persönlichen Empfindungen wider. Kein Wort über seinen Gesundheitszustand, nichts über die täglichen Leiden und die innere Verzweiflung.

Mit der Übernahme der Konzentrationslager durch Himmlers SS erfolgt eine Neuorganisation des Haftsystems. Im Februar 1934 kommt Ossietzky in das KZ Esterwegen. Die Moorlandschaft des Emslandes wird für Tausende von Häftlingen für die nächsten Jahre zur Hölle. Mit primitiven Werkzeugen ausgerüstet, treiben sie ihre Bewacher Tag für Tag hinaus zur »Bodenkultivierung«. 10 Stunden am Tag haben sie unter praller Sonne oder in feuchter Kälte im Moor ein Arbeitspensum zu erfüllen, das allenfalls die Kräftigsten unter ihnen bewältigen können. Wer zurückbleibt, das Soll nicht schafft, wird verprügelt, muß »strafexerzieren«, erhält Einzelhaft oder Nahrungsentzug. Auf dem Prügelblock werden Häftlinge vor den aufmarschierten Lagerinsassen halbtot geschlagen, nächtliche Gewaltorgien der betrunkenen SS-Wächter, die »Jauchekolonne« oder die zum Wahnsinn treibende Dunkelhaft lassen viele zusammenbrechen, zeichnet sie für ihr Leben. Elke Suhr hat in ihrer Studie über die Emslandlager dieses Foltersystem dargestellt, die Zwangsarbeit und die wirtschaftliche Ausbeutung, die alltägliche Aggression und den von drakonischen Strafen beherrschten Haftvollzug.[24] Der Schauspieler und Regisseur Wolfgang Langhoff, vier Monate Häftling im benachbarten Lager Börgermoor, schreibt in seinem 1935 erschienenen Buch »Die Moorsoldaten«: »Das Lager Esterwege, eigentlich zwei Lager für je tausend Mann, hat eine besonders brutale, aus allen Ländern des Reichs zusammengewürfelte Wachmannschaft.«[25]

»Wir schuften monatelang bei brennender Hitze«, berichtet Langhoff über die endlosen Tage im Moor, »die Haut hängt in Fetzen von unserem verbrannten Oberkörper, im Regen, der bis auf die Haut geht, später bei eisiger Kälte, Hagel und Schnee, wenn der scharfe Wind, der vom Meer her kommt und auf dem flachen Land keinen Widerstand findet, wie mit Messern durch die Kleider schneidet und der Moorboden gefriert und hart wie Stein wird. … Monatelang stehen wir im Moor, oft versacken wir bis zu den Knien im Sumpf, oft kommen unsere Spaten kaum durch die riesigen Wurzeln und Baumstümpfe der versunkenen Wälder, die es in diesem Moor gibt, oft treten wir auf Kreuzottern, die im heißen Heidekraut züngeln, oft bricht einer von uns zusammen und wird von zwei Kameraden und einem Posten ins Lazarett gebracht. Und ewig die Antreiberei, die demütigenden Beschimpfungen, das peinigende Gefühl, kein Mensch mehr – irgendein Tier zu sein … Der Arbeitstag im Moor nimmt kein Ende.«[26]

Auch der schwache und schon ernsthaft erkrankte Ossietzky muß ins Moor. »Im Abstand von ungefähr dreißg bis fünfzig Metern stehen unsere Gruppen«, beschreibt Langhoff die Arbeit, zu der Ossietzky gezwungen wird, »und beginnen das Heideland aufzureißen. Zuerst muß ein Graben ausgeworfen werden. 1,10 Meter breit, 80 Zentimeter bis 1,30 Meter tief. …

Mit der stumpfen Schneide versuchen wir, durch das zähe Wurzelwerk des Heidekrautes zu stoßen. Der erste Stich ist der schwerste. Kaum durchzukommen. Mit beiden Händen packe ich den Spatengriff und haue ihn von oben mit voller Wucht ins Kraut. Die Handgelenke werden heiß und schwellen an. Sie sind wie verstaucht.«[27] Einer der ehemaligen Mithäftlinge erinnert sich in der »Neuen Weltbühne«: »Der tapfere Ossietzky, der am meisten Geschundne, wird bei jeder Gelegenheit verhöhnt und eingesperrt. Schwer leidend, muß er immer wieder hinaus zur Arbeit.«[28] Mehrere Häftlingsberichte sind überliefert, und sie alle geben ein erschütterndes Bild von dem Intellektuellen, der wehr- und rechtlos seinen Wächtern ausgeliefert ist. »Er war vollkommen mit den Nerven am Ende«, erzählt Adolf Bender nach einem Besuch bei Ossietzky im Lazarett, »aus diesem Grund nahmen alle Häftlinge größte Rücksicht auf ihn. Gerade die überraschenden ›Besuche‹ der Lagerführung, die auch des öfteren ihre Bekannten mit ins Revier nahmen, um den prominenten Gefangenen vorzuführen, lösten bei dem Kranken immer einen neuen Schock aus. … Meist gingen diese Vorgänge immer in wüsten Schimpfereien und Drohungen aus.«[29] Karl Wloch schreibt 1963 in der »Weltbühne«: »Als ich Ossietzky das erste Mal im sogenannten Krankenrevier aufsuchte, war er köperlich nur noch ein Wrack, ein Rest Mensch. … Was da auf dem Strohsack lebte, waren eigentlich nur die Augen; den Mund bewegte er kaum, wenn er kurze Fragen stellte. Man mußte sehr genau hinhören, um ihn zu verstehen.«[30] Sie haben ihm die Zähne ausgeschlagen, die Arbeit im Moor löst ständige Fieberanfälle aus, er muß die Latrinen reinigen, wird vielfach in den »Bunker« geworfen.

In den ersten Monaten sind es vor allem Kommunisten und Sozialdemokraten, die als politische »Schutzhäftlinge« in den Konzentrationslagern leben. Die ideologischen Spannungen sind auch in diesem Elend zu spüren, aber viele Berichte weisen auf eine besondere Solidarität unter den Gefangenen hin. Die Schwachen werden bei der Schwerstarbeit unterstützt, die

KPD-Mitglieder bilden eine straffe Lagerorganisation, die die Disziplin unter den schwierigen Bedingungen aufrechterhält, politische Agitationsarbeit möglich macht. Die Stärksten und Erfahrensten werden zu Blockältesten gewählt. Im Freien führt Ossietzky politische und literarische Diskussionen mit Theodor Haubach, einst führender Sozialdemokrat im Reichsbanner Schwarz-Rot-Gold und im Januar 1945 als Widerstandskämpfer in Berlin-Plötzensee hingerichtet, und mit Kurt Eisner, dem Sohn des ermordeten Chefs der bayerischen Räteregierung. Ossietzkys stille, kluge und beherrschte Haltung wird im Lager hoch geachtet. »Während unsere Art, politische Angelegenheiten zu besprechen, gewissermaßen den Charakter einer Werktagsarbeit hatte, trugen seine Gedanken und Worte ein Sonntagsgewand. Das war für uns jedesmal ein Erlebnis, ihm zuzuhören, mit ihm zu diskutieren, ihm Fragen zu stellen und manchmal auch zu hören, was er auf unseren Widerspruch zu antworten hatte.«[31]

Drei Jahre bleibt Ossietzky im Konzentrationslager. Er ahnt, daß es für ihn kein Entrinnen gibt. »Ob wir überleben, ist weder sicher noch die Hauptsache«, äußert er einmal einem Mitgefangenen gegenüber. »*Wie* man aber später von uns denken wird, ist so wichtig wie, *daß* man an uns denken wird. Darin liegt auch unsere Zukunft. Danach müssen wir hier leben, solange wir atmen. Ein Deutschland, das an uns denkt, wird ein besseres Deutschland sein ...«[32] Er hat nicht mehr erlebt, wie das Deutschland nach Hitler über ihn urteilte. Was hätte er wohl gedacht und geschrieben, wenn er Zeuge des langjährigen Streits um die Namensgebung der Universität Oldenburg geworden wäre? Oder der Urteilsbegründung des Bundesgerichtshofes zur verweigerten Rehabilitierung des »Landesverräters« Ossietzky? Wahrscheinlich wären einige spöttische Artikel über die ungebrochene deutsche Autoritätsgläubigkeit erschienen, bissige Bemerkungen über die besondere Art der Vergangenheitsbewältigung bei Justiz und Parteien. Und daß sie ihn in der DDR so heftig mißbrauchten, hätte diesen unbestechlichen Kritiker der bolschewistischen Parteidiktatur wohl kaum überrascht.

Während Ossietzky im Konzentrationslager ist, entfalten seine Freunde und Kollegen die wohl spektakulärste Aktion des deutschen Exils. 1934 taucht erstmals der Gedanke auf, den an Leib und Leben Gefährdeten beim Osloer Komitee für die Verleihung des Friedensnobelpreises vorzuschlagen. Zunächst ist diese Idee eine reine Schutzmaßnahme. Die Diskussion einer solchen weltweit erkennbaren Kandidatur, so hofft der »Freundeskreis Carl von Ossietzky«, müßte die deutschen Machthaber aus Prestigegründen vom Schlimmsten abhalten. In der Tat erreicht die sich in den nächsten Monaten und Jahren immer stärker ausbreitende Kampagne, daß die Nationalsozialisten vor dem Mord an dem prominenten Häftling zurückschrecken. Die »Schutzhaft« endet zwar nicht, im Gegenteil, die Debatte um Ossietzky verschärft den Haß der Führung des Dritten Reiches, aber sein Schicksal vollzieht sich jetzt nicht mehr im Verborgenen, sondern vor den Augen einer internationalen Öffentlichkeit.
An den Erfolg ihres Unternehmens haben die Initiatoren um Hilde Walter und Hellmut von Gerlach zunächst selbst nicht geglaubt. Carl von Ossietzky ist im Ausland ein weitgehend Unbekannter, was seine Kandidatur chancenlos erscheinen läßt. Zudem gehört er zum Lager der linken Publizistik, die auch im Bürgertum der Nachbarstaaten wenig Freunde hat. Hitler buhlt mit großem Erfolg um Anerkennung seines Regimes im Ausland, der Konkordatsvertrag mit dem Vatikan hat ihn in Europas katholischen Kreisen hoffähig gemacht, die Propaganda für die Olympischen Spiele in Berlin läuft auf Hochtouren, und die Friedhofsruhe nach den turbulenten letzten Republikjahren imponiert den Nachbarn ebenso wie die scheinbaren Erfolge an der Arbeitsfront. Europa ist für den Faschismus anfällig geworden. In einer solchen Atmosphäre will es wie ein kleines Wunder erscheinen, daß der

Friedensnobelpreis tatsächlich an Carl von Ossietzky verliehen wird.

Der erste öffentliche Hinweis auf die Aktion findet sich im »Pariser Tageblatt« vom 16. April 1934. Der Chefredakteur der deutschen Exilzeitung, Georg Bernhard, notiert: »Noch schlimmer als den Friedensaposteln, die Haus, Hof und Arbeitsstätte bei Nacht und Nebel verlassen mußten, ist es denen ergangen, die, wie Carl von Ossietzky, in die deutschen Konzentrationslager geschleppt wurden. Sie sind Märtyrer einer Idee geworden, für deren Propaganda Alfred Nobel seinen Preis ausgesetzt hat.«[33] Berthold Jacob, der ehemalige prominente »Weltbühnen«-Mitarbeiter, greift diesen Gedanken sofort auf. »Die Aktion begann ... im Frühjahr 1934«, schreibt er ein Jahr später an Hilde Walter, »genau gesagt am 26. Mai 1934. An diesem Tag sandte ich, namens der von mir geleiteten section Strasbourg der Deutschen Liga für Menschenrechte einen begründeten Antrag an das Nobelkomité in Oslo.«[34] Jacob wendet sich auch an den Friedensnobelpreisträger von 1925, den ehemaligen britischen Außenminister Austen Chamberlain, und bittet um Unterstützung.

Diese ersten Schritte scheitern, weil die strengen und komplizierten Regularien für die Vorschläge von Kandidaten nicht eingehalten werden. In den kommenden Monaten geht es nur sehr mühsam voran. Manche wie Ludwig Quidde und Rudolf Breitscheid raten generell ab, da die Aktion das Leben Ossietzkys gefährde. Auch Albert Einstein will keinen persönlichen Vorschlag an das Osloer Komitee richten, da er fürchtet, dieser Schritt eines der bekanntesten deutschen Exilanten würde dem Gefangenen schaden. Die »Neue Weltbühne«, die im Exil gegründete Nachfolgeschrift von Siegfried Jacobsohns Wochenblatt, veröffentlicht eine Artikelserie über Ossietzky, die für die Sache wohl wenig hilfreich ist und zu einer heftigen Kontroverse mit dem »Freundeskreis« führt. Leiter der jetzt in Prag erscheinenden »Neuen Weltbühne« ist Hermann Budzislawski, und nachdem Edith Jacobsohn Mitte 1934 ihre Anteile verkauft hat, scheint die Redaktion rasch in das finanzielle und ideologische Fahrwasser der Exil-KPD geraten zu sein. Nicht auszuschließen, daß der »Fall Ossietzky« auch für die eigene Politik genutzt wird. Immerhin, eine Debatte ist durch die vielfältigen Aktivitäten des »Freundeskreises« in Gang gesetzt.

Das treibende Motiv für den weiteren Fortgang bleibt die Sorge, daß Ossietzky vergessen werden, nur die Nobelpreisidee Aufmerksamkeit für sein Schicksal in den Medien wecken könnte. So übernimmt jetzt die in Paris lebende und zunächst skeptische Hilde Walter die Koordination der Kampagne. Sie findet engagierte Verbündete in den wichtigen Nachbarstaaten. Ein Informationsnetz wird aufgebaut. Ernst Toller und Rudolf Olden ziehen die Fäden in England, Hellmut von Gerlach und Konrad Reisner in Frankreich, Kurt Grossmann in der Tschechoslowakei, der etwas zögerliche Ludwig Quidde, Gustav Hartung und Hans Oprecht in der Schweiz, Paul Olberg in Schweden, Mimi Sverdrup Lunden und Willy Brandt in Norwegen, Otto Nathan und Kurt Rosenfeld in Washington. Vor allem gilt es, prominente Befürworter zu finden. Bald setzen sich Romain Rolland, die Sozialreformerin Jane Addams, der Schriftsteller Norman Angell, mehrere britische Unterhausabgeordnete und bekannte Persönlichkeiten der amerikanischen Gesellschaft für Ossietzky ein. Auch berühmte deutsche Exilanten wie Heinrich und Thomas Mann, Ernst Ludwig, Arnold Zweig, Lion Feuchtwanger oder Albert Einstein werben für die Preisverleihung an den inzwischen bekanntesten KZ-Häftling in Deutschland. Entscheidend ist dann aber nicht die Befürwortung seitens zahlloser Einzelpersönlichkeiten, sondern daß sich hinter die Kampagne Großorganisationen wie die Internationale Frauenbewegung, 125 Mitglieder der Schweizerischen Bundesversammlung und schließlich die norwegische Arbeiterpartei stellen.

Zuvor aber endet der erste Versuch mit einer bitteren Enttäuschung. Am 19. November 1935 teilt das Komitee mit, daß der Friedensnobelpreis in diesem Jahr nicht vergeben werde. Es tröstet die Ossietzky-Befürworter zwar ein wenig, daß ein sehr achtbarer Konkurrent im Rennen um die Preiswürde, der tschechoslowakische Staatspräsident Thomas Masaryk, ebenfalls leer ausgeht, aber die Frustration ist nach dieser Niederlage erst einmal beträchtlich. Vor allem Hilde Walter gibt nicht auf. Sie startet sofort eine zweite Kampagne für das Jahr 1936. Eine Schlüsselrolle in der Schlußphase übernimmt ein junger deutscher Exilant in Norwegen – Willy Brandt. Obwohl er zunächst an einen Erfolg nicht glaubt, setzt er sich in der skandinavischen Arbeiterbewegung mit viel Fingerspitzengefühl und großem Engagement für Ossietzky ein. In einem Schreiben vom 31. Januar 1936 schlägt die Stortingfraktion der norwegischen Arbeiterpartei den Gefangenen Hitlers für den Nobelpreis vor. Das ist der ausschlaggebende Schritt, der zum Erfolg führt.

Der berühmteste Norweger in diesen Jahren aber veröffentlicht einen Beitrag, der nicht nur bei den deutschen Exilanten Abscheu hervorruft. Knut Hamsun, Literaturnobelpreisträger und von den deutschen Autoren um die Jahrhundertwende bewundert und zum literarischen Vorbild erhoben, stellt sich in den Dienst der Diktatur. In einem von der »Aftenposten« am 11. November 1935 abgedruckten Artikel Hamsuns heißt es: »Wenn nun Herr Ossietzky ... versuchte, in dieser bedeutungsvollen Übergangsphase mit anzufassen, in der die ganze Welt den Verantwortlichen dieses großen Volkes, dem er angehört, die Zähne fletscht? Was will er überhaupt? Ist es die deutsche Wiederbewaffnung, gegen die er als Friedensfreund zu demonstrieren versucht? Möchte dieser Deutsche lieber, daß sein Land in der Gemeinschaft der Nationen unterdrückt und gedemütigt bleibt, dank der Gnade Frankreichs und Englands?«[35] Die Reaktion in Norwegen selbst ist ungeheuerlich. Viele Artikel erscheinen, und der greise Hamsun erreicht das Gegenteil von dem, was er mit seiner schändlichen Intervention bewirken wollte. Überall melden sich jetzt Gegenstimmen, die nicht nur Hamsuns Äußerungen verdammen, sondern eine breite Öffentlichkeit erstmals mit dem Nobelpreisvorschlag bekannt machen. In einem Interview wird Ossietzky, wenige Tage vor seinem Tod, sehr souverän auf die erbärmliche Äußerung dieses Epikers, der Hitler auch nach der Besetzung seiner Heimat Norwegen noch bewundert und unterstützt, zurückkommen: »Ich kenne ihn nicht als Menschen, aber was für ein großartiger Dichter ist er! Diese Sprache, dieser Ausdruck, so klar, so reich.«[36]

Als am 23. November 1936 das Komitee bekanntgibt, daß der Nobelpreis rückwirkend für das Jahr 1935 an Carl von Ossietzky verliehen wird, herrscht nicht nur im »Freundeskreis« unbeschreiblicher Jubel. Das ganze deutsche Exil wertet diese Würdigung als einen Sieg gegen Hitler. Seit der Machtergreifung hat das Dritte Reich eine solch weltweit sichtbare und demütigende Niederlage nicht hinnehmen müssen. Gerade erst hat die Diktatur mit dem Aufmarsch der Sportler aus aller Welt in Berlin einen demonstrativen Triumph erlebt, und vielen Beobachtern dieses Spektakels schien es so, als ließen sich die Nachbarn tatsächlich täuschen. Da versetzt dem Regime das verfolgte und verketzerte andere Deutschland in der Gestalt des wehrlosen und zum Verstummen gezwungenen Häftlings eine Ohrfeige.

Ein doppelter Sieg. Denn die Männer und Frauen, die sich für Ossietzky eingesetzt haben, wollten ein politisches Signal setzen, das weit über die Person des Geehrten hinaus wirken sollte. Der Kampf um den Nobelpreis war für sie auch eine öffentliche Demonstration gegen das offizielle Berlin. »Der Kampf für Oss. ist nur weiterzuführen«, schrieb Hilde Walter im Dezember 1935 an Rudolf Olden, »wenn wir ganz bewußt an der sich von selbst entwickelnden ›Legendenbildung‹ mitarbeiten. Hätte sie keine innere und keine politische Berechtigung, so hätte sie sich gar nicht so bilden können, wie es immerhin geschehen ist.«[37] Mitte der dreißiger Jahre erreichte der Versuch, im Exil eine »Volksfront« gegen den Faschismus zu gründen, bei dem bis zu Stalins Veto auch die Kommunisten aktiv mitmachten, seinen Höhepunkt. Trotz aller Intrigen und Streitereien – es bildete sich ein breites Forum, das auch der Nobelpreisaktion zugute kam. Die gelegentlich geäußerte Kritik am »politischen Kampagnencharakter« des Kampfes um Ossietzky, der die eigene skeptische Haltung des Gefangenen nicht berücksichtigt habe, erscheint mit Blick auf die historischen Ereignisse mehr als blauäugig.

Ossietzky stand dem Unternehmen seiner Freunde verständlicherweise mit zwiespältigen Gefühlen gegenüber. Die öffentliche Diskussion über seine Person gefährdete ihn, denn sie löste bei der Führung des Dritten Reiches heftige Nervosität aus. In herausgeschmuggelten Nachrichten oder bei den kurzen Gesprächen mit Besuchern warnte er vor zu großer Publizität seines Falls. Wie Hilde Walter war auch ihm klar, daß jede Aktivität in linken Blättern oder in Schriften des Exils neue Gefahren heraufbeschwor und den Erfolg der Aktion in Frage stellte. »Er selbst war erst ängstlich, ob es ihm nicht schadet, soll aber nachher der Ansicht gewesen sein, daß es vielleicht doch ganz gut ist«, vermeldet Hilde Walter gegenüber Kurt Grossmann. »Im ganzen hat er den Wunsch geäußert, daß alles, *was* geschieht, möglichst nur von England aus geschehen soll und daß auch die Presse-Veröffentlichungen der Leute nicht in unserer, sondern in der bürgerlichen Weltpresse stehen sollen. Im allgemeinen rät er immer wieder, auf die gesamten Zustände hinzuweisen und ihn nicht einzeln herauszuheben (in der Presse). Als Einzelfall möchte er nur bei den Aktionen hinter den Kulissen, die von England ausgehen sollen, behandelt werden.«[38]

Wie zerrissen Ossietzky in dieser Frage ist, zeigt ein weiterer Brief von Hilde Walter, den sie im Juli 1936 an Ernst Toller nach London schreibt und in dem sie auf Informationen über einen Besuch des Quäkers Corder Catchpool bei Ossietzky im Berliner Krankenhaus hinweist: »Die Version von O.'s. Wünschen lautete damals: ›Stoppt die Nobelpreis-Angelegenheit, denn sie erhöht meinen Depot-Wert. Schickt bitte zwei einflußreiche Ausländer nach Berlin, am liebsten Bischöfe, die sich nach Berlin setzen und erklären, sie gingen nicht vor meiner Freilassung aus Deutschland fort.‹ ... Daß wir den zweiten Wunsch erfüllen können, halte ich für ausgeschlossen. Wenn er jemals erfüllbar sein sollte, dann ganz gewiß nur eben auf dem Umweg über die Nobelpreis-Kampagne bzw. durch deren Wirkung.«[39]

Catchpool hatte in seinem Bericht geschrieben: »O. bat mich, bei seinen Freunden zu insistieren (sehr scharf), daß er gegen die Nobelpreiskampagne ist. Er will absolut in Ruhe gelassen werden, was diese Maßnahmen betrifft. Er möchte, daß ein Rechtsanwalt seinen Fall beobachtet.«[40] Hilde Walter erscheint dies nicht sehr glaubwürdig, da Ossietzky den Besucher »sicher auch nicht für ganz wasserdicht hält« und »die eine Sache gesagt hat, die ihn salviert und deckt«[41].

Diese und andere Äußerungen von Ossietzky zur Nobelpreis-Kampagne in den Dokumenten sind ausschließlich aus zweiter Hand. Sicher scheint, daß er zwischen Zweifel und Zustimmung schwankt. Er will der Hölle seines Häftlingsdaseins entrinnen, seine Freilassung hat für ihn natürlich höchste Priorität. Er verkennt jedoch nicht den übergeordneten politischen Stellenwert, den die Aktion für den Kampf gegen Hitler besitzt, und ist nicht bereit, jeden Preis für das Überleben zu zahlen.

Höchst unwahrscheinlich ist ohnedies, daß er jemals lebend freigelassen worden wäre. Es sei denn, er hätte öffentlich seine pazifistische und antinationalsozialistische Haltung widerrufen. In einem Leserbrief von 1964 an das Hamburger Nachrichtenmagazin »Der Spiegel« berichtet ein ehemaliger Mithäftling im KZ Sonnenburg, der Gauleiter der Kurmark habe Ossietzky im September 1933 im Auftrag Görings angeboten, gegen eine entsprechende schriftliche Erklärung würde er binnen drei Tagen ein freier Mann sein. Ossietzky habe dazu beharrlich geschwiegen. Auch als er selbst versucht habe, ihn mit dem Argument zu überreden, alle Entlassenen legten mit ihrer

Unterschrift eine Art Bekenntnis zum Nationalsozialismus ab, sei die Antwort gewesen: »Ich kann das nicht.«[42]

Als die Entscheidung von Oslo bekannt wird, versucht Hermann Göring sogar, in einem persönlichen Gespräch Ossietzky zur Ablehnung des Preises zu überreden. Dieser weigert sich. Elke Suhr schildert das Zusammentreffen zwischen dem Machtmenschen und dem Pazifisten mit der Bemerkung, »mal brüllt er ihn an, mal lockt er: mit der Freiheit und 500 RM Rente auf Lebenszeit«[43]. Ein Zeuge des Gesprächs meldet sich fast dreißig Jahre später mit einer allerdings sehr harmlosen, ja zynischen Version dieses Treffens. »Er fragte ihn«, schreibt der ehemalige stellvertretende Chef der Gestapo, Werner Best, »ob er seine früheren Auffassungen inzwischen geändert hätte. Von Ossietzky verneinte dies und vertrat offen und tapfer seinen antinationalsozialistischen Standpunkt. Göring nahm ihm dies keineswegs übel, sondern begann mit ihm zu diskutieren. Diese Diskussion zog sich längere Zeit hin und war sehr lebhaft. Göring schloß schließlich die Diskussion mit der toleranten Erklärung, daß offenbar keiner von beiden in der Lage sei, den anderen zu überzeugen. An der Freilassung von Ossietzky änderte dieses politische Bekenntnis nichts.«[44] Vielleicht war es so, Göring spielte gerne mit den Menschen, wie es die Herren über Leben und Tod in der Regel zu tun pflegen. Hinter seinen gelegentlichen jovialen Gesten lauerte aber der Massenmörder, der auch im Fall Ossietzky keine Skrupel kannte.

Jedenfalls telegraphiert der Preisträger knapp und unzweideutig nach Oslo: »Dankbar für die unerwartete Ehre«. Am 26. November 1936 verfaßt er eine Erklärung, die im Dritten Reich nie veröffentlicht wurde: »Nach längerer Überlegung bin ich zu dem Entschluß gekommen, den mir zugefallenen Friedensnobelpreis anzunehmen. Die mir von dem Vertreter des Geh. Staatspolizeiamtes vorgetragene Anschauung, daß ich mich damit aus der deutschen Volksgemeinschaft ausschließe, vermag ich nicht zu teilen. Der Nobelpreis für den Frieden ist kein Zeichen des innern politischen Kampfes sondern der Verständigung zwischen den Völkern. Als Träger des Preises werde ich mich bemühen, diese Verständigung zu fördern und als Deutscher werde ich stets den berechtigten Interessen Deutschlands in Europa Rechnung tragen. Zur Annahme des Preises bewegt mich auch der Umstand, daß eine Ablehnung mißdeutet werden könnte. Es würde die Behauptung aufgestellt werden können, ich hätte unter Druck gehandelt, was wieder neue Protestaktionen zur Folge haben dürfte. Es ist draußen, soweit ich es beurteilen kann, ein ›Fall Ossietzky‹ entstanden. Die Annahme beendigt ihn, die Ablehnung verewigt ihn.«[45]

Unbeugsam, aber auch politisch geschickt ist diese Erklärung formuliert. Ossietzky unterwirft sich nicht dem Willen der Nazi-Führung, warnt aber gleichzeitig davor, daß der »Fall Ossietzky« weiter öffentlich diskutiert werden wird, falls diese den Bogen überspannt. Auf einer im Krankenhaus improvisierten Pressekonferenz äußert der Geehrte seine Absicht, den Preis persönlich in Oslo entgegenzunehmen. »Er habe den Wunsch«, berichtet der Berliner Korrespondent der »Basler Nachrichten«, »*nicht mehr nach Deutschland zurückzukehren.*«[46] In Gegenwart von Vertretern des Propagandaministeriums und der Gestapo erklärt Ossietzky außerdem, »daß er *Pazifist geblieben* sei«.

Gestapochef Heydrich schreibt nach dem Gespräch mit der Presse an Göring: »Die Absicht dieses Interviews war, … Maßnahmen zu treffen, falls von Ossietzky sich nach Oslo oder Stockholm begeben sollte, und dort bei der üblichen Rede beim Empfang des Nobelpreises mit Ausfällen gegen Deutschland kommen sollte. Man muß in Zukunft mit einem solchen Auftreten von Ossietzkys rechnen, selbst wenn er vor der Freilassung und auch noch eine Zeit nachher etwas anderes gesagt hat.«[47] Sie haben nach wie vor Angst vor dem wehrlos mächtigen »Schutzhäftling«. In einem »Gutachten« der Gestapo wird gewarnt, Ossietzky werde im Ausland »gegen die deutschen Interessen, soweit Wehrhoheit und Wehrfreiheit in Frage kommen«, auftreten und »dadurch die äußere Sicherheit oder sonstige erhebliche Belange des Reiches« gefährden.[48] Der angeblich so »tolerante« Göring verbietet strikt die Reise nach Oslo und gibt die Anweisung, daß »er nach wie vor zu überwachen ist«.[49]

Während die Nazi-Presse schäumt, die Freunde im Exil glückliche Briefe und Artikel veröffentlichen, erscheint in der »Frankfurter Zeitung« der Abdruck einer beschämenden Stellungnahme der Nachfahren Alfred Nobels: »Wir *mißbilligen* nach unserer Einstellung die Zuteilung des Friedens-Nobel-Preises für 1935 an den von deutschen Gerichten wegen Landesverrates rechtskräftig verurteilten Carl von *Ossietzky* auf das schärfste und sind der Auffassung, daß diese Zuteilung sich mit den Absichten des Stifters, einen Preis für Männer auszusetzen, die sich um den Frieden in der Welt verdient gemacht haben, nicht vereinigen läßt.«[50] Der Geist des Faschismus breitet sich in vielen europäischen Staaten aus, da ist auch Skandinavien keine Ausnahme. Heinrich Mann aber hat die schönen Sätze geschrieben: »Die Tat besteht neben den Werken eines Schriftstellers, deren Folge und letztes Ergebnis sie auch ist. Ossietzky, der nicht mehr schreiben und sprechen konnte, ist in seinen Ketten dem hohen Glücksfall begegnet, daß einen Augenblick das Weltgewissen aufstand, und der Name, den es sprach, war seiner.«[51]

Wie sehr die Preisverleihung die Naziführung getroffen hat, wird noch einmal am 30. Januar 1937 im Reichstag deutlich. Göring erklärt mit diktatorischer Arroganz: »Wenn wir sehen, daß man versucht, Deutschland dadurch vor der Welt zu kränken, daß man einem Landesverräter, einem mit Zuchthaus bestraften Individuum, einen Preis des Friedens zuerkennt, dann ist das nicht für Deutschland beschämend, sondern es ist lächerlich für die, die solches getan haben. … Die Annahme des Nobelpreises wird damit für alle Zukunft Deutschen untersagt.«[52]

Das letzte Kapitel in der Nobelpreis-Affäre ist nicht ohne Tragik. Der nach wie vor völlig mittellose Ossietzky soll knapp hunderttausend Reichsmark von der Nobelpreisstiftung erhalten. Da er das Geld nicht persönlich in Oslo entgegennehmen kann, erteilt er dem dubiosen Juristen Kurt Wannow eine Vollmacht für den Geldempfang. In einem Bericht der Gestapo heißt es später: »Die Bekanntschaft zwischen dem Angeschuldigten und von O. kam durch dessen Ehefrau zustande, die Dr. *Wannow* in einem Berliner Restaurant kennengelernt hat. Es muß darauf hingewiesen werden, daß Frau von Ossietzky als schwerste Alkoholikerin anzusehen ist. ... Da Dr. Wannow nach seinen eigenen Angaben ... mit Frau von O. fast ausschließlich in Bierlokalen zusammengekommen ist, kann ihm ihre Neigung zum Alkoholmißbrauch und ihre dadurch bedingte zeitweilige Zurechnungsunfähigkeit ... unmöglich entgangen sein.«[53] Wannow unterschlägt den Betrag, es kommt zu einem Gerichtsverfahren, in dem der Betrüger zu zwei Jahren Lagerhaft verurteilt wird. Aber das Geld bleibt bis auf einen kleinen Betrag für Ossietzky und seine Frau unerreichbar. »Daß dies auf Machenschaften der Gestapo zurückzuführen ist, wie gelegentlich behauptet wurde, läßt sich nicht nachweisen und ist den Akten nach eher unwahrscheinlich.«[54]

In den ersten Monaten der Nobelpreis-Kampagne hat sich Ossietzkys Gesundheitszustand rapide verschlechtert. In den offiziellen Berichten der Lagerleitung wird dies lange geleugnet. Die verstärkte Aufmerksamkeit, die der KZ-Häftling im Ausland findet, löst bei Göring und der Gestapo hektische Aktivitäten aus, die Diskussion um den prominenten Mann droht dem Prestige des Regimes zu schaden. Ein Bericht des Lagerarztes vom 27. August 1934 endet mit der Bemerkung: »Ossietzy Karl gesund und arbeitsfähig. Hat hier keinen Unfall erlitten.«[55] Dieser Befund wird an das Rote Kreuz und an das Auswärtige Amt weitergegeben. Beruhigungsversuche für das Ausland. Was entlassene Mithäftlinge oder Besucher erzählen, klingt sehr viel alarmierender. Einen erschütternden Bericht hat der Vertreter des Internationalen Roten Kreuzes, Carl Jacob Burckhardt, über seine Begegnung mit Ossietzky in Esterwegen hinterlassen: »Nach zehn Minuten kamen zwei SS-Leute, die einen kleinen Mann mehr schleppten und trugen als heranführten. Ein zitterndes, totenblasses Etwas, ein Wesen, das gefühllos zu sein schien, ein Auge verschwollen, die Zähne anscheinend eingeschlagen, er schleppte ein gebrochenes, schlecht ausgeheiltes Bein. ... Vor mir, gerade noch lebend, stand ein Mensch, der an der äußersten Grenze des Tragbaren angelangt war. ... Ich trat näher. Jetzt füllte sich das noch sehende Auge mit Tränen, lispelnd unter Schluchzen sagte er: ›Danke, sagen Sie den Freunden, ich sei am Ende, es ist bald vorüber, bald aus, das ist gut.‹«[56]

Daß Ossietzkys Bewacher sehr gut über seinen schlechten gesundheitlichen Zustand informiert sind, machen Dokumente deutlich, in denen Göring oder der Gestapoführung übermittelt wird, es sei jederzeit mit dem Ableben des Häftlings zu rechnen. In den letzten Monaten wurde er nicht mehr ins Moor geschickt, sondern zum Küchendienst abgestellt. Die Sorge der Naziführung entspringt nicht etwa einem unvermuteten Anflug von Menschlichkeit. Sie gilt allein dem zu Recht befürchteten negativen Auslandsecho beim Tod des Erkrankten. An eine Entlassung denken sie nicht einen Augenblick. Die »Neue Weltbühne« zitiert Goebbels mit Sätzen, die die Haltung der NS-Führung gegenüber ihrem Häftling offenlegen: »Früher galt der Landesverrat als salonfähig und gehörte sogar zum guten Ton. Die Leute, die so gedacht haben, bieten auch heute noch Landesverrätern Friedensnobelpreise an. Für uns aber ist jemand, der seine eigenen Geldinteressen über die Interessen des Landes stellt, ein Verbrecher, und es ist uns ganz gleich, ob er adlig ist oder sonst was, wir behandeln ihn wie einen Verbrecher und lassen ihn nicht los.«[57] Im April 1936 schreibt der Inspekteur der Konzentrationslager, SS-Gruppenführer Eicke, an Himmler: »Angesichts der starken Bestrebungen, Ossietzky aus der Schutzhaft heraus zu bekommen, um ihn, wie bestimmt anzunehmen ist, als Kronzeugen gegen das nationalsozialistische Deutschland zu verwenden, bitte ich, ihn trotz seines Gesundheitszustandes nicht aus der Schutzhaft zu entlassen.«[58]

Bereits im Juli 1935 hatte der Kreisarzt von Meppen bei einer Untersuchung Ossietzkys »stenokardische Anfälle« festgestellt. Weitere ärztliche Befunde sprechen von »Gliederschmerzen, Husten bis zum Erbrechen, Angstgefühle(n) ... Über der linken Lungenspitze und unterhalb klingendes Rasseln.«[59] Schließlich verfällt der Häftling in einem Ausmaß, daß sein Tod nur noch eine Frage der Zeit zu sein scheint. Die inzwischen auf Hochtouren laufende Nobelpreis-Kampagne veranlaßt Gestapochef Heydrich, Göring eine Verlegung des Häftlings zu empfehlen, ohne ihn allerdings aus der »Schutzhaft« zu entlassen. Der wachsende Druck der Weltöffentlichkeit erzwingt am 28. Mai 1936 die Unterbringung Ossietzkys im Staatskrankenhaus der Polizei in Berlin. Die Ärzte stellen bei ihrem nach wie vor scharf bewachten Patienten eine offene Tuberkulose fest. Anfang November wird er entlassen. Auf Anraten eines Arztes, den die unermüdliche Hedwig Hünicke empfohlen hat, begibt er sich am 7. November in das Berliner Nordendkrankenhaus. Am 14. Dezember findet er seine letzte Bleibe in einem privaten Lungensanatorium in Berlin-Charlottenburg.

Knapp 17 Monate sind ihm noch gegeben. Weiterhin ein Gefangener Hitlers, beschränkt sich jetzt sein Lebenskreis auf einen kleinen, ärmlich eingerichteten Raum. »Das Zimmer, in dem Ossietzky und Frau Ossietzky wohnten«, schildern zwei norwegische Besucher seinen letzten Aufenthaltsort, »war 2,5 mal 3,5 Meter groß. Es gab ein kleines Fenster, und die undichte Tür ging direkt auf den Hof – ohne Windfang und ohne Doppeltür. Es gab weder warmes noch kaltes Wasser, es gab überhaupt keine Waschgelegenheit im Zimmer. Ventilation gab es nicht. Es zog von der Tür her. Das Bettzeug machte einen sehr kümmerlichen Eindruck. Einen Ofen gab es nicht. ... Alles war drittklassig ausgeführt und entsetzlich für ein Krankenhaus. Allein, daß das WC für nicht bettlägrige Patienten in

einem ganz anderen Gebäude lag.«[60] Die ärztliche Betreuung ist minimal, seine Post wird geöffnet, die Briefe an die Tochter können nur unter dem Vorbehalt formuliert werden, daß die Gestapo mitliest. Seine Frau erhält die Erlaubnis, im Februar 1937 zu ihm in den »Zauberberg der Armut« (Ossietzky) zu ziehen. Während draußen der Kampf um den Nobelpreis erfolgreich beendet worden ist, Hitlers große politische Scheintriumphe – Einmarsch im entmilitarisierten Rheinland, Vierjahresplan zur Aufrüstung, Olympische Spiele in Berlin, Anschluß Österreichs an das Dritte Reich – nicht nur in Deutschland auf Bewunderung stoßen und im spanischen Bürgerkrieg der Faschismus seinen Herrschaftsanspruch gegenüber dem demokratischen Europa anmeldet, lebt er in völliger Isolation.
Einige Briefe Ossietzkys an seine Frau, die er noch vor der letzten gemeinsamen Zeit geschrieben hat, zeigen, daß die Beziehung zwischen beiden auch in diesen Monaten nicht einfach ist. Er ist seelisch und gesundheitlich in einem deprimierenden Zustand, sie nervlich labil, von ihrer Krankheit gezeichnet. »Meine liebe Maudie«, heißt es drei Tage vor seinem Umzug in die Lungenklinik Nordend, »die gestrige Begegnung war nicht gut für uns beide. Verzeih mir, daß ich so schroff geworden bin, aber ich wollte es nicht – ich fühlte mich körperlich und seelisch nicht wohl. Leider war auch Dein Auftreten nicht glücklich – Du weißt wohl, was ich meine und Du hast dazu ein paar überflüssige Worte gesagt. Es ist wirklich ein Unsinn, wenn wir uns gegenseitig kränken wollten!«[61] So ist es sicher nicht ganz falsch, aber doch auch ein wenig idealisiert, wenn Maud in ihren Erinnerungen über die letzten gemeinsamen Monate schreibt: »Es war eine stille Gemeinschaft zwischen uns in diesem kleinen Zimmer des Nordendkrankenhauses. Carl las häufig, auch viele englische Kriminalromane, oder er ruhte stumm. In unseren wenigen Gesprächen war stets eine helle Mädchengestalt bei uns. Wir hatten ein Kind und doch kein Kind. Allein, unter fremden Menschen, mußte Rosalinda in Schweden aufwachsen. Unerreichbar weit war Stock-

holm für einen todkranken Vater, den die Geheime Staatspolizei Tag und Nacht wie einen Schwerverbrecher beschattete. Zugleich schrie das Naziregime laut und höhnisch in die Welt hinaus: Er ist frei, Carl v. Ossietzky ist frei!«[62]

Hans Dosquet, Leiter des Nordendkrankenhauses, betreut den Kranken ärztlich. Es scheint ein sehr herzliches Verhältnis zwischen dem Ehepaar und dem Arzt bestanden zu haben, aber Möglichkeiten, ernsthaft die Tuberkulose zu bekämpfen, gibt es nicht. Ossietzky ist nicht hoffnungslos, vielleicht verdrängt er das ganze Ausmaß seiner Krankheit. Sein Zustand verschlechtert sich von Woche zu Woche: »Zu Beginn der Tuberkulose hatte er an quälenden Hustenanfällen gelitten, die sich bis zum Erbrechen steigerten. Diese Anfälle blieben jetzt aus. Aber wie schnell erwiesen sich alle Hoffnungen, die wir faßten, als trügerisch. Bei allem, was der Arzt für Carl tat, konnte uns doch nicht verborgen bleiben, daß die Krankheit sich immer tiefer in Carls Körper hineinfraß. Auch am Unterleib bildete sich eine offene Wunde, die nicht mehr heilen wollte. Und immer noch blieb Carls Lebenswillen ungebrochen. Mühselig stand er manchmal auf, dann warf ihn die Krankheit wieder für lange hoffnungslose Tage auf sein Lager, wo er wortlos hindämmerte.«[63]

Drei Wochen vor seinem Tod kommt es zur letzten Begegnung Ossietzkys mit der Außenwelt. Die Norweger Finn und Inger Lies, junge Menschen, die von der Persönlichkeit des Nobelpreisträgers fasziniert sind, gelangen, ohne den Weg durch das bürokratische Dickicht zu suchen, in sein Zimmer. Ein Hinweis darauf, daß die unmittelbare Bewachung des nicht mehr fluchtfähigen Kranken aufgehoben worden ist. Ossietzky ist zu diesem Zeitpunkt kaum noch in der Lage, das Bett zu verlassen. »Er war bleich und mager, und die Hand, die er uns entgegenstreckte, war dünn und kraftlos«, berichten später seine Besucher, »aber seine klaren blauen Augen strahlten vor Leben – und ich glaube vor überströmender Freude.«[64] Vier Stunden dauert die Begegnung, der Kranke genießt sie offensichtlich, spricht lebhaft über Literatur, Geschichte und Politik. Er sei dabei »von tödlicher Ironie, aber ohne die geringste Bitterkeit gegenüber denen, die ihn am meisten mißhandelt hatten«, gewesen. Er äußert den Wunsch, Deutschland zu verlassen, irgendwo in einer gesünderen Umgebung zu leben. Den Vorschlag, in ein Krankenhaus überzusiedeln, das eine bessere ärztliche Betreuung ermöglicht, lehnt er dagegen ab: »Hier bin ich sicher. Hier können sie mich nicht erreichen. Ich habe Dr. Dosquet mein Wort gegeben, nicht zu fliehen, und hier bin ich sicher. Und flüsternd ließ er uns verstehen, daß er sich in keinem anderen Krankenhaus sicher fühlen würde.«[65] Die Angst – eine alptraumartige Nachwirkung der jahrelangen KZ-Haft – endet auch nicht auf dem Totenbett.

Am 4. Mai nachmittags um drei Uhr stirbt der 48jährige Carl von Ossietzky. In der Nacht zuvor beginnt der stille, letzte Todeskampf. »Am Vormittag bewegte er sich noch einmal ein wenig«, schreibt Maud von Ossietzky über diese Stunden, »öffnete weit die Augen, reckte sich etwas hoch und fiel dann wieder zusammen, in eine neue Bewußtlosigkeit, aus der es kein Erwachen mehr geben sollte.«[66] Heimlich läßt Maud von einem Bildhauer die Totenmaske abnehmen.

Eine öffentliche Begräbnisfeier wird verboten. Im Krematorium sind Maud, Ossietzkys Arzt mit Frau und Mutter – und drei Gestapobeamte. Am 15. Mai wird die Urne auf dem Friedhof in der Buchholzer Straße beigesetzt. Keine Reden, keine Gedenktafel, »es war der Wille der Gestapo, daß der Name Ossietzky für immer ausgelöscht sein sollte«[67]. Die Witwe muß ihren Mädchennamen wieder annehmen. Sie überlebt das Dritte Reich in bedrückenden Verhältnissen. Nach dem Krieg nimmt sie ihren Wohnsitz in der DDR, wird Herausgeberin der in Ostberlin neugegründeten »Weltbühne«. Aber das sind Zeiten, in denen Siegfried Jacobsohn, Kurt Tucholsky oder Carl von Ossietzky »Schreibverbot« oder Schlimmeres zu erwarten gehabt hätten.

Hugo von Hofmannsthal schrieb einmal über den bedeutendsten Aufklärer der deutschen Klassik, Gotthold Ephraim Lessing, die melancholischen Sätze: »Er war von einem anderen Geschlecht; er zeigte eine Möglichkeit deutschen Wesens, die ohne Nachfolge blieb ... Seine Bedeutung für die Nation liegt in seinem Widerspruch zu ihr. Innerhalb eines Volkes, dessen größte Gefahr der gemachte Charakter ist, war er ein *echter* Charakter.«[68] Carl von Ossietzky, der »weise Nathan der Weimarer Republik« (Dieter Hildebrandt), darf für sich in Anspruch nehmen, in dieser Nachfolge zu stehen.

Literaturnachweise

OA Carl von Ossietzky, Sämtliche Schriften. Band I: 1911–1921, Band II: 1922–1924, Band III: 1925–1926, Band IV: 1927–1928, Band V: 1929–1930, Band VI: 1931–1933, Band VII: Lebensdokumente, Band VIII: Register. Hrsg. v. Werner Boldt, Dirk Grathoff, Gerhard Kraiker u. a. Reinbek bei Hamburg 1994 (Oldenburger Ausgabe).

KAPITEL 1

»Dagegen bäumt sich mein Gewissen auf«

1 Zit. nach Richard von Soldenhoff (Hrsg.): Carl von Ossietzky. Ein Lebensbild. Weinheim und Berlin 1988, S. 15.
2 Der Kieler Parteitag. Die Weltbühne, 31. Mai 1927; OA IV, S. 116.
3 Professoren, Zeitungsschreiber und verkrachte Existenzen. Das Tage–Buch, 31. Januar 1925; OA III, S. 26.
4 Ebenda, S. 27.
5 Brief an Maud v. 6. September 1918. OA VII, S. 95.
6 Tagebucheintragung Ludwig Tügel v. 1. November 1905. OA VII, S. 33.
7 Tagebucheintragung Ludwig Tügel v. 10. Mai 1909. OA VII, S. 34.
8 Ebenda.
9 Ermahnung Ossietzkys durch das Amtsgericht. OA VII, S. 33.
10 Zit. nach Richard von Soldenhoff (Hrsg.): Carl von Ossietzky, S. 25.
11 Zit. nach Stefan Berkholz: »Ich lebe hier ganz anständig ...«. Carl von Ossietzky im Tegeler Gefängnis, 1932. In: Helmut Reinhardt (Hrsg.): Nachdenken über Ossietzky. Aufsätze und Graphik. Berlin 1989, S. 177.
12 Der Femeprozeß. Die Weltbühne, 27. Dezember 1927; OA IV, S. 266.
13 Eintragung in das »Erinnerungsbuch« des Ehepaars Ossietzky, 28. Juni 1916. OA VII, S. 77.

14 Lion Feuchtwanger: Selbstdarstellung. In: Lion Feuchtwanger: Centum Opuscula. Hrsg. von Wolfgang Berndt. Rudolstadt 1956, S. 366.

15 Freude an der Komödie. Das Theater in der Vorstadt. Berliner Volks-Zeitung, 6. März 1921; OA I, S. 360.

16 Die Presseprofessur. Berliner Volks-Zeitung, 10. Juni 1922; OA II, S. 90.

17 Walther Rathenau: Schriften und Reden. Frankfurt 1964, S. 249.

18 Fritz Fischer: Griff nach der Weltmacht. Die Kriegszielpolitik des kaiserlichen Deutschland 1914/18. Kronberg 1977, S. 14.

19 Thomas Mann: Betrachtungen eines Unpolitischen. Frankfurt 1993, S. 103.

20 Ebenda, S. 105 f.

21 Zit. nach Donald Prater: Thomas Mann. Deutscher und Weltbürger. München und Wien 1995, S. 141.

22 Brief an Willi Handl v. 20. Juli 1917. Zit. nach Georg Wenzel (Hrsg.): Arnold Zweig 1887–1967. Werk und Leben in Dokumenten und Bildern. Berlin und Weimar 1978, S. 78.

23 Der kranke Mann in Wien. Das freie Volk, 24. Januar 1914; OA I, S. 50.

24 Die Sünde der Republik. Nie wieder Krieg, März 1921; OA I, S. 353.

25 Der heilige Mars. Das freie Volk, 31. Mai 1913; OA I, S. 35.

26 Ein Phantom. Das freie Volk, 4. April 1914; OA I, S. 55 f.

27 Dieses und die folgenden Zitate aus: Das erste Programm der DFG. Zit. nach Guido Grünewald (Hrsg.): Nieder die Waffen! Hundert Jahre Deutsche Friedensgesellschaft (1892-1992). Bremen 1992, S. 21 f.

28 Flugschrift »Was wollen die Friedensgesellschaften?«. Zit. nach ebenda, S. 25.

29 Stellungnahme des II. Deutschen Friedenskongresses zu den nationalen Minderheiten (1909). Zit. nach ebenda, S. 39.

30 Resolution des I. Deutschen Friedenskongresses in Jena (1908). Zit. nach ebenda, S. 47.

31 Zit. nach ebenda, S. 50.

32 Hellmut von Gerlach: Die große Zeit der Lüge. Der Erste Weltkrieg und die deutsche Mentalität (1871-1921). Bremen 1994, S. 160.

33 Aus der Maifestnummer des »Vorwärts« (1908). Zit. nach Guido Grünewald (Hrsg.): Nieder die Waffen!, S. 49.

34 Adjudantenritte. Das freie Volk, 12. Juli 1913; OA I, S. 41.

35 Diese Zahlenangaben stammen aus: Dieter Fricke: Wider den heiligen Mars. Zum jungen Ossietzky. In: Helmut Reinhardt (Hrsg.): Nieder die Waffen! S. 90.

36 Rudolf Breitscheid, der Edelbonze. Das Bild eines »führenden Sozialisten«. Die Nation, 3. Mai 1924; OA II, S. 337.

37 Programm der Demokratischen Vereinigung, 1910. OA VII, S. 40 f.

38 Panslawismus. Das freie Volk, 19. April 1913; OA I, S. 28.
39 Katholizismus in Deutschland. Monistische Monatshefte, 1. März 1921; OA I, S. 351.
40 Die Kirche Luthers. Monistische Monatshefte, 1. Mai 1921; OA I, S. 431.
41 Thomas Münzer bei Frankenhausen. Gegen eine Geschichtslüge. Berliner Volks-Zeitung, 26. Juni 1925; OA III, S. 97 f.
42 1525 – Florian Geyers Jahr. Das Tage-Buch, 11. April 1925; OA III, S. 62.
43 Sonnenwende. Das freie Volk, 22. März 1913; OA I, S. 23.
44 Zit. nach: Fritz Klein u. a.: Deutschland im Ersten Weltkrieg. Band 1. Vorbereitung, Entfesselung und Verlauf des Krieges bis Ende 1914. Berlin 1971, S. 478.
45 Monismus und Pazifismus. Wahrscheinlich unveröffentlichter Text aus dem Nachlaß. OA I, S. 82.
46 Ebenda, S. 83.
47 Ebenda.
48 Ein Wort über Aktivismus. Monatliche Mitteilungen des Deutschen Monistenbundes, Ortsgruppe Hamburg, 1. März 1918; OA I, S. 87 f.
49 Eulenbergs »Alles um Liebe«. Zur Uraufführung im »Deutschen Schauspielhaus« zu Hamburg. Das freie Volk, 25. Februar 1911; OA I, S. 9.
50 Auferstehung. Das freie Volk, 11. April 1914; OA I, S. 59.
51 Ebenda.
52 Ein getreuer Eckart. Das freie Volk, 8. November 1913; OA I, S. 43.
53 Eulenbergs »Alles um Liebe«. OA I, S. 11.
54 Die gewissenhafte Revolution. Verfassung und Hochverrat. Berliner Volks-Zeitung, 26. März 1922; OA II, S. 55.
55 Ebenda, S. 55.
56 Das werdende Deutschland. Ein Wort an alle Schwachmütigen. Monatliche Mitteilungen des Deutschen Monistenbundes, Ortsgruppe Hamburg, 1. Februar 1918; OA I, S. 108.
57 Der Adlerknopf. Berliner Volks-Zeitung, 3. Januar 1920; OA I, S. 171.
58 Hellmut von Gerlach: Die große Zeit der Lügen, S. 144.
59 Horst Gebhard: Adolf Reichwein – Leben und Wirken. Ansprache im ökomenischen Gottesdienst der St. Michael-Gemeinde (Rosbach) am 23. 10. 1994. In: Roland Reichwein (Hrsg.): Ein Pädagoge im Widerstand. Erinnerung an Adolf Reichwein zum 50. Todestag. Weinheim und München 1996, S. 99 f.
60 Bericht über Vortrag Ossietzkys am 21. Januar 1914. OA VII, S. 47.
61 Klaus Hildebrand: Das vergangene Reich. Deutsche Außenpolitik von Bismarck bis Hitler 1871–1945. Stuttgart 1995, S. 200.
62 Der heilige Mars. Das freie Volk, 31. Mai 1913; OA I, S. 34.

63 Klaus Hildebrand: Das vergangene Reich, S. 191.
64 Der heilige Mars. OA I, S. 35.
65 Bericht über Vortrag Ossietzkys am 1. Oktober 1913. OA VII, S. 46.
66 Erich Lüth über die Tätigkeit Ossietzkys in der Deutschen Friedensgesellschaft Hamburg, 1988. OA VII, S.126.
67 Brief an Maud von Ossietzky v. 3. Mai 1914. OA VII, S. 49.
68 Ebenda.
69 Maud von Ossietzky: Maud von Ossietzky erzählt … Berlin 1988, S. 67 f.
70 Das Erfurter Urteil. Das freie Volk, 5. Juli 1913; OA I, S. 37.
71 Ebenda.
72 Ebenda, S. 39.
73 »Das freie Volk« über Ossietzkys Verurteilung. 16. Mai 1914. OA VII, S. 51.
74 Maud von Ossietzky erzählt …, S. 37 f.
75 Die Schüsse von Serajewo. Das freie Volk, 4. Juli 1914; OA I, S. 66 f.

KAPITEL 2

»Erst muß der Mensch leben«

1 Theodor Wolff: Der Philosoph von Frankfurt. Berliner Tageblatt, 19. Juli 1909. Zit. nach: Bernd Sösemann (Hrsg.): Theodor Wolff. Der Journalist. Berichte und Leitartikel. Düsseldorf 1993, S. 88.
2 Feldmarschall Conrad: Aus meiner Dienstzeit. IV. Band. Wien 1923, S. 39. Zit. nach Walter Fabian: Die Kriegsschuldfrage. Bremen 1985, S. 38.
3 Hans Delbrück: Der Stand der Kriegsschuldfrage. Berlin 1925, S. 32.
4 Die Deutschen Dokumente zum Kriegsausbruch. Nr. 7. Charlottenburg 1919. Zit. nach: Walter Fabian: Die Kriegsschuldfrage, S. 39.
5 Feldmarschall Conrad: Aus meiner Dienstzeit. IV. Band. Wien 1923, S. 152. Zit. nach ebenda, S. 70.
6 Ebenda, S. 73.
7 Zit. nach Michael Hepp: Kurt Tucholsky. Biographische Annäherung. Reinbek bei Hamburg 1993, S. 21.
8 Zit. nach Wolfgang Michalka (Hrsg.): Der Erste Weltkrieg. Wirkung, Wahrnehmung, Analyse. München 1994, S. XIII.
9 Für Alfred Fried. Monatliche Mitteilungen des Deutschen Monistenbundes, Ortsgruppe Hamburg, 1. April 1919; OA I, S. 113.
10 Brief v. 3. Mai 1914 an Maud von Ossietzky. OA VII, S. 48 f.

11 Der Prozeß des Herrn Henrici. Das freie Volk, 28. Februar 1914; OA I, S. 52.
12 Ebenda.
13 Theodor Wolff: Freie Wünsche. Berliner Tageblatt, 1. Januar 1907. Zit. nach Bernd Sösemann (Hrsg.): Theodor Wolff, S. 77.
14 Maximilian Harden: Gegen den Kaiser. Zukunft, 7. November 1908. Zit. nach Maximilian Harden: Kaiserpanorama. Literarische und politische Publizistik (Hrsg. Ruth Greuner). Berlin 1983, S. 272 f.
15 Ein Phantom. Das freie Volk, 4. April 1914; OA I, S. 55.
16 Ebenda, S. 54.
17 Der heilige Mars. Das freie Volk, 31. Mai 1913; OA I, S. 34.
18 Auferstehung. Das freie Volk, 11. April 1914; OA I, S. 58 f.
19 Der heilige Mars. OA I, S. 33.
20 Titelseite »Das freie Volk«, 8. August 1914; OA VII, S. 61.
21 Ebenda.
22 Wiedereinstellungsgesuch an das Amtsgericht v. 16. Dezember 1914. OA VII, S. 67.
23 Bericht über Vortrag Ossietzkys am 25. März 1914. Völker-Friede, September 1915; OA VII, S. 69.
24 Wo bleibt das deutsche Theater? Das Monistische Jahrhundert, 1. Dezember 1914; OA I, S. 68 f.
25 Ebenda, S. 68.
26 Für Alfred Fried. OA I, S. 115.
27 Wandlung der geistigen Atmosphäre. Monatliche Mitteilungen des Deutschen Monistenbundes, Ortsgruppe Hamburg, 1. Oktober 1918; OA I, S. 96 f.
28 Registraturvermerk über Einberufung, 9. Juni 1916. OA VII, S.76.
29 Brief v. 10. September 1916 an Maud von Ossietzky. OA VII, S. 81.
30 Brief v. 2. und 3. September 1918 an Maud von Ossietzky. OA VII, S. 91.
31 Ebenda.
32 Brief v. 6. September 1918 an Maud von Ossietzky. OA VII, S. 93.
33 Brief v. 29. Mai 1918 an Maud von Ossietzky. OA VII, S. 85.
34 Arnold Zweig: Brief v. 23. August 1917 an Agnes Hesse. Zit. nach Georg Wenzel (Hrsg.): Arnold Zweig. 1887–1968. Werk und Leben in Dokumenten und Bildern. Berlin und Weimar 1978, S. 78.
35 Maud von Ossietzky: Maud von Ossietzky erzählt …, S. 41.
36 Zit. nach Kurt R. Grossmann: Ossietzky. Ein deutscher Patriot. München 1963, S. 44.
37 Zit. nach Elke Suhr: Carl von Ossietzky. Eine Biographie. Köln 1988, S. 83.
38 Zit. nach Kurt R. Grossmann: Ossietzky, S. 45.

39 Berliner Volks-Zeitung, 1. Juli 1932. Zit. nach Stefan Berkholz (Hrsg.): Carl von Ossietzky. 227 Tage im Gefängnis. Briefe, Dokumente, Texte. Darmstadt 1988, S. 125.
40 Ossietzkys Rede beim »Soldaten sind Mörder«-Prozeß, 1. Juli 1932. OA VII, S. 449.
41 Bruno Frei: Carl von Ossietzky. Ritter ohne Furcht und Tadel. Berlin und Weimar 1966, S. 43.
42 Ossietzkys Rede beim »Soldaten sind Mörder«-Prozeß. OA VII, S. 450.
43 Schriften zur Neuorientierung der auswärtigen Politik. Monatliche Mitteilungen des Deutschen Monistenbundes, Ortsgruppe Hamburg, 1. Juli 1917; OA I, S. 85.
44 Ein Wort über Aktivismus. Monatliche Mitteilungen des Deutschen Monistenbundes, Ortsgruppe Hamburg, 1. März 1918; OA I, S. 89 f.
45 Ebenda, S. 89.
46 Ebenda, S. 91.
47 Drei Variationen über ein zeitgemäßes Thema. Monatliche Mitteilungen des Deutschen Monistenbundes, Ortsgruppe Hamburg, 1. September 1918; OA I, S. 95.
48 Ein Wort über Aktivismus. OA I, S. 89.
49 Ebenda, S. 92.
50 Monismus und Pazifismus. OA I, S. 81.
51 Wandlung der geistigen Atmosphäre. Monatliche Mitteilungen des Deutschen Monistenbundes, Ortsgruppe Hamburg, 1. Oktober 1918; OA I, S. 98.
52 Zit. nach Elke Suhr: Carl von Ossietzky, S. 80.
53 Theodor Wolff: Verbotene Gedanken. Berliner Tageblatt, 31. Juli 1916. Zit. nach Bernd Sösemann (Hrsg.): Theodor Wolff, S. 121.
54 Theodor Wolff: Deutsche Innenpolitik. Berliner Tageblatt, 3. Januar 1916. Zit. nach ebenda, S. 118 f.

KAPITEL 3

»Die Republikaner sind ohne Republik«

1 Heinrich August Winkler: Weimar. 1918–1933. Die Geschichte der ersten deutschen Republik. München 1993, S. 87.
2 Peter Panter (d. i. Kurt Tucholsky): Schnipsel. Die Weltbühne, XXVIII. Jg., Nr. 4, 26. Januar 1932, S. 141.
3 Hans Mommsen: Die verspielte Freiheit. Der Weg der Republik von Weimar in den Untergang. 1918 bis 1933. Berlin 1989.

4 Erich Kästner: Über das Verbrennen von Büchern. In: Erich Kästner: Gesammelte Schriften für Erwachsene. Band 8. Zürich 1969, S. 285.

5 Peter Lösche/Franz Walter: Die SPD. Klassenpartei – Volkspartei – Quotenpartei. Darmstadt 1992, S. 37.

6 Hans Mommsen: Die verspielte Freiheit, S. 49 f.

7 Paul Hindemith: Mathis der Maler. Mainz 1935, S. 8.

8 Sebastian Haffner: Die deutsche Revolution 1918/19. Wie war es wirklich? München 1979, S. 176.

9 Arthur Rosenberg: Geschichte der Weimarer Republik. In: Arthur Rosenberg: Entstehung und Geschichte der Weimarer Republik. Frankfurt 1961, S. 67.

10 Kaspar Hauser (d. i. Kurt Tucholsky): Eisner. Die Weltbühne, XV. Jg., Nr. 10, 27. Februar 1919, S. 224.

11 Georg L. Mosse: Jüdische Intellektuelle in Deutschland. Zwischen Religion und Nationalismus. Frankfurt–New York 1992, S. 73.

12 Ebenda.

13 Kurt Tucholsky: Deutschland, Deutschland über alles. Hamburg 1986, S. 231.

14 Siegfried Jacobsohn: Briefe an Kurt Tucholsky. 1915–1926. Hrsg. von Richard von Soldenhoff. München und Hamburg 1989, S. 176.

15 Ebenda, S. 285.

16 Kurt Tucholsky: Deutschland, Deutschland über alles, S. 9.

17 Helmut Heiber (Hrsg.): Goebbels-Reden 1932–1939. Band 1. Düsseldorf 1971, S. 108.

18 Imanuel Geiss: Geschichte griffbereit. Band 3. Die biographische Dimension der Weltgeschichte. Dortmund 1993, S. 294.

19 Lion Feuchtwanger: Erfolg. Drei Jahre Geschichte einer Provinz. Berlin und Weimar 1993, S. 752 f.

20 Ignaz Wrobel (d. i. Kurt Tucholsky): Das leere Schloß. Die Weltbühne, XVI. Jg., Nr. 8, 19. Februar 1920, S. 244.

21 Ignaz Wrobel (d. i. Kurt Tucholsky): Zwischen zwei Kriegen. Die Weltbühne, XXI. Jg., Nr. 6, 10. Februar 1925, S. 189.

22 Das werdende Deutschland. Ein Wort an alle Schwachmütigen. Monatliche Mitteilungen des deutschen Monistenbundes, Ortsgruppe Hamburg, 1. Februar 1919; OA I, S. 107.

23 Arnold Zweig: Macht oder Freiheit? Die Weltbühne, XXVII. Jg., Nr. 48, 25. November 1930, S. 785.

24 Heinrich Mann: Kaiserreich und Republik. In: Heinrich Mann: Macht und Mensch. Essays. Frankfurt 1989, S. 210.

25 Zit. nach Die Weltbühne. XIV. Jg., Nr. 47, 21. November 1918, S. 473.

26 Arbeiterschaft und Gewaltpolitik. Berliner Volks-Zeitung, 23. Oktober 1923; OA I, S. 273.
27 Stalin und Trotzki. Die Weltbühne, 15. November 1927; OA IV, S. 242.
28 Siegfried Jacobsohn: Briefe an Kurt Tucholsky, S. 289.
29 Ignaz Wrobel (d. i. Kurt Tucholsky): Monarchie und Republik. Die Weltbühne, XVIII. Jg., Nr. 24, 15. Juni 1922, S. 610.
30 Deutsche Linke. Das Tage-Buch, 20.September 1924; OA II, S. 368.
31 Kurt Tucholsky: Wir Negativen. Die Weltbühne, XV. Jg., Nr. 12, 13. März 1919, S. 283.
32 Erich Mühsam: Die Freiheit als gesellschaftliches Prinzip. In: Erich Mühsam: Ich bin verdammt zu warten in einem Bürgergarten. Band 2. Darmstadt und Neuwied 1983, S. 165.
33 Georg L. Mosse: Jüdische Intellektuelle in Deutschland, S. 73.
34 Das boykottierte Vaterland. Das Tage-Buch, 17. Januar 1925; OA III, S. 15.
35 Peter Lösche/Franz Walter: Die SPD, S. 6.
36 Zit. nach Heinrich August Winkler: Weimar, S. 344.
37 Zit. nach Wilhelm von Sternburg: Gustav Stresemann. In: Wilhelm von Sternburg (Hrsg.): Die deutschen Kanzler. Von Bismarck bis Kohl. Frankfurt 1994, S. 262.
38 Albert Camus: Tagebuch. 1951–1959. Reinbek bei Hamburg 1991, S. 146.
39 Wandlung der geistigen Atmosphäre. Monatliche Mitteilungen des Deutschen Monistenbundes, Ortsgruppe Hamburg, 1. Oktober 1918; OA I, S. 100 f.
40 Das werdende Deutschland; OA I, S. 106 ff.
41 Ebenda, S. 108.
42 Ebenda, S. 105.
43 Ebenda, S. 109.
44 Ausverkauf. Völker-Friede, November 1919; OA I, S. 144.
45 Ebenda, S. 145.
46 Die Kasseler Generalversammlung. Völker-Friede, November 1919; OA I, S. 150.
47 Nicht müde werden! Nie wieder Krieg, April 1921; OA I, S. 386 f.
48 Zit. nach Guido Grünewald (Hrsg.): Nieder die Waffen. Hundert Jahre deutsche Friedensgesellschaft (1892–1992). Bremen 1992, S. 74.
49 Die Pazifisten. Das Tage-Buch, 4. Oktober 1924; OA II, S. 373.
50 Entlassungsgesuch an das Amtsgericht v. 2. Januar 1919. OA VII, S. 115.
51 Programm des Pfadweiser-Verlags 1919. OA VII, S. 121.
52 Eintragung in das »Erinnerungsbuch« v. 31. Dezember 1919. OA VII, S. 139 f.

53 Eintragung in das »Erinnerungsbuch« v. 11. Dezember 1920. OA VII, S. 153.
54 Siegfried Jacobsohn: Briefe an Kurt Tucholsky, S. 243.
55 Rosalinde von Ossietzky-Palm: Maud von Ossietzky – meine Mutter. In: Elke Suhr: Carl von Ossietzky. Eine Biographie. Köln 1988, S. 252.
56 Ebenda, S. 253 f.
57 Ebenda, S. 254.
58 Zit. nach Werner E. Mosse: Der Niedergang der Weimarer Republik und die Juden. In: Werner E. Mosse (Hrsg.): Entscheidungsjahr 1932. Zur Judenfrage in der Endphase der Weimarer Republik. Tübingen 1966, S. 34.
59 Ebenda, S. 35.
60 Theobald Tiger: Dreh dich hin, dreh dich her – kleine Wetterfahne! Die Weltbühne, XXVIII. Jg., Nr. 7, 16. Februar 1932, S. 239.
61 Der Fall Franz Höllering. Die Weltbühne, 5. Januar 1932; OA VI, S. 288.
62 Ebenda, S. 290.
63 Gottfried Bermann Fischer: Wanderer durch ein Jahrhundert. Frankfurt 1994, S. 99.
64 Zahlen nach Carl Paschek: Zeitschriften und Verlage. In: Horst Albert Glaser (Hrsg.): Deutsche Literatur. Eine Sozialgeschichte. Band 9. Reinbek bei Hamburg 1983, S. 67.
65 Zehrer und Fried. Die Weltbühne, 22. November 1932; OA VI, S. 432.
66 Harry Pross: Memoiren eines Inländers. 1923–1993. München 1993, S. 239.
67 Zit. nach Joachim Paech: Massenmedien. In: Horst Albert Glaser (Hrsg.): Deutsche Literatur. Band 9, S. 226.
68 Völker ohne Signale. Die Weltbühne, 29. September 1931; OA VI, S. 201.
69 Zahlenangaben nach Peter de Mendelsohn: Zeitungsstadt Berlin. Menschen und Mächte in der Geschichte der deutschen Presse. Berlin 1982, S. 610.
70 51 Prozent. Das Tage-Buch, 4. Juli 1925; OA III, S. 100 f.
71 Ebenda, S. 102.
72 Der Fall Franz Höllering. OA VI, S. 289.
73 Ebenda, S. 287.
74 Fritz J. Raddatz: Er war eine Fackel. Die Zeit, Nr. 51, 16. Dezember 1994, S. 15.
75 Nicht müde werden! Nie wieder Krieg, April 1921; OA I, S. 387.
76 Elke Suhr. Carl von Ossietzky. Eine Biographie. Köln 1988, S. 93.
77 Bruno Frei: Carl von Ossietzky. Ritter ohne Furcht und Tadel. Berlin und Weimar 1966, S. 68.

78 Kurt R. Grossmann: Ossietzky. Ein deutscher Patriot. München 1963, S. 78.
79 Ebenda, S. 79.
80 Ebenda, S. 98.
81 Zit. nach Wilhelm von Sternburg: Gustav Stresemann. In: Wilhelm von Sternburg (Hrsg.): Die deutschen Kanzler, S. 270.
82 Akten der Reichskanzlei. Weimarer Republik. Die Kab. Stresemann I u.II, bearbeitet von Karl Dietrich Erdmann und Martin Vogt. Band 1. Boppard am Rhein 1978, S. LIII.
83 Aufruf der Republikanischen Partei, 6. 2. 1924; OA VII, S. 183 ff.
84 Zit. nach Elke Suhr: Carl von Ossietzky, S. 109 f.
85 Antworten. Die Weltbühne, XX. Jg., Nr. 9, 28. Februar 1924, S. 288.
86 Rudolf Breitscheid, der Edelbonze. Das Bild eines »führenden Sozialisten«. Die Nation, 3. Mai 1924; OA II, S. 337.
87 Ebenda, S. 338.
88 Kurt R. Grossmann: Ossietzky, S. 100.
89 Babette Gross über Münzenberg-Spende für die Republikanische Partei, 1967. OA VII, S. 203.
90 Notiz in der »Berliner Volks-Zeitung«, 17. 3. 1924; OA VII, S. 192.
91 Postkarte Walter Mehrings an Ossietzky v. 18. 3. 1924; OA VII, S. 193.
92 Theodor Wolff: Deutsche Eidgenossen. Berliner Tageblatt, 12. VIII. 1928. Zit. nach Bernd Sösemann (Hrsg.): Theodor Wolff. Der Journalist. Berichte und Leitartikel. Düsseldorf u.a. 1993, S. 253.
93 Die große republikanische Partei. Die Weltbühne, 19. Juni 1928; OA IV, S. 398 f.
94 Armee ohne Tambour! Berliner Volks-Zeitung, 9. November 1922; OA II, S. 139.
95 Ebenda, S. 137.
96 Das Duell der Krüppel. Berliner Volks-Zeitung, 16. Januar 1923; OA II, S. 185.
97 Ebenda.
98 Was nun? Berliner Volks-Zeitung, 5. August 1923; OA II, S. 287.
99 Ebenda, S. 288.
100 Wendepunkt. Berliner Volks-Zeitung, 23. August 1923; OA II, S. 291.
101 Wie der Ruhrkampf verloren ging. Berliner Volks-Zeitung, 27. September 1923; OA II, S. 297.
102 Ebenda, S. 296.
103 Die Bitte um den Schlußpunkt. Berliner Volks-Zeitung, 18. Dezember 1923; OA II, S. 315.
104 Genf oder Moskau? Stresemanns bedenkliches Experiment. Berliner Volks-Zeitung, 29. Februar 1924; OA II, S. 326 f.

105 Gustav Stresemann. Die Weltbühne, 8. Oktober 1929; OA V, S. 209.
106 Ebenda, S. 210 f.
107 Ingrid Schulze-Bidlingmaier: Joseph Wirth. In: Wilhelm von Sternburg (Hrsg.): Die deutschen Kanzler, S. 223.
108 Ludendorffs Schatten. Berliner Volks-Zeitung, 14. Mai 1921; OA I, S. 443.
109 Deutschland und die französische Krise. Berliner Volks-Zeitung, 21. Mai 1921; OA I, S. 451.
110 Briand und Wirth. Berliner Volks-Zeitung, 11. Juli 1921; OA I, S. 489.
111 Rechts ist Trumpf! Die Weltbühne, 13. Oktober 1931; OA VI, S. 213.
112 Die beiden Groener. Die Weltbühne, 27. Oktober 1931; OA VI, S. 224.
113 Hans Mommsen: Die verspielte Freiheit, S. 98.
114 Die demokratische Parole. Berliner Volks-Zeitung, 1. April 1920; OA I, S. 191.
115 Jubeljahr 1924. Das Tage-Buch, 9. August 1924; OA II, S. 353.
116 Das heimliche Heer. Das Tage-Buch, 6. Juni 1925; OA III, S. 85.
117 Marine-Epilog. Der Montag Morgen, 25. Januar 1926; OA III, S. 202.
118 Berthold Jacob: Plaidoyer für Schulz. Die Weltbühne, XXIII. Jg., Nr. 12, 22. März 1927, S. 450.
119 Das Reichswehrministerium an den Oberreichsanwalt, 9. Januar 1928; OA VII, S. 262.
120 Brockhaus Enzyklopädie. Siebenter Band. Wiesbaden 1969, S. 664.
121 Die Einheitsfront. Die wahre und die falsche. Berliner Volks-Zeitung, 4. März 1923; OA II, S. 213.
122 Hinter der Szene. Gegensätze im bayerischen Lager. Berliner Volks-Zeitung, 26. März 1923; OA II, S. 221.
123 Die bayerische Schweyerei. Berliner Volks-Zeitung, 19. Juli 1923; OA II, S. 278.
124 Trotz alledem! Die Mobilisierung der Republikaner. Berliner Volks-Zeitung, 7. November 1923; OA II, S. 309.
125 Götzendämmerung. Das Novemberfest in der Ordnungszelle. Berliner Volks-Zeitung, 10. November 1923; OA II, S. 309.
126 Ebenda, S. 309 f.
127 Ebenda, S. 311 f.
128 Zit. nach Wolfgang Ruge: Hitler, Weimarer Republik und Machtergreifung. Eine politische Karriere und ihr Hintergrund 1918 bis 1933. Berlin 1983, S. 105.
129 Zit. nach Joachim Fest: Hitler. Eine Biographie. Berlin 1973, S. 275.
130 Ebenda.
131 Zur Ästhetik der Politik. Berliner Volks-Zeitung, 29. Januar 1924; OA II, S. 325.

132 Hitler als Erzieher. Was die deutsche Republik von ihren Gegnern lernen kann … Der Montag Morgen, 28. April 1924; OA II, S. 335.
133 Fritz J. Raddatz: Das Tage-Buch. Portrait einer Zeitschrift. Königstein/Ts. 1981, S. 57.
134 Hans-Albert Walter: Deutsche Exilliteratur. 1933–1950. Band 4: Exilpresse. Stuttgart 1978, S. 72.
135 Siegfried Jacobsohn: Briefe an Kurt Tucholsky, S. 330.
136 Ebenda, S. 311.
137 Zit. nach Fritz J. Raddatz: Das Tage-Buch, S. 15 f.
138 Ebenda. S. 78.
139 Kurt R. Grossmann: Ossietzky, S. 128.
140 Zit. nach Heinrich August Winkler: Weimar, S. 281.
141 Zit. nach Wolfgang Ruge: Hindenburg. Porträt eines Militaristen. Köln 1981, S. 209.
142 Hans Mommsen: Die verspielte Freiheit, S. 247.
143 Der Retter. Das Tage-Buch, 2. Mai 1925; OA III, S. 69.
144 Ebenda.
145 Ein Jahr Hindenburg. Die Weltbühne, 27. April 1926; OA III, S. 251.
146 Ebenda, S. 252.
147 Ebenda, S. 251.
148 Ebenda, S. 254.
149 Ebenda.
150 Ebenda, S. 255.

KAPITEL 4

»Wir gehören keiner Partei an«

1 Axel Eggebrecht (zus. mit Dietrich Pinkerneil): Das Drama der Republik. Zum Neudruck der Weltbühne. Königstein/Ts. 1979, S. 4.
2 Axel Eggebrecht: Der halbe Weg. Zwischenbilanz einer Epoche. Reinbek bei Hamburg 1975, S. 223.
3 Vgl. Elke Suhr: Zwei Wege ein Ziel. Tucholsky, Ossietzky und Die Weltbühne. München 1986, S. 16; Axel Eggebrecht: Der halbe Weg, S. 223.
4 Kurt Tucholsky: Siegfried Jacobsohn. Die Weltbühne, XXII. Jg., Nr. 49, 7. Dezember 1926, S. 873.
5 Alfred Polgar: Siegfried Jacobsohn. Kleine Schriften. Band 4: Literatur. Hrsg. Marcel Reich-Ranicki. Frankfurt 1984, S. 94.
6 Zit. nach Ursula Madrasch-Groschopp: Die Weltbühne. Porträt einer Zeitschrift. Berlin 1983, S. 7 f.
7 Zit. nach ebenda, S. 9 f.

8 Zit. nach ebenda, S. 12.
9 Zit. nach ebenda, S. 13.
10 Zit. nach ebenda, S. 25.
11 Alfred Estermann: Zeitschriften. In: Horst Albert Glaser (Hrsg.): Deutsche Literatur. Eine Sozialgeschichte. Band 8. Reinbek bei Hamburg 1982, S. 96.
12 Herr Walter Bloem. Die Weltbühne, 28. Februar 1933; OA VI, S. 484.
13 Theobald Tiger (d. i. Kurt Tucholsky): Auf die Weltbühne. Die Weltbühne, XIV. Jg., Nr. 14, 4. April 1918, S. 331.
14 Siegfried Jacobsohn: Briefe an Kurt Tucholsky. 1915–1926. Hrsg. Richard von Soldenhoff. München und Hamburg 1989, S. 202 f.
15 Ebenda, S. 213.
16 Ebenda, S. 218.
17 Ebenda, S. 234.
18 Ebenda, S. 243.
19 Ebenda, S. 251 f.
20 Ebenda, S. 365.
21 Ebenda, S. 367.
22 Ebenda, S. 369.
23 Ebenda, S. 373.
24 Ebenda, S. 378.
25 Ebenda, S. 381.
26 Ebenda, S. 394.
27 Ebenda, S. 404.
28 Ebenda, S. 424.
29 Ebenda, S. 470.
30 Kurt Tucholsky: Fünfundzwanzig Jahre. Die Weltbühne, XXVI. Jg., Nr. 37, 9. September 1930, S. 373.
31 Kurt Tucholsky: Unser ungelebtes Leben. Briefe an Mary. Hrsg. Fritz J. Raddatz. Reinbek bei Hamburg 1983, S. 439.
32 Ebenda, S. 441.
33 Ebenda, S. 440.
34 Ebenda, S. 449.
35 Ebenda, S. 463.
36 Zit. nach Ursula Madrasch-Groschopp: Die Weltbühne, S. 203.
37 Kurt Tucholsky: Unser ungelebtes Leben, S. 473.
38 Ebenda, S. 477.
39 Ebenda.
40 Ebenda, S. 482.
41 Zit. nach Elke Suhr: Zwei Wege ein Ziel, S. 154.
42 Zit. nach ebenda, S. 143.

43 Zit. nach ebenda, S. 150.
44 Kurt Tucholsky: Unser ungelebtes Leben, S. 538.
45 Zit. nach Elke Suhr: Zwei Wege ein Ziel, S. 152.
46 Kurt Tucholsky: Die Q-Tagebücher. 1934–1935. Hrsg. Mary Gerold-Tucholsky und Gustav Huonker. Reinbek bei Hamburg 1978, S. 350.
47 Zit. nach Elke Suhr: Zwei Wege ein Ziel, S. 150.
48 Zit. nach ebenda, S. 154.
49 Zit. nach ebenda, S. 155.
50 Zit. nach Ursula Madrasch-Groschopp: Die Weltbühne, S. 210.
51 Axel Eggebrecht: Der halbe Weg, S. 237 f.
52 Zit. nach Ursula Madrasch-Groschopp: Die Weltbühne, S. 213.
53 Zit. nach ebenda, S. 214.
54 Eintragung in das »Erinnerungsbuch« des Ehepaars Ossietzky v. 5. Januar 1930. OA. VII; S. 296.
55 Rosalinda von Ossietzky-Palm über das Familienleben, 1988. OA VII; S. 230.
56 Zit. nach Ursula Madrasch-Groschopp: Die Weltbühne, S. 230.
57 Carl von Ossietzky: Lob der Außenseiter. Die Weltbühne, 4. Januar 1927; OA IV, S. 8.
58 Ebenda.
59 Ebenda, S. 9.
60 Ebenda, S. 7.
61 Kurt Tucholsky: Die Rolle der Intellektuellen in der Partei. Gesammelte Werke 1929. Band 7. Reinbek bei Hamburg 1975, S. 13.
62 Diese Zitate über den Journalismus aus: Carl von Ossietzky: Die Klinge. Das Tage-Buch, Sonderheft 1925; OA III, S. 7 ff.
63 Auftakte. Die Weltbühne, 10. Januar 1928; OA IV, S. 284.
64 Die Klinge. OA III, S. 8.
65 In den Schacht gefallen. Die Weltbühne, 17. Dezember 1929; OA V, S. 263.
66 Lob der Außenseiter. OA IV, S. 7.
67 Die große republikanische Partei. Die Weltbühne, 19. Juni 1928; OA IV, S. 401 f.
68 Wankende Despotien. Die Weltbühne, 12. Juni 1928; OA IV, S. 391.
69 Keudell, der Kommunistenretter. Die Weltbühne, 24. April 1928; OA IV, S. 366.
70 Ebenda, S. 365.
71 Die »Rote Fahne« über die »Weltbühne« v. 23. März 1928; OA VII, S. 266.
72 Russischer Friede. Die Weltbühne, 6. Dezember 1927; OA IV, S. 254.
73 Ansprache Ossietzkys am 2. Verhandlungstag des Ausschusses zur öf-

fentlichen Untersuchung der Maivorgänge am 7. Juni 1929; OA VII, S. 285.

74 Die Stunde der Sozialdemokratie. Die Weltbühne, 5. Juni 1928; OA IV, S. 383 f.

75 Verlorene Illusionen. Die Weltbühne, 21. August 1928; OA IV, S. 454.

76 Zit. nach Hagen Schulze: Weimar. Deutschland 1917–1933. Berlin 1982, S. 308.

77 Ebenda.

78 Ebenda, S. 310.

79 Zit. nach ebenda, S. 314.

80 Bilanz 1929. Die Weltbühne, 31. Dezember 1929; OA V, S. 268.

81 Ebenda, S. 268 f.

82 Gibt es noch eine Opposition? Die Weltbühne, 7. Januar 1930; OA V, S. 276.

83 Ebenda, S. 276 f.

84 Ebenda, S. 277.

85 Ebenda.

86 Ebenda, S. 279.

87 Ebenda.

88 Bruno Frei: Carl von Ossietzky. Ritter ohne Furcht und Tadel, S. 134.

89 Zit. nach Jürgen Schebera: Ossietzky und Der Marsch ins dritte Reich. In: Helmut Reinhardt (Hrsg.): Nachdenken über Ossietzky. Aufsätze und Graphik. Berlin 1989, S. 211.

90 Bernd Sösemann: Das Ende der Weimarer Republik in der Kritik demokratischer Publizisten. Berlin 1976, S.15.

91 Der Aufmarsch der Reaktion. Berliner Volks-Zeitung, 31. Januar 1920; OA I, S. 174.

92 Revolutionsbilanz. Heinrich Ströbels Werk. Berliner Volks-Zeitung, 14. September 1920; OA I, S. 268.

93 Gibt es noch eine Opposition? OA V, S. 278.

94 Ingo Müller: Der Weltbühnenprozeß von 1931. In: Stefan Berkholz (Hrsg.): Carl von Ossietzky. 227 Tage im Gefängnis. Briefe, Texte, Dokumente. Darmstadt 1988, S. 16.

95 Ebenda.

96 Walter Mehring: Letzter Tag mit Ossietzky. In: Walter Mehring: Das Mitternachtstagebuch. Texte des Exils 1933–1939. Mannheim 1996, S. 183.

97 Rechenschaft. Die Weltbühne, 10. Mai 1932; OA VI, S. 370.

98 Ebenda.

99 Zit. nach Elke Suhr: Zwei Wege ein Ziel, S. 56 f.

100 Zit. nach Stefan Berkholz (Hrsg.): Carl von Ossietzky, S. 24.
101 Der Prozeß der Offiziere. Die Weltbühne, 1. Oktober 1930; OA V, S. 455.
102 Zit. nach Stefan Berkholz (Hrsg.): Carl von Ossietzky, S. 25.
103 Zit. nach ebenda, S. 23.
104 Ebenda.
105 Urteil im »Weltbühnen«-Prozeß v. 23. 11. 1931. OA VII, S. 353.
106 Die »Berliner Volks-Zeitung« zum Urteil im »Weltbühnen«-Prozeß v. 23. 11. 1931. OA VII, S. 360 f.
107 Der »Vorwärts« zum Urteil im »Weltbühnen«-Prozeß v. 25. 11. 1931. OA VII, S. 370.
108 Die »Frankfurter Zeitung« zum Urteil im »Weltbühnen«-Prozeß v. 24. 11. 1931. OA VII, S. 364.
109 Die »Vossische Zeitung« über das Urteil im »Weltbühnen«-Prozeß« v. 23. 11. 1931. OA VII, S. 359 f.
110 Theodor Wolff im »Berliner Tageblatt«, 29. 11. 1931. OA VII, S. 381.
111 Die Deutsche Botschaft in London an das Auswärtige Amt v. 25. 11. 1931. OA VII, S. 371.
112 Vgl. Ursula Knapp: Friedensnobelpreisträger von Ossietzky bleibt »Landesverräter«. Frankfurter Rundschau, 22. Dezember 1992, S. 1.
113 Zit. nach Heinrich Wefing: Gerechtigkeit für einen Gewissenstäter. Die Zeit, 51. Jg., Nr. 16, 12. April 1996, S. 4.
114 Zit. nach Zeitmosaik. Die Zeit, 51. Jg., Nr. 5, 26. Januar 1996, S. 48.
115 Um Hindenburg. Die Weltbühne, 19. Januar 1932; OA VI, S. 297.
116 Gang eins. Die Weltbühne, 1. März 1932; OA VI, S. 325.
117 Carl von Ossietzky im »Montag Morgen« v. 9. Mai 1932. OA VI, S. 367.
118 Ein runder Tisch wartet. Die Weltbühne, 3. Mai 1932; OA VI, S. 366.
119 Gang eins. OA VI, S. 326.
120 Thomas Mann zum Gnadengesuch an Alfred Apfel v. 10. 1. 1932. OA VII, S. 392.
121 Zit. nach Elke Suhr: Zwei Wege ein Ziel, S. 129.
122 Zit. nach Stefan Berkholz (Hrsg.): Carl von Ossietzky, S. 64.
123 Ebenda.
124 Alfred Polgar: Ossietzky geht ins Gefängnis. Die Weltbühne, XXVIII. Jg., Nr. 20, 17. Mai 1932, S. 742.
125 Theobald Tiger: Heute zwischen Gestern und Morgen. Die Weltbühne, XXVIII. Jg., Nr. 22, 31. Mai 1932, S. 831.
126 Brief an Maud von Ossietzky v. 12. 6. 1932. OA VII, S. 445.
127 Thomas Murner (d. i. Carl von Ossietzky): Antisemiten. Die Weltbühne, 19. Juli 1932; OA VI, S. 408.

128 Thomas Murner (d. i. Carl von Ossietzky): Der Jünger. Die Weltbühne, 18. Oktober 1932; OA VI, S. 426.
129 Brief an Maud und Rosalinda von Ossietzky v. 3. 8. 1932. OA VII, S. 464.
130 Zit. nach Stefan Berkholz (Hrsg.): Carl von Ossietzky, S. 126.
131 Uwe Wesel: Wieviel Unwahrheit erträgt ein Land? In: Die Zeit, 51. Jg., Nr. 12, 15. März 1996, S. 6.
132 Johannes Bückler (nach Notizen): Ossietzky spricht. Die Weltbühne, XVIII. Jg., Nr. 27, 5. Juli 1932, S. 9.
133 Brief an Kurt Tucholsky v. 7. Juli 1932. OA VII, S. 455.
134 Emil Stumpp über einen Besuch bei Ossietzky in Tegel im November 1932. OA VII, S. 479.
135 Zit. nach Stefan Berkholz (Hrsg.): Carl von Ossietzky, S. 236.
136 Rudolf Arnheim: Bemerkungen. Die Weltbühne, XVIII. Jg., Nr. 40, 4. Oktober 1932, S. 519 f.
137 Zit. nach Elke Suhr: Zwei Wege ein Ziel, S. 155.
138 Antworten. Die Weltbühne, XXVIII. Jg., Nr. 50, 13. Dezember 1932, S. 888.
139 Brief an Maud von Ossietzky v. 11. Dezember 1932. OA VII, S. 492.
140 Zit. nach Stefan Berkholz (Hrsg.): Carl von Ossietzky, S. 275.
141 Zit. nach ebenda, S. 272.
142 Rückkehr. Die Weltbühne, 27. Dezember 1932; OA VI, S. 435.
143 Zit. nach »Berlin am Morgen« zur Haftentlassung v. 23. Dezember 1932. OA VII, S. 495.
144 Antworten. Die Weltbühne, XXVIX. Jg., Nr. 2, 10. Januar 1933, S. 80.
145 Interview Kurt R. Grossmanns mit Ossietzky im »8 Uhr Abendblatt«, 23. Dezember 1932. OA VII; S. 497.
146 Wintermärchen. Die Weltbühne, 3. Januar 1933; OA VI. S. 437.
147 Ebenda, S. 442.
148 Ebenda, S. 443.
149 Ebenda, S. 442.
150 Ebenda, S. 441.
151 Der Flaschenteufel. Die Weltbühne, 10. Januar 1933; OA VI, S. 445.
152 Kavaliere und Rundköpfe. Die Weltbühne, 7. Februar 1933; OA VI, S. 469.
153 Deutschland wartet! Die Weltbühne, 14. Februar 1933; OA VI, S. 475.
154 Kamarilla. Die Weltbühne, 31. Januar 1933; OA VI, S. 461 f.
155 Kavaliere und Rundköpfe. OA VI, S. 469.

KAPITEL 5

»Ein Deutschland, das an uns denkt, wird ein besseres Deutschland sein«

1 Maud von Ossietzky: Maud von Ossietzky erzählt …, Berlin 1988, S. 88 f.

2 Brief Kurt Tucholskys an Walter Hasenclever v. 4. März 1933. OA VII, S. 510.

3 Zit. nach: Walter Mehring: Letzter Tag mit Ossietzky. Das Neue-Tagebuch, 14. Mai 1938. In: Walter Mehring: Das Mitternachtstagebuch, S. 184.

4 Ebenda.

5 Ebenda, S. 185.

6 Kurt R. Grossmann: Ossietzky. Ein deutscher Patriot. München 1963, S. 351 f.

7 Erinnerungen an die letzten Tage vor der Verhaftung v. Robert M. W. Kempner (1983). OA VII, S. 503.

8 Brief von Hilde Walter an Konrad Reisner v. 1. Dezember 1935. In: Frithjof Trapp, Knut Bergmann, Bettina Herre (Hrsg.): Carl von Ossietzky und das politische Exil. Die Arbeit des »Freundeskreises Carl von Ossietzky« in den Jahren 1933–1936. Hamburg 1988, S. 117.

9 Maud von Ossietzky erzählt …, S. 88.

10 Herr Walter Bloem. Die Weltbühne, 28. Februar 1933; OA VI, S. 490.

11 Kurt Hiller: Heroismus und Pazifismus. Die Weltbühne, XXIX. Jg., Nr. 10, 7. März 1933; S. 351.

12 Antworten. Die Weltbühne, XXIX Jg., Nr. 10, 7. März 1933, S. 376.

13 Egon Erwin Kisch: Nichts ist erregender als die Wahrheit. Reportagen aus vier Jahrzehnten. Band 2. Frankfurt-Wien-Zürich. o. J., S. 68 f.

14 Brief an Maud von Ossietzky v. 6. März 1933. OA VII, S. 510.

15 Brief an Maud von Ossietzky v. 27. März 1933. OA VII, S. 513 f.

16 Brief Kurt Tucholskys an Henry Wickham Steed v. 6. Februar 1934. OA VII, S. 548 f.

17 Brief von Hilde Walter an Ika Olden v. 11. Juni 1934. In: Frithjof Trapp, Knut Bergmann, Bettina Herre: Carl von Ossietzky und das politische Exil, S. 10.

18 Elke Suhr: Carl von Ossietzky. S. 206.

19 Bericht des Leiters des Geheimen Staatspolizeiamtes Rudolf Diels über einen Besuch in Sonnenburg im April 1933 (1950). OA VII, S. 519 f.

20 Hilde Walter über Besuche im KZ Sonnenburg 1933. OA VII, S. 521.

21 Häftlingsbericht über Ossietzky in Sonnenburg in der »Neuen Weltbühne« 1934. OA VII, S. 537.
22 Bericht eines amerikanischen Journalisten über seinen Besuch in Sonnenburg (1942). OA VII, S. 524.
23 Brief an Maud von Ossietzky v. 14. Januar 1934. OA VII, S. 547.
24 Vgl. Elke Suhr: Die Emslandlager. Die politische und wirtschaftliche Bedeutung der emsländischen Konzentrations- und Strafgefangenenlager 1933–1945. Bremen 1985.
25 Wolfgang Langhoff: Die Moorsoldaten. Köln 1988. S. 197.
26 Ebenda, S. 190 f.
27 Ebenda, S. 188.
28 Erinnerungen eines unbekannten Häftlings an das KZ Esterwegen 1934. OA VII, S. 553.
29 Erinnerungen Adolf Benders im KZ Esterwegen. OA VII, S. 555.
30 Erinnerungen Karl Wlochs an Ossietzky im KZ Esterwegen (1963). OA VII, S. 558.
31 Zit. nach Elke Suhr: Carl von Ossietzky, S. 215.
32 Erinnerung Karl Wlochs an Ossietzky im KZ Esterwegen. OA VII, S. 560.
33 Georg Bernhard: Friedens-Nobelpreis. Pariser Tageblatt, 16. April 1934. Zit. nach: Frithjof Trapp, Knut Bergmann, Bettina Herre: Carl von Ossietzky und das politische Exil, S. 67.
34 Brief v. Berthold Jacob an Hilde Walter v. 21. Dezember 1935. Zit. nach: ebenda, S. 68.
35 Zit. nach Robert Ferguson: Knut Hamsun. Leben gegen den Strom. München–Leipzig 1990, S. 484.
36 Bericht von Finn und Inger Lies über ihren Besuch bei Ossietzky am 16. April 1938. OA VII, S. 863.
37 Brief von Hilde Walter an Rudolf Olden v. 30. Dezember 1935. Zit. nach: Frithjof Trapp, Knut Bergmann, Bettina Herre: Carl von Ossietzky und das politische Exil, S. 141.
38 Brief von Hilde Walter an Kurt R. Grossmann v. 16. August 1935. OA VII, S. 639.
39 Brief von Hilde Walter an Ernst Toller v. 30. Juli 1936. OA VII, S. 749.
40 »Extract from letter from Corder Catchpool« v. 4. Juli 1936. Zit. nach: Frithjof Trapp, Knut Bergmann, Bettina Herre: Carl von Ossietzky und das politische Exil, S. 194.
41 Brief von Hilde Walter an Ernst Toller v. 30. Juli 1936. OA VII, S. 749.
42 Franz Jack: Leserbrief in: Der Spiegel, 4. März 1964, Nr. 10, S. 10.

43 Elke Suhr: Carl von Ossietzky, S. 243.
44 Werner Best: Leserbrief in: Der Spiegel, 4. März 1964, Nr. 10, S. 7 f.
45 Erklärung Ossietzkys zum Friedensnobelpreis (Entwurf) v. 26. November 1936. OA VII, S. 807.
46 Bericht über ein Gespräch mit Ossietzky im »Neuen Wiener Tagblatt« v. 29. November 1936. OA VII, S. 808.
47 Zit. nach Kommentar. OA VII, S. 1118.
48 Die Geheime Staatspolizei an den Generalreferenten Görings, Gritzbach, am 8. Dezember 1936. OA VII, S. 818.
49 Vgl. Bestätigung eines Telefongesprächs mit Gestapochef Heydrich über Görings Verbot der Reise nach Oslo v. 2. Dezember 1936. OA VII, S. 812.
50 Stellungnahme der Nobel-Nachfahren zur Preisverleihung in der »Frankfurter Zeitung« v. 2. Dezember 1936. OA VII, S. 813.
51 Heinrich Mann: Ossietzky: Der Dulder. In: Heinrich Mann: Mut. Essays. Frankfurt am Main 1991, S. 159.
52 Aus einer Rede Görings im Reichstag am 30. Januar 1937. OA VII, S. 840 f.
53 Bericht der Gestapo über die »Wannow«-Affäre v. 31. Dezember 1937. OA VII, S. 849.
54 Gerhard Kraiker/Elke Suhr: Carl von Ossietzky. Reinbek bei Hamburg 1994, S. 124.
55 Bericht des Lagerarztes von Esterwegen v. 27. August 1934. OA VII, S. 578.
56 Carl Jacob Burckhardt über seinen Besuch im KZ Esterwegen (1960). OA VII, S. 659.
57 Bericht in der »Neuen Weltbühne« über eine Goebbels-Rede v. 19. März 1936. OA VII, S. 714.
58 Der Inspekteur der Konzentrationslager Eicke an den Reichsführer Himmler am 3. April 1936. OA VII, S. 718.
59 Untersuchungsbefund des Kreisarztes Dr. Jungsbluth v. 24. März 1936. OA VII, S. 715.
60 Bericht von Finn und Inger Lies über ihren Besuch bei Ossietzky am 16. April 1938. OA VII, S. 861.
61 Brief an Maud von Ossietzky v. 9. und 10. Dezember 1936. OA VII, S. 821.
62 Maud von Ossietzky erzählt …, S. 128.
63 Ebenda, S. 130.
64 Bericht von Finn und Inger Lies über ihren Besuch bei Ossietzky am 16. April 1938. OA VII, S. 861.
65 Ebenda, S. 862.

66 Maud von Ossietzky erzählt …, S. 135.
67 Ebenda, S. 138.
68 Hugo von Hofmannsthal: Gotthold Ephraim Lessing. Zum 22. Januar 1929. In: Hugo von Hofmannsthal: Gesammelte Werke. Reden und Aufsätze III. 1925–1929. Frankfurt 1980, S. 142.

Personenregister